财务报表解读

教你快速学会分析一家公司

续 芹◎著

Financial Statements and Corporate Analysis

机械工业出版社
CHINA MACHINE PRESS

图书在版编目（CIP）数据

财务报表解读：教你快速学会分析一家公司 / 续芹著．—北京：机械工业出版社，2017.10（2024.1 重印）

ISBN 978-7-111-58302-8

I. 财… II. 续… III. 会计报表 - 会计分析 IV. F231.5

中国版本图书馆 CIP 数据核字（2017）第 260885 号

本书是一本让你极易学会的财务报表入门书。作者精心收集整理了在中国本土和海外上市的 43 家典型企业的公开资料，从分析公司价值的视角，详细介绍财务报表基本知识、报表结构、报表关系、财务报表的各个项目的含义和新手在阅读财务报表时可能遇到的问题，并特别地对报表项目典型的盈余操纵案例进行讨论与点评。作者还对报表项目进行了大样本的描述性统计，可帮助读者了解上市公司该项目列报时的特点。

全文使用百姓语言，很接地气，轻松易懂，是一本很有用的报表入门书。

财务报表解读：教你快速学会分析一家公司

出版发行：机械工业出版社（北京市西城区百万庄大街 22 号 邮政编码：100037）
责任编辑：李 蕊 责任校对：李秋荣
印 刷：北京建宏印刷有限公司 版 次：2024 年 1 月第 1 版第 13 次印刷
开 本：170mm×242mm 1/16 印 张：17
书 号：ISBN 978-7-111-58302-8 定 价：49.00 元

客服电话：（010）88361066 68326294

本书实际案例所属行业及分析重点一览表

公司名称	所属行业	重点分析项目与内容	所在章节	同行对比公司
海天味业	食品饮料—食品加工制造	净利润VS经营活动现金流量净额	第1章1.1节	
		OPM战略与现金转换周期	第4章4.4节	千禾味业
桑德环境	公用事业—环保工程	净利润VS经营活动现金流量净额	第1章1.2节	
学大教育	信息服务—教育	净利润VS经营活动现金流量净额	第1章1.3节	
特斯拉	电动汽车	净利润VS经营活动现金流量净额	第1章1.4节	
		成长期企业现金流量表特征	第7章7.1节	
苹果	信息设备—移动通信、媒体设备	报表的重构与解读	第3章	
雅戈尔	纺织服装	报表的重构与解读	第3章3.3节	
酒鬼酒	食品饮料—白酒	银行存款	第4章4.1节	贵州茅台、水井坊
莲花健康	食品饮料—食品加工制造	应收账款	第4章4.2节	
东阿阿胶	医药生物—中药	存货、生产能力、生产效率的判断	第4章4.5节	
乐视网	信息服务—通信服务	递延所得税资产	第4章4.6节	
		合并报表VS母公司报表	第8章8.2节	
掌趣科技	信息服务—传媒	商誉	第4章4.7节	
永辉超市	商业贸易—零售	长期待摊费用	第4章4.8节	红旗连锁
华为	信息设备—通信设备	无形资产	第4章4.9节	中兴通讯、思科
福建水泥	建筑材料	可供出售金融资产	第5章5.2节	
超日太阳	机械设备—电气设备	应付债券	第5章5.4节	
草原兴发	农林牧渔—农产品加工	银行借款、货币资金	第5章5.5节	双汇发展
辉山乳业	农林牧渔	公允价值计量生物资产、负债率激增	第5章5.6节	伊利股份、现代牧业
中国宏桥	原材料—一般金属及矿石	毛利率极高、负债率激增	第5章5.7节	南山铝业、中国铝业、美国铝业

（续）

公司名称	所属行业	重点分析项目与内容	所在章节	同行对比公司
贵州茅台	食品饮料—白酒	外延扩张与自身增长的不同报表体现	第 5 章 5.8 节	帝亚吉欧
		合并报表 VS 母公司报表	第 8 章 8.1 节	五粮液
美联航	交通运输—机场航运	盈利能力分析	第 6 章 6.1 节	中国国航、西南航空
可口可乐	食品饮料—饮料	盈利能力分析	第 6 章 6.2 节	百事可乐
好未来	信息服务—教育	盈利能力分析	第 6 章 6.3 节	
京东	互联网软件与服务	非公认会计原则净利润	第 6 章 6.4 节	
沃尔玛	商业贸易—零售	成熟期企业现金流量表特征	第 7 章 7.2 节	
凯马特	商业贸易—零售	衰退期企业现金流量表特征	第 7 章 7.3 节	
新希望六和	农林牧渔—农产品加工	合并报表 VS 母公司报表	第 8 章 8.3 节	

推荐序
Foreword

我拿到续芹博士的这份书稿，看到一位青年教师能够在教学岗位上认真钻研、努力进取，心里是十分高兴的。读罢书稿，我感觉到这的确是续芹博士对她十年财务报表（以下简称财报）分析教学内容的凝练和总结，并将她在教学中使用的经典案例、热门案例梳理出来，按照案例的不同侧重进行了章节编排和整理。我想这本书的受众应该是比较广泛的。

投资者、财务人员和高校相关师生的好帮手

第一，对于广大的投资者而言，具备一定的财报分析能力，**可以大幅降低投资失败的概率**。现代会计体系已经很完善、很严谨，一家上市公司想做点什么，却不在财务报表上留下蛛丝马迹是几无可能的。透过会计报表，识别背后的陷阱，识别公司业务的发展潜力，是广大投资者、企业管理人员和财务专业人员需要掌握的必备能力。

第二，对于财务相关专业的在校学生来说，教材上的内容提纲挈领，这些内容如何落地？在财报分析过程中如何将财报知识运用到实际案例中去？实务中上市公司的报表可能会呈现出什么样的特点？这些特点分别意味着什么？续芹博士的这本书通过大量上市公司的实际案例，**可以帮助学生了解财报分析在实务中的落地与运用**。本书可以成为学生学习财报分析课程的参考读物。

第三，对于从事财务分析教学的教师而言，**本书可以作为案例工具书**，在给学生讲解相关知识点时，辅助例证和说明。因此，本书也适宜作为财务相关专业教师的教辅资料。

本书特色：既通俗又专业

续芹博士这本书的定位是财务普及性读物，因此行文尽量诙谐、表述尽量直白，但细读之下本书的专业度并不低。在一些案例分析上，如果想要完全看明白书里的内容，需要有相当的会计专业知识才可以。但是即使是会计初学者读本书写的这些内容，也会感到津津有味；即使不明白细节，也能够明白大概，并对财务分析形成宏观上的一定认识。会计基础较为薄弱的读者，应当仔细研读第 1 ～ 3 章的内容。

续芹博士毕业于中国人民大学商学院，毕业之后在对外经济贸易大学国际商学院教书。她不仅会计功底十分扎实，对实践的感悟能力也很强。这本书是她十多年“积攒”的课程精华，包括大量的精彩案例与对财务报表由浅入深的分析。理论“干货”与实务案例并重，是续芹博士上课的特点，也是本书的特点。

在学术界不在少数的年轻人不遗余力地追赶“潮流”，在以发表“高大上”的学术论文为荣的学术浮躁的今天，续芹博士长期专注于高质量的教学就更显得难能可贵。

在过去的二十几年里，我一直专注于财报分析的理论研究与教学活动，并形成了基于中国情境的财务报表分析框架。正像续芹博士在书中所言，本书中的一些分析思路与方法运用了我所提出的分析框架。看到这个框架具有如此的生命力，我感到由衷的高兴。

过去，我也曾经出版过几本案例分析类的书。应该说，本书在案例的多样性、对案例分析的透彻性以及与企业管理的结合等方面，已经有了新的超越。

希望续芹博士能够继续在财务分析领域悉心钻研，带来更多、更精彩的理论分析和案例解读。

张新民

2017 年 10 月于对外经贸大学

前 言

Preface

熟悉我的人，喜欢称呼我为栗子老师。栗子老师从小的理想就是当老师，博士毕业后找工作的简历都投到了高校中，并非常幸运得偿所愿。十分感谢母校中国人民大学的领导、老师对我的教育和培养，也要感谢接纳我的对外经济贸易大学的领导和老师对我的信任与支持。从教以来我主要讲授财务会计、财务报表分析等课程，近来萌发了想要将自己的教学心得和教学案例总结出来的想法。

2016 年动笔，有空就写，我陆陆续续将教学中的一些经典案例整理了出来，并且结合一年来的财经热点新闻，更新写作了一些案例。

本书特点

本书有以下三个特点：

第一，避免描述会计核算。会计核算因为使用借贷记账法这样的会计语言，入门需要相当长的时间熟悉和掌握会计语言。对于那些只是想要了解报表的人来说，并不需要花费过多的时间在会计核算上。本书用生动有趣的语言表述了报表与企业活动之间的关系，解释了报表之间的内在逻辑。本书会是一本有用的报表入门书。

第二，使用最新的资本市场案例。这些案例来自栗子老师多年的教学，有些是经典案例，更多的是最新发生、广受关注的上市公司案例。通过这些案例分析，读者可以感受到报表分析与我们的现实生活非常贴近，十分有用。本书又是一本接地气的报表入门书。

第三，既有本土上市公司的案例，又有国外上市公司的案例。除本土案例之外，栗子老师也挑选了教学中经常使用的一些经典国际公司案例，例如苹果公司、沃尔玛、特斯拉、可口可乐等。通过这些案例，读者可以了解美股报表列报格式与国内有何不同，对我们的分析又有何影响。本书因此带上了一丝国际范儿。

对于那些没有会计基础或者对会计一知半解的人来说，本书能够帮助他们更好地读懂财务报表、了解一家公司。本书也可供学习财务报表分析这门课程的各个层次的学生作为案例参考资料，辅助学习之用。

目 录
Contents

Chapter1

第1章

请不要再问我“这企业赚钱吗”：利润不是钱

作为非典型财务人（教财务而非做财务），栗子老师[⊖]经常被人问：“老师，这家企业赚钱吗？”

往往这种时候，我会很难办。我的财务用词洁癖会发作。

我知道提问者想问的应该是一家企业的盈利情况，但是他说的是“赚钱”二字。教师综合征爆发的后果是，我洋洋洒洒地要先解释一番“赚钱”不是“利润”。最后还不忘记说，记住下次要问这家企业业绩（绩效）怎么样。

这就是权责发生制与收付实现制的不同。上市公司披露的四张财务报表中（如果你不知道是哪四张，可以先去看看第2章），只有现金流量表是用收付实现制编制的。

现在先来看一下，利润并不是钱。净利润可以从一家企业的利润表上找到，到底是否赚钱往往可以关注一家企业的经营活动现金流量（企业在主营业务上的赚钱能力）。

如果一家企业有利润同时又赚钱，那么太好了；如果一家企业有利润但不赚钱，那么需要想办法赚钱，不然日子会很难过；如果一家企业没有利润但赚钱，虽然一时半会死不了，但是不扭转没利润的情况，最终就会死；如果一家企业没有利润也不赚钱，很快就会死（除非有大的转型或新的增长点）。

1.1 有利润又赚钱

让我们看看海天味业（603288）这家调味品生产企业（见图1-1）。

⊖ 熟悉我的人喜欢这样称呼我。下次你见了我，也这样称呼我吧！

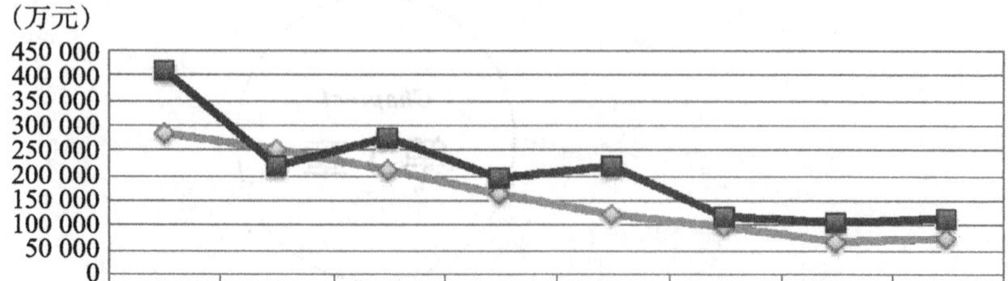

	2016	2015	2014	2013	2012	2011	2010	2009
净利润	284 313	250 963	209 028	160 642	120 757	95 568	66 027	70 668
经营现金流量净额	407 405	219 483	273 933	193 019	217 114	117 198	105 180	113 466

图 1-1　海天味业的净利润与经营活动现金流量净额

海天味业的净利润以平均 23% 的速度增长。经营活动现金流量净额也非常充裕，多数时候高于净利润。仅看这两个指标，这家企业是一家业绩非常优秀的企业。

栗子老师能说我是因为常用海天金标生抽，才去看它的报表的吗？海天味业在一个领域内，精细地研究、专注地努力，我就喜欢这样的企业。

1.2　有利润不赚钱

启迪桑德（000826）是一家主营城市固体废弃物及工业固体废弃物处置、危险废弃物处置和回收利用、特定地区水务投资运营等业务的公司。

处在朝阳行业——环保行业之中，启迪桑德的净利润呈现出非常好的成长性（见图 1-2）。净利润环比增长率均值为 32%，很好看！但是经营活动现金净流量与净利润之间的差距在 2011 年之后越拉越大，且伴随着企业账上应收账款的激增。

当然，也有人认为环保行业普遍呈现出这种报表特点，客户多是地方政府以及国企，顶多就是还款迟，不会存在不还款的情况。企业目前是在利用一切可能条件冲收入，抢占市场。不过我们也要意识到，这种做法背后可能存在资金链断裂的危机。

1.3　没利润但赚钱

学大教育（纽约证券交易所：XUE）是曾经在美国上市的一家中国中小学一对一个性化培训机构（2016 年已经终止在美国上市，实现了私有化，并成功实现在国内借壳上市），培训行业的特点就是预收学费，所以现金流的发生往往会早于利润的发生（见图 1-3）。

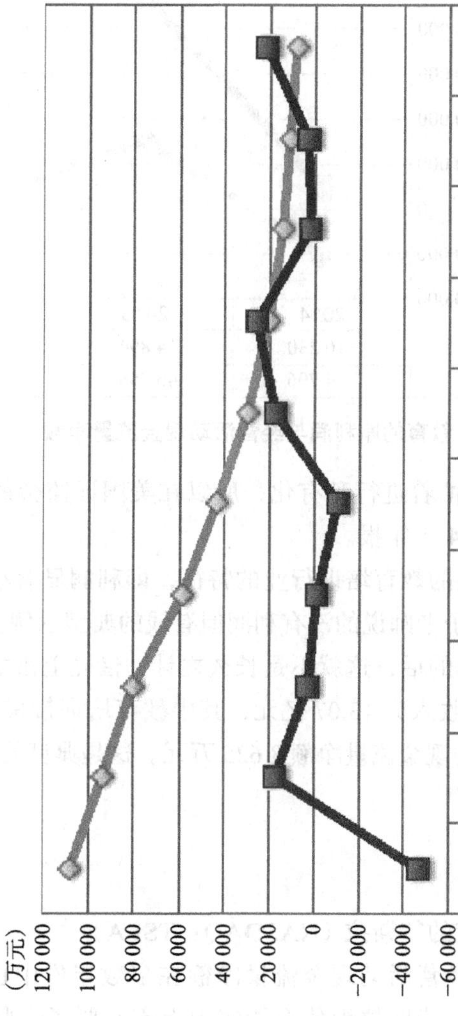

	2016	2015	2014	2013	2012	2011	2010	2009	2008	2007
净利润	108 136	93 074	80 395	58 561	42 917	30 092	20 699	14 572	11 132	8 658
经营现金流量净额	−46 287	17 908	2 926	−1 173	−10 418	17 348	25 812	2 072	3 120	21 839

图 1-2　启迪桑德的净利润与经营活动现金流量净额

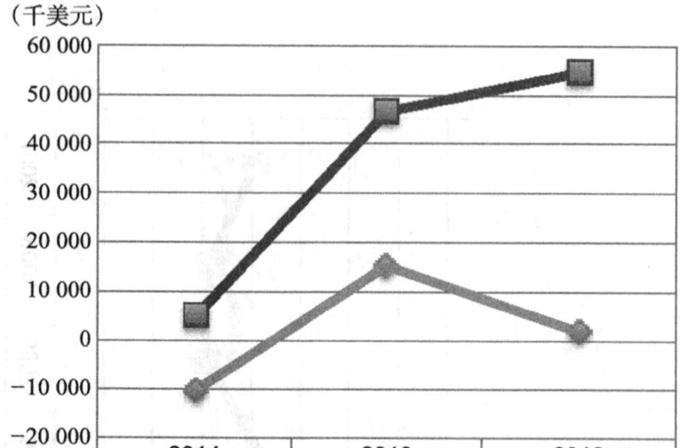

	2014	2013	2012
净利润	−10 230	14 894	1 749
经营现金流量净额	4 796	46 756	54 644

图 1-3　学大教育的净利润与经营活动现金流量净额

学大教育因为在 2015 年忙着进行私有化，所以在美国证监会的网站上，我们能够找到的最新年报是其 2014 年年报。

学大教育体现出非常明显的教育培训行业的特征，即利润显著小于经营现金流量。2012 年和 2013 年都是栗子老师说的没有利润但有钱的典型示例。有钱日子就还能过，但如果不改善盈利能力的话，这就不是长久之计。借壳上市之后，紫光学大（000526）2016 年年报中营业收入为 13.07 亿元，其中教育培训带来 12.71 亿元。净利润为 −9 868 万元，经营活动现金流量净额 8 625 万元。这是典型的没利润但赚钱。

1.4　没利润不赚钱

我们看一看钢铁侠马斯克的特斯拉（NASDAQ：TSLA）。

特斯拉一直是亏损的，经营活动现金流量净额在多数年份中也为负数（见图 1-4）。既没有利润又不赚钱，特斯拉为什么能实现上市？栗子老师告诉大家，特斯拉 2009 年上市的时候净资产都是负的！一家资不抵债的公司成功上市。

既没利润又不赚钱，为什么还会受到投资者的追捧？因为大家都在看未来，赌明天呢。

总之，利润不是钱。长期来看，利润与一家企业的赚钱能力一致；短期来看，二者会有分离和偏差。要想弄懂，就得学点儿会计知识或者看看本书。本书不讲核算，因为一提借贷，有些没有会计基础的朋友就晕。那么我们就绕过核算，直接看看报表，弄懂报表上的那些事儿吧。没有会计基础的朋友，建议大家仔细阅读第 2 章的内容。认识四张报表，这是财报分析的基础。

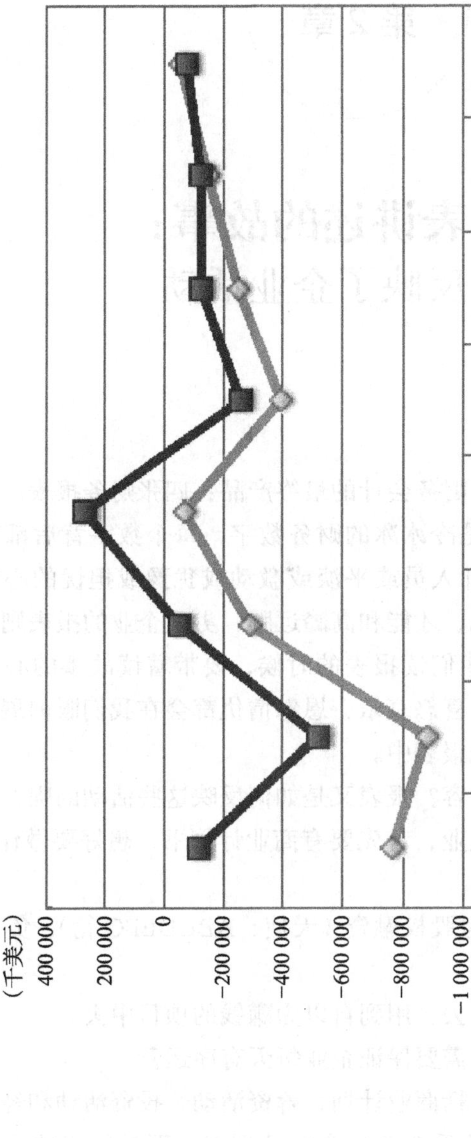

	2016	2015	2014	2013	2012	2011	2010	2009
净利润	−773 046	−888 663	−294 040	−74 014	−396 213	−254 411	−154 328	−55 740
经营现金流量净额	−123 829	−524 499	−57 337	264 804	−266 081	−128 034	−127 817	−80 825

图 1-4　特斯拉的净利润与经营活动现金流量净额

Chapter2

第 2 章

四张表讲述的故事：报表反映了企业活动

在第 2 章里，我们一起看看财务会计的最终产品：四张财务报表。

财务报表告诉我们的绝不是冷冰冰的财务数字，每个数字背后都有故事。每一笔分录的落下，都伴随着会计人员或平淡或激动或犹豫或担忧的心情。优质企业的报表能体现出企业家的胆魄、才能和高瞻远瞩；劣质企业的报表则往往充斥着谎言欺诈和欲盖弥彰。所以当我们读报表的时候，要带着读故事的心态，我们要走进的是一家企业的故事，它的喜怒哀乐、恩怨情仇都会在我们眼前展现。

企业的活动被浓缩到了四张报表中。

那么企业的活动包含哪些内容？报表又是如何反映这些活动的呢？

第一，商业计划。要想做企业，首先要有商业计划书，想好要做什么（当然商业计划做着做着可能会变）。

第二，筹资。其方式可分为股权融资（天使、ABCDEFG 轮）、负债融资和其他新型的融资方式。

第三，将融到的资金投资出去，用到自以为赚钱的项目中去。

第四，投资完了不能不管，需要保证企业每天有序运营。

总结一下就是，企业活动包括商业计划、筹资活动、投资活动和经营活动。

可以简单地说，商业计划请看企业的商业计划书，而另外三种活动都会体现在报表中。报表会揭示企业最初的商业计划是否成功实施。

具体来说，企业筹资活动的结果体现在资产负债表的右边，企业投资活动的结果体现在资产负债表的左边，企业经营活动的结果分别体现在利润表和现金流量表中。下面就让我们分别来看一看。

2.1　筹资活动与报表：资产负债表的右边

假如栗子老师准备创业去做在线教室，我拟订了详细的商业计划书，论证了在互联网 + 的时代，一家专业的线上教室和云端教室的存在是多么必要。我雄心勃勃地向人们兜售我的计划书，终于打动了一个人（家里的理工男）。理工男给我的企业提供了 100 万元的启动资金。于是我零薪聘请理工男为我公司 CTO，并许诺股份对半分。栗子在线公司成立了，其资产负债表如表 2-1 所示。

表 2-1　栗子在线公司的资产负债表

2017 年 10 月 21 日　（单位：万元）

资产		负债	
货币资金	100		
		所有者权益	
		实收资本	100
资产总计	100	负债和所有者权益总计	100

这笔天使融资是我企业的第一笔现金流，我激动地在现金流量表中记录下来（见表 2-2）。

表 2-2　栗子在线公司的现金流量表

2017 年 10 月 20 ～ 21 日　（单位：万元）

经营活动的现金流量	
投资活动的现金流量	
筹资活动的现金流量	
吸收股东入资收到的现金	100
货币资金净增加额	100

请问，栗子在线公司的筹资结果体现在哪里？

刚看了上面现金流量表的读者，我想一定会有人认为筹资活动的结果体现在现金流量表里吧，因为里面明明写着“筹资活动的现金流量”，对不对？

这种想法是不准确的。企业筹资活动的结果体现在资产负债表的右边，负债和权益那里。

那现金流量表的筹资活动现金流量是什么？现金流量表中体现的仅仅是当期企业发生的现金流，而不是截至目前的融资状态。例如次日 10 月 22 日，我的公司没有发生任何新交易，我的资产负债表就没变，而我 22 日当天的现金流量表中就没有数了（当天没有任何现金流入和流出）。但你这时候不能说我企业的筹资结果是零，理工男投资的钱还是在账上的。

所以，企业的筹资结果应该看资产负债表的右边。作为一家草创期的企业，没有银行愿意贷款给我，我的报表显示我所有的融资都来自天使投资人——理工男。

不同企业的筹资结果不同，体现为不同的负债水平。负债水平的高低与行业特点、企业生命周期、管理层偏好等因素都相关。本书将在第3章3.1节中继续论述负债种类及其划分，在第5章中对负债进行案例分析。

2.2 投资活动与报表：资产负债表的左边

企业融到钱之后，要把钱投资到认为可以盈利的项目中去。

栗子在线公司成立之后，需要购买两台笔记本电脑用于程序开发。10月23日，我出门买了两台电脑，共花费3万元，又花了5 000元买打印机，1 000元买各种办公用品等（见表2-3）。

表2-3 栗子在线公司的资产负债表

2017年10月23日 （单位：万元）

资产		负债	
货币资金	96.4		
存货	0.1		
固定资产	3.5	所有者权益	
		实收资本	100
资产总计	100	负债和所有者权益总计	100

可见，随着我业务的开展，不同类别的资产形态会产生。如果我拿着钱不动用，那么是不会有其他类型资产产生的。我的投资行为导致了资产负债表的左边，出现越来越多不同类型的资产。所以企业投资活动的结果，要看资产负债表的左边。

表2-4给出了10月20～23日的现金流量表。

表2-4 栗子在线公司的现金流量表

2017年10月20～23日 （单位：万元）

经营活动的现金流量	
购买商品、接受劳务支付的现金	−0.1
投资活动的现金流量	
购置固定资产支付的现金	−3.5
筹资活动的现金流量	
吸收股东入资收到的现金	100
货币资金净增加额	96.4

请注意我在这里用的“投资活动”一词，与现金流量表中“投资活动”的含义并不完全相同。现金流量表中的投资活动特指与固定资产、无形资产、长期股权

投资（以下简称长投）以及投资理财活动有关的现金流。而我这里的“投资活动”泛指那些运用企业资金并形成资产的活动。

总之，现在大家要了解，企业的投资活动会形成各种各样的资产。

这里有一个非常重要的关系体现在资产负债表中，大家应该已经看到了。那就是大名鼎鼎的会计恒等式：

资产 = 负债 + 所有者权益

Investing = Financing

投资活动的结果 = 融资活动的结果

有多少钱（融资），办多少事（投资）。

钱从哪里来（融资），用到哪里去（投资）。

必然永远相等。

不同类型的企业资产形态可能有很大的差别。我将在第 3 章 3.2 节中再与大家探讨资产结构的问题。

2.3　经营活动与报表：利润表与现金流量表

企业的经营活动非常丰富，不同类型的企业涉及不同的经营活动，如采购、研发、生产、市场、销售、售后、后勤等。忙乎半天，到底是为什么？

有人说：忙乎半天，最终是为了盈利。所以经营活动的结果体现在利润表中。

有人说：忙乎半天，最终是为了赚钱（相信说这个答案的朋友比较多）。大家还记得栗子老师在第 1 章里讲的吗？利润不是钱，但利润最终需要转化为钱。没有现金流支撑的利润是海市蜃楼，最终是梦一场。“最终是为了赚钱”这句话，并没有错。所以经营活动的另一个结果体现在现金流量表中。

2.3.1　利润表中的经营结果

老师家里的理工男在短短 10 天之内，就如有神助般地完成了需要 30 个高级技术人员夜以继日工作 3 年的开发量，在线教室 1.0 版于 2017 年 11 月 1 日上线。栗子教室 1.0 版上线后，第一天就获得了国内最大培训机构新西方的订单。新西方每个月支付给我 100 万元，并且已经慷慨地给钱了。理工男告诉我，在线教室要运行，还需要购买服务器带宽。我立刻勒令理工男解决此事，在 11 月 1 日预付了 20 万元购买带宽。理工男估计按照预估的并发量，此带宽可能够用两个月。一个月过去后，栗子在线公司的利润表出来了（见表 2-5）。

表 2-5 栗子在线公司的利润表

2017 年 11 月 1 ～ 30 日　　　　（单位：万元）

营业收入	100
减：营业成本	10
管理费用	0.12
利润总额	89.88
减：所得税费用	22.47
净利润	67.41

利润表显示栗子在线公司是盈利的！在这个利润表中，营业成本是带宽成本，一个月 10 万元。管理费用包括消耗掉 200 元的办公用品，以及对电脑和打印机计提的折旧，老师估计其残值为 0，在 3 年内平均摊（如果有人不知道什么是折旧，没关系，请自行上网搜索）。所得税率按 25% 计算。

栗子在线公司为什么可以盈利？第一，有收入，国内培训业老大新西方很给力。第二，成本小，主要原因是研发人员很少（只有一个人）并且没有工资。如果理工男要求月薪 90 万元，那么公司肯定亏损了。试想如果我聘用了 30 名高级技术人员，人均月工资 3 万元的话，我的公司即使有新西方的订单也还是会亏损的。对于草创期的企业来说，在没有收入的情况下，需要维持公司运转，绝大多数公司都是亏损的。但栗子老师好不容易过把瘾当董事长，怎么会把自己的公司整得惨兮兮。必须盈利！

2.3.2 现金流量表中的经营结果

让我们再来看看栗子在线公司 11 月的现金流量表（见表 2-6）。

表 2-6 栗子在线公司的现金流量表

2017 年 11 月 1 ～ 30 日　　　　（单位：万元）

经营活动产生的现金流量	
销售商品、提供劳务收到的现金	100
购买商品、接受劳务支付的现金	20
经营活动产生的现金流量净额	80
投资活动产生的现金流量	
筹资活动产生的现金流量	
现金及现金等价物净增加额	80
加：期初现金及现金等价物余额	96.4
期末现金及现金等价物余额	176.4

11 月，栗子公司手头的钱净增加 80 万元，都是经营活动带来的。这是实实在

在的赚钱能力。但是同样地，如果我付给理工男90万元的工资，我的经营活动现金流量就变成负数了。

为便于比较、理解，我将栗子在线公司11月底的资产负债表列在下面（见表2-7）。

表2-7 栗子在线公司的资产负债表

2017年11月30日 （单位：万元）

资产		负债	
货币资金	176.4	应交所得税	22.47
存货	0.08	所有者权益	
其他流动资产	10	实收资本	100
固定资产	3.4	留存收益	67.41
资产总计	189.88	负债和所有者权益总计	189.88

这里大家可以体会一下报表之间的关系。

利润表里面的净利润最后体现在资产负债表中的所有者权益里。因为企业忙乎半天，是在为股东创造财富，最后的经营结果净利润属于股东（权益）。

现金流量表实际上解释了资产负债表中的货币资金为什么由期初的96.4万元变动成为期末的176.4万元。其变动的原因区分了三种活动并在现金流量表中列示出来。

总之，企业经营活动的结果在两张表内都有反映。利润表从权责发生制的角度，告诉我们净利润是多少；现金流量表从现金收付实现制的角度，告诉我们企业的钱到底是增加还是减少了。

让我们来看看2016年年报中A股上市公司经营活动的结果。

栗子老师搜集了3 117家样本公司的净利润与经营活动现金流量净额的数字，统计如表2-8所示。

表2-8 2016年A股上市公司的净利润与经营现金流量净额统计情况表（合并报表数据）

	盈利	亏损	小计
经营活动现金流量净额为正	2 318（74.4%）	137（4.4%）	2 455（78.8%）
经营活动现金流量净额为负	558（17.9%）	104（3.3%）	662（21.2%）
小计	2 876（92.3%）	241（7.7%）	3 117（100%）

栗子老师将2015年年报中A股上市公司的净利润与经营现金流量净额情况列表如下，大家对比一下（见表2-9）。

大家可以看到，2016年上市公司中盈利的公司占比增加了，这应该与退市制度的完善以及上市公司质量的持续改善有关。但是经营活动现金流量净额为负的公司占比虽然略有下降，但仍然高达21%，也就是说1/5的上市公司是不赚钱的。

表 2-9 2015 年 A 股上市公司的净利润与经营现金流量净额统计情况表（合并报表数据）

	盈利	亏损	小计
经营活动现金流量净额为正	2 000（70.9%）	197（7.0%）	2 197（77.9%）
经营活动现金流量净额为负	461（16.3%）	164（5.8%）	625（22.1%）
小计	2 461（87.2%）	361（12.8%）	2 822（100%）

根据这个表格再对照栗子老师在第 1 章中讲的内容“利润不是钱”，大家琢磨一下。

这可真是“月儿弯弯照九州，几家欢乐几家愁”。

再说那 2 318 家既盈利、经营活动现金流量净额又是正的公司，它们的日子就一定好过吗？盈利只是利润大于零，但是否达到了投资者预期的回报率呢？经营活动现金流量净额为正，但是不是能有足够的钱进行固定资产更替或者扩大经营呢？

2.4 第四张表：那张总是被人遗忘的报表

在栗子老师学习会计的岁月中（老师用了 10 年学会计，说出来有人信吗？这人得有多笨呀），这张表是最少被人提及的。这是因为企业的各种活动已经被其他三张报表表达了，因此这第四张表的存在感比较弱。

在上交所网站上市公司信息栏目下，XBRL 实例文档一栏中，我们可以看到资产负债表、利润表和现金流量表，但就是没有第四张表——所有者权益变动表。它总是处于被人遗忘的角落。

所有者权益变动表，顾名思义，这张报表反映了所有者权益的变动。这是一张股东一定要看的报表，他们可以从中体会到该公司是不是一家对股东负责的好公司。

所有者权益是在资产负债表右边出现过的！让我们再来回顾一下栗子在线公司的资产负债表（见表 2-10）。

表 2-10 栗子在线公司的资产负债表 （单位：万元）

	2017-11-30	2017-10-31		2017-11-30	2017-10-31
资产			负债		
货币资金	176.4	96.4	应交所得税	22.47	
存货	0.08	0.1	负债合计	22.47	
其他流动资产	10		所有者权益		
流动资产合计	186.48		实收资本	100	100
固定资产	3.4	3.5	留存收益	67.41	
非流动资产合计	3.4		所有者权益合计	167.41	100
资产总计	189.88	100	负债和所有者权益总计	189.88	100

表 2-10 中 10 月 31 日资产负债表与之前披露的 10 月 23 日资产负债表完全相同，栗子老师假设这一星期没有发生新的交易。

观察所有者权益合计数由期初的 100 万元，上升到了期末的 167.41 万元，变动的原因是什么？这里显而易见，是留存收益增加 67.41 万元导致的，而这正是 11 月的净利润。

这里有一个很重要的关系是大家需要知道的，企业忙乎半天的盈利最终是属于所有者的，正的净利润会增加股东财富，具体来说就是记到了所有者权益里。而所有者权益变动表是用来表达所有者权益变动原因的，因此净利润一定会出现在所有者权益变动表中（见表 2-11）。

表 2-11 栗子在线公司的所有者权益变动表

2017 年 11 月 1 ～ 30 日　　（单位：万元）

项目	实收资本	留存收益	所有者权益合计
本年期初余额	100	0	100
加：净利润		67.41	67.41
减：股利分配			
本期期末余额	100	67.41	167.41

我们可以看到，所有者权益变动表的结构是第一横行表示所有者权益的构成，第一纵列表示权益变动的原因。栗子在线公司的所有者权益变动表经过了极大的简化，可以看到导致我公司所有者权益增加的原因就是当期的盈利 67.41 万元，我当期没有进行任何分红，所以所有者权益没有减少。

如果有人看过上市公司披露的所有者权益变动表，那么可能会说："栗子老师，你骗人，所有者权益变动表根本就不长这个样儿。"你说对了，我不是怕大家看不懂吗？

表 2-12 是上市公司所有者权益变动表的列报格式，我只能说没有学过会计的人想看懂不容易呀。这里，我只是拿出来让大家看看，里面涉及的概念太多，只能在以后慢慢说了。但是这张表的结构是没有变的，横行表示所有者权益的构成要素，纵列表示变动原因。

好在上市公司的业务并不一定会涉及所有的事项，所以在披露的时候，有的公司会将这张表进行适当的简化，并量体裁衣地按照自己公司的情况列报。例如，中国石化（600028）的所有者权益变动表如表 2-13 所示。

我们可以看到 2016 年中国石化盈利 464.16 亿元，选择分红 230.61 亿元（其中给母公司即上市公司的股东分了 168.29 亿元，同一控制下企业合并分配给原股东 0.47 亿元，旗下公司给少数股东分了约 61.85 亿元）。至于这样的盈利水平是否符合投资者的预期，需要结合资产规模、净资产规模、收入规模和同行业水平等

表 2-12　上市公司的所有者权益变动表列报格式

项目	本期												
	归属于母公司所有者权益											少数股东权益	所有者权益合计
	股本	其他权益工具			资本公积	减：库存股	其他综合收益	专项储备	盈余公积	一般风险准备	未分配利润		
		优先股	永续债	其他									
一、上年期末余额													
加：会计政策变更													
前期差错更正													
同一控制下企业合并													
其他													
二、本年期初余额													
三、本期增减变动金额													
（一）综合收益总额													
（二）所有者投入和减少资本													
1. 股东投入的普通股													
2. 其他权益工具持有者投入资本													
3. 股份支付计入所有者权益的金额													
4. 其他													
（三）利润分配													
1. 提取盈余公积													
2. 提取一般风险准备													
3. 对所有者（或股东）的分配													
4. 其他													
（四）所有者权益内部结转													
1. 资本公积转增资本（或股本）													
2. 盈余公积转增资本（或股本）													
3. 盈余公积弥补亏损													
4. 其他													
（五）专项储备													
（六）其他													
四、本期期末余额													

表 2-13　中国石化的所有者权益变动表

（单位：百万元）

	股本	资本公积	其他综合收益	专项储备	盈余公积	未分配利润	归属于母公司股东权益	少数股东权益	股东权益合计
2015 年 12 月 31 日余额	121 071	121 576	（7 984）	612	196 640	245 623	677 538	112 027	789 565
2016 年 1 月 1 日余额	121 071	121 576	（7 984）	612	196 640	245 623	677 538	112 027	789 565
本年增减变动余额									
1. 净利润	—	—	—	—	—	46 416	46 416	12 754	59 170
2. 其他综合收益	—	—	7 052	—	—	—	7 052	（719）	6 333
综合收益总额	—	—	7 052	—	—	46 416	53 468	12 035	65 503
直接计入股东权益的与所有者的交易									
3. 利润分配									
提取盈余公积	—	—	—	—	—	—	—	—	—
分配现金股利	—	—	—	—	—	（16 829）	（16 829）	—	（16 829）
4. 与少数股东的交易	—	（30）	—	—	—	—	（30）	263	233
5. 同一控制下企业合并分配予原股东	—	—	—	—	—	（47）	（47）	（39）	（86）
6. 分配予少数股东	—	—	—	—	—	—	—	（6 146）	（6 146）
7. 同一控制下企业合并的调整	—	（2 137）	—	—	—	—	（2 137）	2 137	—
直接计入股东权益的与所有者的交易总额	—	（2 167）	—	—	—	（16 876）	（19 043）	（3 785）	（22 828）
8. 专项储备变动净额	—	—	—	153	—	—	153	7	160
9. 其他	—	116	—	—	—	—	116	9	125
2016 年 12 月 31 日余额	121 071	119 525	（932）	765	196 640	275 163	712 232	120 293	832 525

资料来源：摘自中国石化 2016 年年报（截至 2016 年 12 月 31 日）。

因素去判断。而这样的股利支付是否达到投资者的预期，需要结合以往股利政策、股价等因素来判断。

另外，也有不那么复杂的第四张表，中航直升机股份有限公司（以下简称中直股份）2016 年年报中披露的这张所有者权益变动表（见表 2-14），和栗子在线公司的差异也并不太大嘛。当然这中间涉及了一些概念，比如综合收益、提取盈余公积等，好奇心重的读者可以搜索这些专业词汇了解其内涵。栗子老师补充说明一下，综合收益 = 净利润 + 其他综合收益，可以看作会计利润向经济利润靠近。提取盈余公积则是净利润在结转至所有者权益中时，其中结转至盈余公积的部分，其作用就是使得未分配利润变小（也就是说别把当期利润全部分掉）。

栗子老师画了这样一张图用来更加直观地表达企业活动与报表的关系，以及报表与报表之间的关系（见图 2-1）。大家可以仔细琢磨一下这张图。本章是我们财报分析的入门基础，读者首先需要弄清楚几张表分别代表了什么含义，以及它们之间的关系。

奥地利作家斯蒂芬·茨威格在《人类的群星闪耀时》这本书里，回忆了影响人类历史发展的若干个重大瞬间。在人类文明发展史上，一个群星闪耀的时刻在出现之前，总是要沉寂多年，就为了等待这一瞬的爆发。栗子老师认为，我们所处的时代就是这样一个百花盛开、群星闪耀的时代。比尔·盖茨、乔布斯和马斯克等，都是这样的人物。有幸身处这样一个时代，科技的进步呈现出加速度的趋势。我们何其幸哉！这些优秀公司的报表忠实记录了这些伟大的科学家、企业家的远见卓识和超人意志。让我们像读故事那样去读报表吧。

表 2-14 中直股份的合并所有者权益变动表

编制单位：中航直升机股份有限公司　　　　（单位：人民币元）

项目	本期							
	归属于母公司所有者权益						少数股东权益	所有者权益合计
	股本	资本公积	专项储备	盈余公积	其他综合收益	未分配利润		
一、上年期末余额	589 476 716.00	4 232 719 717.30	96 642 833.09	319 842 816.65	—	1 309 987 587.12	14 962 497.57	6 563 632 167.73
二、本年期初余额	589 476 716.00	4 232 719 717.30	96 642 833.09	319 842 816.65	—	1 309 987 587.12	14 962 497.57	6 563 632 167.73
三、本期增减变更余额（减少以“-”号填列）	—	—	26 433 509.45	13 162 728.69	-8 320 000.00	278 629 622.85	200 419 305.00	510 325 165.99
（一）综合收益总额	—	—	—	—	-8 320 000.00	439 161 530.54	419 305.00	431 260 835.54
（二）所有者投入和减少资本	—	—	—	—	—	—	200 000 000.00	200 000 000.00
1. 股东投入的普通股	—	—	—	—	—	—	200 000 000.00	200 000 000.00
（三）利润分配	—	—	—	13 162 728.69	—	-160 531 907.69	—	-147 369 179.00
1. 提取盈余公积	—	—	—	13 162 728.69	—	-13 162 728.69	—	—
2. 对所有者（或股东）的分配	—	—	—	—	—	-147 369 179.00	—	-147 369 179.00
（四）专项储备	—	—	26 433 509.45	—	—	—	—	26 433 509.45
1. 本期提取	—	—	36 491 707.38	—	—	—	—	36 491 707.38
2. 本期使用	—	—	10 058 197.93	—	—	—	—	10 058 197.93
四、本期期末余额	589 476 716.00	4 232 719 717.30	123 076 342.54	333 005 545.34	-8 320 000.00	1 588 617 209.97	215 381 802.57	7 073 957 333.72

资料来源：摘自中直股份2016年年报。

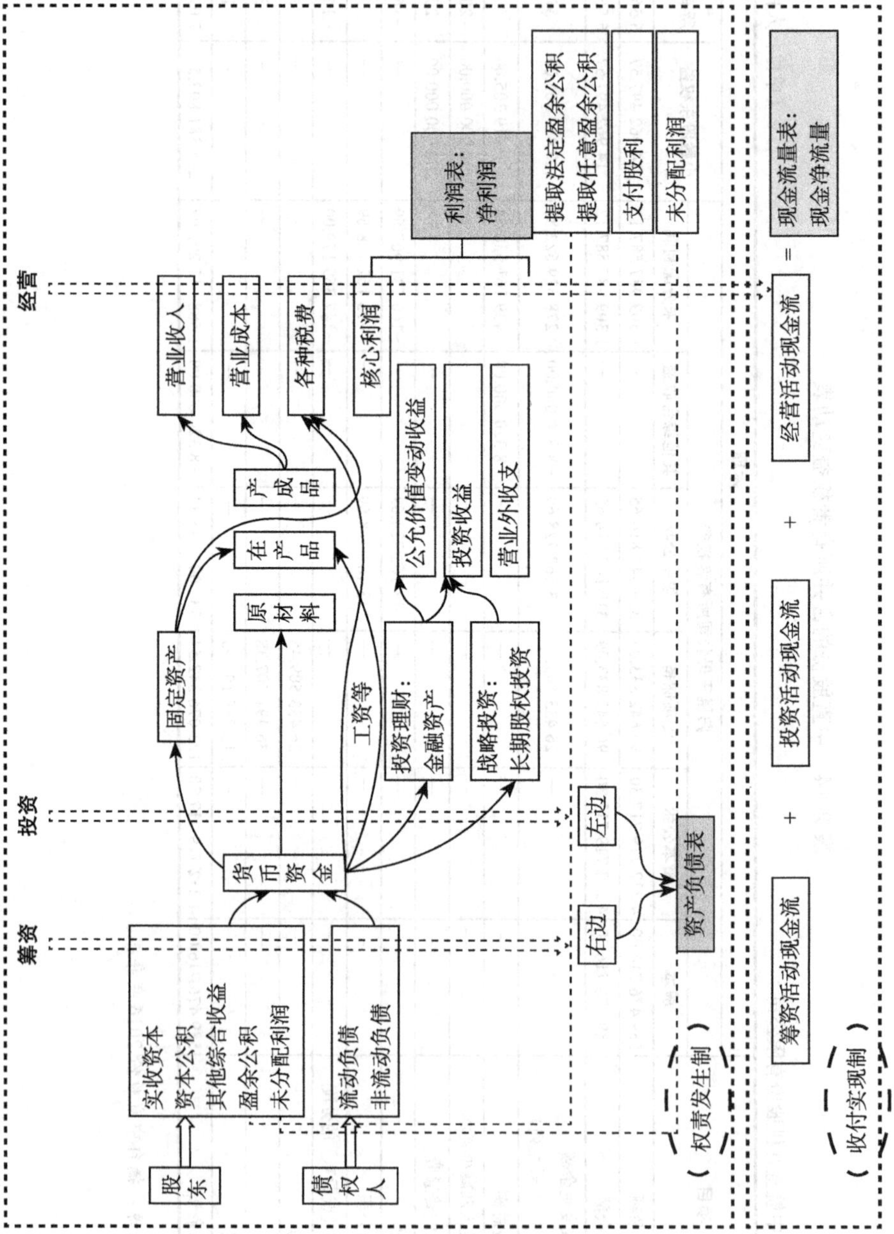

图 2-1 企业活动与财务报表的关系示意图

Chapter3

第 3 章

报表还要这样看：以苹果公司为例

第 2 章介绍了四张财务报表，它们能够反映企业投资活动的结果、筹资活动的结果和经营活动的结果，因此财务报表是企业战略执行结果的体现。在第 2 章中我们给出的各张财务报表，是按照目前准则要求的列报格式列报的。例如在资产负债表中，资产按照流动性列示，分为流动资产和非流动资产；负债也按照流动性列示，分为流动负债和非流动负债。在本章中，我们将探讨这样列报的好处。此外，还要稍稍进阶一下，看一下如果将财务报表按照其他方式分类，那么会对分析带来哪些好处。

3.1 隐藏在负债结构中的融资战略：不差钱的苹果公司

在本节中栗子老师提醒大家，我们除了关注负债的期限结构之外，还应当关注负债的来源结构。

3.1.1 负债的期限结构

在资产负债表中，负债通常按照其流动性列示，分为流动负债和非流动负债。简单来说，流动负债可以理解为一年之内（或一个经营周期内）就要偿还的负债；非流动负债可以理解为一年以后（或一个经营周期以后）才要偿还的负债。

所以，从资产负债表的右边我们可以清楚地看到负债的期限结构。这样的列示对债权人进行偿债能力分析是非常有用的。

债权人在看报表时，关心什么问题呢？他们关心的无非是企业是否能够及时足额地还本付息。根据负债期限的不同，又具体区分为短期偿债能力分析和长期偿债能力分析。这里人们设计出各种各样的财务指标来帮助判断。

资产负债表的右边按照流动性列示负债的方法，直接给出了负债的期限结构。因此分析负债的期限结构是负债分析最普遍和最主流的分析思路。

3.1.2 负债的来源结构

负债除了可以按照期限分类，还可以按照其来源性质进行分类，区分为经营性负债和金融性负债。经营性负债指的是企业在日常经营过程中自然累积起来的负债，例如应付账款、应付职工薪酬、应交税费等。金融性负债指的是企业专门去借的钱，例如银行借款、应付债券等。显然，如果我们想要判定一家企业的融资倾向，那么观察负债的来源性质会更有利于我们的判断。

3.1.3 苹果公司的负债结构及其融资倾向判断

让我们来看看苹果公司的负债结构。

栗子老师搜集了苹果公司从2009年以来的报表数据，以了解它的负债结构（见表3-1）。

表 3-1 苹果公司的负债期限结构表 （%）

时间	2016-9-24	2015-9-26	2014-9-27	2013-9-28	2012-9-29	2011-9-24	2010-9-25	2009-9-26
流动负债 / 总资产	24.56	27.76	27.37	21.09	21.89	24.04	27.56	24.22
非流动负债 / 总资产	35.57	31.13	24.52	19.22	10.97	10.13	8.87	9.17
资产负债率	60.13	58.89	51.89	40.31	32.86	34.17	36.43	33.39

可见苹果公司的资产负债率在2012年以前非常稳定地维持在33%左右，但这种情况在2013年发生了改变，近几年的资产负债率不断飙升，从33%飙升至60%。如果从期限结构来看，那么这主要是非流动负债的比例增加导致的。

如果大家看到这里就得出结论，认为2012年以前苹果公司拥有的资金中33%是借的，从2013年起借的长期资金越来越多，导致资产负债率飙升。事实上这一结论是不太准确的。如果我们将“借”理解成企业专门的融资行为的话，那么这一结论甚至是错误的。

在表3-2中，栗子老师将苹果公司的负债区分为经营性负债和金融性负债，以观察其负债结构。

从表3-2中我们可以非常清楚地看到，2012年之前苹果公司的资产负债率稳定在33%，而这全部由经营性负债构成，没有一分钱是借来的！而且有息负债（金融性负债）的比率为零！

表 3-2　苹果公司的负债来源结构表　（%）

时间	2016-9-24	2015-9-26	2014-9-27	2013-9-28	2012-9-29	2011-9-24	2010-9-25	2009-9-26
经营性负债 / 总资产	33	37	37	32	33	34	36	33
金融性负债 / 总资产	27	22	15	8	0	0	0	0
资产负债率	60	59	52	40	33	34	36	33

所以栗子老师在 2012 年之前讲课时总爱说："什么叫不差钱，这就叫不差钱！"从 2013 年起，苹果公司的负债率飙升，这是因为它开始借钱了——陆续发行企业债券进行融资。可以看出，其融资战略在 2013 年发生了重大转变。这个战略转变与苹果公司所处的发展周期、股利政策的制定都是有关的。

通过这个例子，大家应该能够体会到将负债按照来源性质进行分类判断的重要性和必要性。如果在分析负债结构时仅仅关注期限结构，大家就看不清一家企业的融资倾向：需要钱的时候到底是负债融资还是权益融资？

总之，要判断企业的流动性，我们需要关注负债的期限结构以及流动资产的质量；要判断企业的融资倾向，我们需要关注负债的来源性质结构。

本书在第 4 章中讲解 OPM（other people's money）战略时，将涉及对经营性负债报表项目的分析，在第 5 章中主要关注金融性负债，并辅助以典型案例来说明分析。

3.2　隐藏在资产中的投资战略：苹果公司账上都是手机吗

在第 2 章中我们已经知道企业投资活动的结果体现在资产负债表的左边，因此各项资产是企业投资战略的报表体现。在对资产进行分析时，除了按照资产负债表上给出的流动资产和非流动资产分类外（期限结构分类），我们还应当有能力将资产区分为经营性资产和投资性资产（性质结构分类）。

3.2.1　资产的期限结构

资产负债表按照流动性列示资产，为报表阅读者提供了非常有用的信息。流动资产是一年（或者一个经营周期）之内可以转化为现金的资产。因此，如果流动资产质量很好，一般来说企业的短期偿债能力就没有问题。非流动资产本身的持有意图并不是为了在短期之内变现，但是不排除有些变现性很好的非流动资产（例如可供出售金融资产、土地使用权等）可以加强企业的短期偿债能力（但这显然会影响这些资产原定的使用用途)。

总之，资产和负债在报表上按照流动性进行列示对于债权人进行偿债能力分析是非常有利的。诸如短期偿债能力分析中的一系列指标都是围绕流动资产和流动负债之间的关系设计的。

3.2.2 资产的性质结构

除期限结构外，资产按照其对利润贡献的方式又区分为经营性资产和投资性资产。所谓经营性资产是指企业经营活动形成的资产，例如货币资金、应收账款、存货、固定资产和无形资产等。投资性资产是指企业战略投资或投资理财活动形成的资产，例如交易性金融资产、可供出售金融资产、持有至到期投资和长期股权投资等（栗子老师这里没有叫金融性资产主要是为了与会计概念金融资产区别开来，第5章5.1节将具体阐述这两者的区别）。

有朋友会纠结，如果一家公司主营业务就是做投资的怎么办？不用纠结，这种情况下其投资性资产就是其经营性资产。

将资产进行这样的划分，对进一步的盈利模式分析是非常有用的。随后再对利润表进行分析的时候，可以将利润区分为经营性利润与投资性利润。经营性利润对应经营性资产，投资性利润对应投资性资产。这样，就可以更加清晰地看到企业的盈利模式及其盈利结果了。

3.2.3 苹果公司的账上可不都是手机

让我们先来看看苹果公司的资产期限结构，如表3-3所示。

表 3-3 苹果公司的资产期限结构表

时间	2016-9-24	2015-9-26	2014-9-27	2013-9-28	2012-9-29	2011-9-24	2010-9-25	2009-9-26
现金（百万美元）	20 484	21 120	13 844	14 259	10 746	9 815	11 261	5 263
现金 / 总资产（%）	6	7	6	7	6	8	15	11
存货（百万美元）	2 132	2 349	2 111	1 764	791	776	1 051	455
存货 / 总资产（%）	1	1	1	1	0	1	1	1
流动资产（百万美元）	106 869	89 378	57 298	73 286	57 653	44 988	41 678	31 555
流动资产 / 总资产（%）	33	31	26	35	33	39	55	66
固定资产（百万美元）	27 010	22 471	20 624	16 597	15 452	7 777	4 768	2 954
固定资产 / 总资产（%）	8	8	9	8	9	7	6	6
非流动资产（百万美元）	214 817	200 967	163 308	133 714	118 411	71 383	33 505	15 946
非流动资产 / 总资产（%）	67	69	74	65	67	61	45	34

可见，苹果公司近些年总资产的 1/3 是流动资产（这是从之前高达 66% 的流动资产占比上降下来的）。与流动负债相比较，流动资产大于流动负债，而且流动资产的质量又比较高。例如其 2016 年年报显示，流动资产中 19% 是现金，44% 是短期投资，这两项加起来占到流动资产的 63% 了，流动资产中有大量现金以及能快速变现的金融资产，流动性非常好。因此可以说，流动资产对流动负债的保障程度是非常高的。

从上面的资产期限结构表中还可以看到，存货仅占总资产的 1%，固定资产占总资产不足 10%。作为一家有实在产品可卖的企业，其资产结构体现出非常明显的轻资产型的特点。这与苹果公司的战略选择有关，它将生产外包了，因此固定资产占总资产的比重就偏低。

所以，企业的战略决定是一定会体现在财务报表中的。

栗子老师把苹果公司的资产重新整理了一下，按照经营性资产和投资性资产分类后，来看看它的资产性质结构（见表 3-4）。

表 3-4 苹果公司的资产性质结构表

时间	2016-9-24	2015-9-26	2014-9-27	2013-9-28	2012-9-29	2011-9-24	2010-9-25	2009-9-26
经营性资产（百万美元）	104 585	105 799	79 211	74 498	65 559	44 616	35 433	18 772
经营性资产 / 总资产（%）	33	36	36	36	37	38	47	40
投资性资产（百万美元）	217 101	184 546	141 395	132 502	110 505	71 755	39 750	28 729
投资性资产 / 总资产（%）	67	64	64	64	63	62	53	60

这里就非常有意思了！大家会惊讶地发现在苹果公司的报表中，经营性资产只占 1/3，投资性资产占到了 2/3。这些投资性资产都是什么呢？它们都是投资理财活动形成的金融资产（短期有价证券和长期有价证券），其中短期的占到约 20%，长期的占到约 80%。苹果公司不是卖电脑、卖手机的吗？为什么资产结构中绝大部分都是金融资产？

栗子老师只能说这是因为苹果公司太赚钱了！赚来的钱堆在那里浪费，所以需要积极地进行理财。

大家可能会问，那是否说明苹果公司的盈利模式是投资主导型呢？

这里不能着急得出结论。为什么？

因为盈利模式之所以叫“盈利模式”，就是一定要结合盈利，即利润表才能得出结论。我们现在只看到了资产负债表中的资产结构。的确，苹果公司资产结构中投资性资产占绝大多数，但要判断其盈利模式还需要结合利润表中利润的来源性质结构。

事实上，苹果公司是不折不扣的经营主导型，具体将在下一节中分析。

总之，在看资产结构时我们需要关注资产的期限结构，并将其与负债期限结构进行比对分析。同时，还需要关注资产的性质结构，并结合利润表中盈利来源对企业的盈利模式进行判断。关于经营性资产的有关分析将在本书的第 4 章中讨论，投资性资产的有关分析将在本书的第 5 章中讨论。

3.3 盈利模式的判断：美股报表（苹果公司为例）VS 我国报表（雅戈尔公司为例）

本章 3.1 节和 3.2 节中谈到，如果要对资产负债表进行进一步分析，需要将资产区分为经营性资产和投资性资产，将负债区分为经营性负债和金融性负债，这样就可以将资产结构和负债结构从其来源性质的角度进一步解读。

根据苹果公司的报表，我们可以看到苹果公司 2012 年之前非常任性地一分钱都没有借过，并且其报表上投资性资产占总资产的 2/3。但是我仍然说苹果公司的盈利模式是不折不扣的经营主导型，这是因为盈利模式还需要结合利润表的利润来源进行判断。

本节中我们来看一看利润表。利润表披露时往往采用多步式结构，给出的中间小计数往往都是很有用的盈利指标。但是随着经济业务复杂化的趋势，报表披露格式也几经变化，导致有时我们直接利用报表给出的数字可能并不符合我们的分析目的。

各国准则规定不同，利润表格式也不尽相同。这里先拿美股报表和我国报表列报格式来做一个简单比较。

3.3.1 美股利润表举例：苹果公司

美股的利润表依然用苹果公司来举例（见表 3-5）。

从表 3-5 的报表格式中，大家可以非常清楚地看到美股利润表的特点。

（1）直接给出了毛利，即营业收入减去营业成本的金额。

（2）直接给出了营业利润，这是企业经营活动上产生的利润。

（3）将投资活动和筹资活动给利润表带来的影响放在了其他利润中。考虑这部分其他利润和所得税之后，得到净利润。

虽然美股上报表的格式相对灵活，但绝大部分公司的报表都是遵循这个思路的，即将经营活动的利润与其他利润区分开来。这对我们进一步进行盈利模式分析是非常有利的（因为直接区分好了，告诉大家了）。

在上一节中，栗子老师说苹果公司是不折不扣的经营主导型，大家在这里可以看得很清楚。

表 3-5　苹果公司的合并利润表　（单位：百万美元）

合并利润表	12 个月期		
	截至 2016 年 9 月 24 日	截至 2015 年 9 月 26 日	截至 2014 年 9 月 27 日
营业收入	215 639	233 715	182 795
营业成本	131 376	140 089	112 258
毛利	84 263	93 626	70 537
经营费用			
研发费用	10 045	8 067	6 041
销售和管理费用	14 194	14 329	11 993
经营费用合计	24 239	22 396	18 034
营业利润	60 024	71 230	52 503
其他利润	1 348	1 285	980
税前利润	61 372	72 515	53 483
所得税费用	15 685	19 121	13 973
净利润	45 687	53 394	39 510

资料来源：摘自苹果公司截至 2016 年 9 月 24 日的公司年报，笔者翻译。

如表 3-6 所示，苹果公司税前利润的 98% 来自经营活动创造的利润，所以苹果公司巨额利润的来源的确是卖手机、卖电脑、卖 iPad 以及提供相关服务赚来的。

表 3-6　苹果公司的利润来源结构表　（%）

年份	2016	2015	2014	2013	2012	2011	2010	2009
经营性利润 / 税前利润	98	98	98	98	99	99	99	97
其他利润 / 税前利润	2	2	2	2	1	1	1	3

栗子老师用苹果公司的经营性利润除以经营性资产，用投资性利润（其他利润 + 财务费用）除以投资性资产，结果如表 3-7 所示。

表 3-7　苹果公司的分类（税前）资产报酬率　（%）

年份	2016	2015	2014	2013	2012	2011	2010	2009
经营性资产报酬率	57	67	58	66	84	76	52	63
投资性资产报酬率	1	1	1	1	0	1	0	1

所以从利润的来源看，苹果公司是不折不扣的经营主导型，光靠理财是没法赚取超过 20% 的净利润率的。（所以，现在有项目动辄 100%、200% 的回报宣传，栗子老师是一概不理的。这样高盈利的事情当然有，要么就是违法的，要么就是骗局。高收益伴随高风险，先看看自己是否愿意，是否能够承受足够的风险再去考虑收益的事情吧。）

虽然苹果公司账上投资性资产金额非常大，但是充其量就是实现资金的保值而已，从盈利的角度来讲，对利润的贡献是非常有限的（税前回报率 1%）。我从苹果的报表附注中摘取了其金融资产的报表附注（见表 3-8），感兴趣的朋友可以看看苹果公司都买了什么证券。

表 3-8 苹果公司的金融资产报表附注（单位：百万美元）

项目	2016 年						
	成本	未实现利得	未实现损失	公允价值	现金和现金等价物	短期可交易证券	长期可交易证券
现金	8 601	—	—	8 601	8 601	—	—
第一层次							
货币市场基金	3 666	—	—	3 666	3 666	—	—
共同基金	1 407	—	（146）	1 261	—	1 261	—
合计	5 073	—	（146）	4 927	3 666	1 261	—
第二层次							
美国国库券	41 697	319	（4）	42 012	1 527	13 492	26 993
美国机构债券	7 543	16	—	7 559	2 762	2 441	2 356
非美国政府证券	7 609	259	（27）	7 841	110	818	6 913
银行存款和定期存款	6 598	—	—	6 598	1 108	3 897	1 593
商业票据	7 433	—	—	7 433	2 468	4 965	—
公司证券	131 166	1 409	（206）	132 369	242	19 599	112 528
市政证券	956	5	—	961	—	167	794
抵押和资产担保证券	19 134	178	（28）	19 284	—	31	19 253
合计	222 136	2 186	（265）	224 057	8 217	45 410	170 430
总计	235 810	2 186	（411）	237 585	20 484	46 671	170 430

注：苹果公司 2016 年 9 月 24 日和 2015 年 9 月 26 日持有的现金和可供出售证券的成本、未实现利得、未实现损失和公允价值，都按照主要的投资分类进行了区分，分别将其列报为现金和现金等价物、短期可交易证券和长期可交易证券。

资料来源：摘自苹果公司截至 2016 年 9 月 24 日的公司年报，笔者翻译。

可见，苹果公司买了不少国库券（占金融资产将近 20%），公司证券占了所有金融资产的 60%，但我们不知道其明细。从理财的结果来看，投资策略应该还是以稳健为主，以实现资金的保值为主要目的。

苹果有巨额的资金趴在账上，当然就会有股东给苹果董事会施压，要求其分红。（股东认为苹果巨额资金理财的结果是 1% 的回报率，为什么不分红给他们，他们就可以想干什么就干什么去了，他们认为自己有可能会更有效率地使用资金。）乔布斯时代的苹果是一分钱都不分的，因为乔布斯有本事呀，气场足够震慑董事会。乔布斯之后，董事会再也顶不住这种压力了，2012 年苹果开始分红。个人认为，这标志着苹果步入了它的成熟期。

总而言之，美股报出的利润表是非常有利于我们进行盈利模式分析的。利润表中直接给出了经营性利润和其他利润，我们只需要稍加调整，就可以对应经营性资产和投资性资产来分别观察企业对这些资产的利用效率。

3.3.2 我国利润表举例：雅戈尔公司

现在让我们来看一看我国利润表的列报格式，如表 3-9 所示。

表 3-9 我国利润表的列报格式

利润表	
营业收入	
–营业成本	
–税金及附加	
–销售费用	
–管理费用	
–财务费用	
–资产减值损失	
+公允价值变动收益	
+投资收益	
+汇兑收益	
营业利润	
+营业外收入	
–营业外支出	
利润总额	
–所得税费用	
净利润	

与苹果公司的利润表相比较，我们会发现以下两点。

（1）我国利润表没有给出毛利。毛利分析在盈利能力分析中还是很重要的，因此需要自己计算一下。

（2）我国利润表中的营业利润是一个非常宽泛的概念，其中包含了经营活动的结果、筹资活动的结果和投资活动的结果。如果我们想要知道经营活动对利润的影响，就需要将利润表重新整理。

为了得到经营活动带来的利润结果——经营性利润，栗子老师将利润表进行了变形（见表 3-10）。

在表 3-10 中，栗子老师将营业利润分为以下两部分。

营业利润 =（税前）经营性利润 –（税前）净财务费用

（税前）经营性利润 = 营业收入 – 营业成本 – 税金及附加 – 销售费用 – 管理费用 – 经营性资产的资产减值损失 + 经营性质的汇兑收益

（税前）净财务费用 = 财务费用 − 投资性利润 + 其他性质的汇兑收益
= 财务费用 −（公允价值变动收益 + 投资收益 − 投资性资产的资产减值损失）− 其他性质的汇兑收益

表 3-10 变形后的利润表

变形后的利润表	
营业收入	
−营业成本	
−税金及附加	
−销售费用	
−管理费用	
−经营性资产的资产减值损失	
+经营性质的汇兑收益	
（税前）经营性利润	
−财务费用	
+公允价值变动收益	
+投资收益	
−投资性资产的资产减值损失	
+其他性质的汇兑收益	
−（税前）净财务费用	
营业利润	
+营业外收入	
−营业外支出	
利润总额	
−所得税费用	
净利润	

这样的划分方法可以有助于我们进一步对利润来源进行区别分析，管理用杜邦分析法就需要使用这种利润划分方法。

此处，让我们先来关注一下经营活动带来的利润——（税前）经营性利润。

显然，这部分是企业在经营活动上盈利的体现。至于财务费用是否要在这里减去，不同学者有不同的观点。主张需要减去的学者会认为，归根结底财务费用是需要经营活动产生足够的支付能力来负担的，因此应当抵减。而主张不减的学者会认为，应当将财务费用单独算作筹资活动带来的影响在财务分析的时候予以考虑。不论怎样处理，都说得过去。重要的是，我们需要在分析的时候选择一种方法，并一以贯之地运用在分析中。我这里在计算经营性利润时采用了不减去财务费用的方法。

我们再来看看投资性利润。

投资性利润 = 公允价值变动收益 + 投资收益 − 投资性资产的资产减值损失

栗子老师这里将资产减值损失区分为经营性资产带来的减值损失和投资性资产带来的减值损失。我们如何获得这个数据呢？只能是靠翻阅报表的附注进行判断摘取。如果附注披露不完善，我们可能无法取得准确的分类数据。那么只能退而求其次，在计算这两类利润时，都不要考虑资产减值损失的影响了。

与分析苹果公司时一样，区分了利润来源之后，就可以跟资产进行比较，进而判断资产的盈利能力了，具体公式如下。

经营性资产报酬率 = 经营性利润 / 经营性资产

投资性资产报酬率 = 投资性利润 / 投资性资产

在计算报酬率的时候，我们可以将经营性利润和投资性利润分别乘以（1– 实际税率），得到一个税后的报酬率（实际税率 = 所得税费用 / 利润总额）。如果不想麻烦，就不考虑所得税了，但是大家需要心里非常清楚自己计算的是一个税前的报酬率。（在表 3-7 中，栗子老师已经运用这个思路分别计算了苹果公司税前的经营性资产报酬率和投资性资产报酬率。）

接下来让我们找一家国内公司的利润表来练练手吧。由于前面在介绍相关概念时一直用苹果公司的报表，我本想在国内找一家与苹果公司同行业、可比的公司来对比说明，但是找不到。

那么就拿的雅戈尔公司（以下简称雅戈尔）作为例子吧。雅戈尔以服装起家，后来进军房地产行业，又靠投资理财来补贴利润。它的报表在经营性利润与投资性利润上都会有比较鲜明的特点。此处，我列示出按照上文思路对雅戈尔的利润表结构及其盈利模式进行分析的结果，如表 3-11 所示。

表 3-11　雅戈尔结构百分比合并利润表　(%)

会计期间	2016	2015	2014	2013	2012	2011	2010	2009	2008	2007
营业总收入	100	100	100	100	100	100	100	100	100	100
营业总成本	94	93	96	87	86	91	91	83	100	87
营业成本	58	62	61	53	51	60	66	62	64	65
税金及附加	8	7	8	10	5	3	7	3	2	2
销售费用	12	12	11	11	15	13	8	9	9	11
管理费用	6	5	5	5	7	9	7	7	7	8
财务费用	8	6	4	5	8	6	3	2	4	1
资产减值损失	2	1	7	3	0	0	0	0	13	0
公允价值变动收益	0	0	0	0	0	0	0	0	0	0
投资收益	23	24	20	4	5	13	14	16	21	39
其中：对联营企业和合营企业的投资收益	7	6	4	0	1	1	0	0	0	0
营业利润	30	31	24	17	19	21	23	34	20	52
营业外收入	2	6	1	1	1	2	2	0	2	1

（续）

会计期间	2016	2015	2014	2013	2012	2011	2010	2009	2008	2007
其中：非流动资产处置利得	0	5	0	0	0	0	0	0	0	0
营业外支出	1	0	0	4	0	0	0	1	0	1
其中：非流动资产处置损失	0	0	0	0	0	0	0	0	0	0
利润总额	31	37	25	14	21	23	25	33	22	52
所得税费用	6	7	4	5	5	5	5	5	5	15
净利润	25	30	20	9	15	18	20	28	17	38
归属于母公司所有者的净利润	25	30	20	9	15	15	18	27	15	35
少数股东损益	0	0	0	0	1	3	2	2	2	2

我们可以看到，雅戈尔的净利润率除了 2013 年是 9% 之外，其他年份都是两位数，净利润率是比较高的。这样高的净利润率是如何得到的呢？可以具体分析该利润表中每一项项目对净利率的贡献，大家应该能够看到投资收益在大多数年份贡献了相当大额的利润。为了看得更清楚一些，栗子老师将雅戈尔的营业利润区分为经营性利润与投资性利润（见图 3-1）。

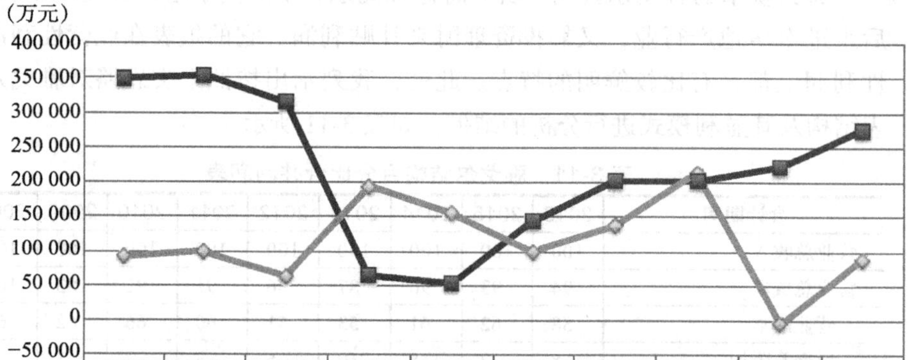

	2016	2015	2014	2013	2012	2011	2010	2009	2008	2007
经营性利润	91 907	98 297	64 329	193 324	153 874	99 891	137 454	212 527	−2 734	88 774
投资性利润	349 552	353 190	314 845	65 364	54 345	143 951	202 603	201 445	222 074	275 548

图 3-1　雅戈尔经营性利润与投资性利润的互补效应图

观察图 3-1 我们可以发现一个很有意思的现象，当经营活动的利润表现较好的时候，投资收益较小，如 2012 年和 2013 年。但是当经营性利润不好的时候，就靠将之前入股的股票卖掉来实现巨额投资收益推高利润，如 2014 ～ 2016 年。

接下来栗子老师要结合经营性资产与投资性资产，分别看看其盈利能力。这需要对雅戈尔的资产进行分类整理。

在对资产分类整理的过程中，我们需要对资产性质进行判断。在雅戈尔的例子中，栗子老师将下列资产算作投资性资产，其余资产则是经营性资产。

（1）投资理财行为形成的金融资产，包括交易性金融资产、可供出售金融资产。

（2）战略投资形成的资产，包括长期股权投资。

（3）上述投资行为导致的应收事项，包括应收利息、应收股利。

（4）查阅其他流动资产的报表附注，发现绝大部分是银行理财产品，因此将其划分为投资性资产。

这种对利润表和资产负债表的重分类，很多情况下只是大致分类和大致估算。一般情况下，大致也错不到哪里去。财务分析是一门模糊的艺术。

雅戈尔的分类资产及其占比趋势如图 3-2 所示。根据分类资产的结构我们可以看出，雅戈尔近几年经营性资产的占比急剧减少，截至 2016 年年底，从资产结构上来看投资性资产已经超过了经营性资产的规模。看来，雅戈尔所说的不是虚言，的确有把投资当主业做的趋势（见表 3-12）。

表 3-12　雅戈尔的分类（税前）资产报酬率　（%）

年份	2016	2015	2014	2013	2012	2011	2010	2009	2008	2007
经营性资产报酬率	3	3	3	3	2	2	3	3	4	5
投资性资产报酬率	10	9	19	27	27	29	23	26	61	20

可见，雅戈尔的经营性资产报酬率非常低（这还是税前）。投资性资产报酬率之前很高，近来有所下降。总体上，其投资性资产的收益率远高于经营性资产。

因此，我们可以说仅从资产结构上来看，雅戈尔是经营和投资并重型，但从盈利结果上来看，雅戈尔是投资主导型。

在第 3 章中，我们用苹果公司和雅戈尔为例来说明资产、负债和利润的不同分类方式及其对财报分析的意义，这为后文打下了基础。后面的章节标题可以体现出本书的特点——栗子老师是按照报表项目的性质来进行分类阐述的。

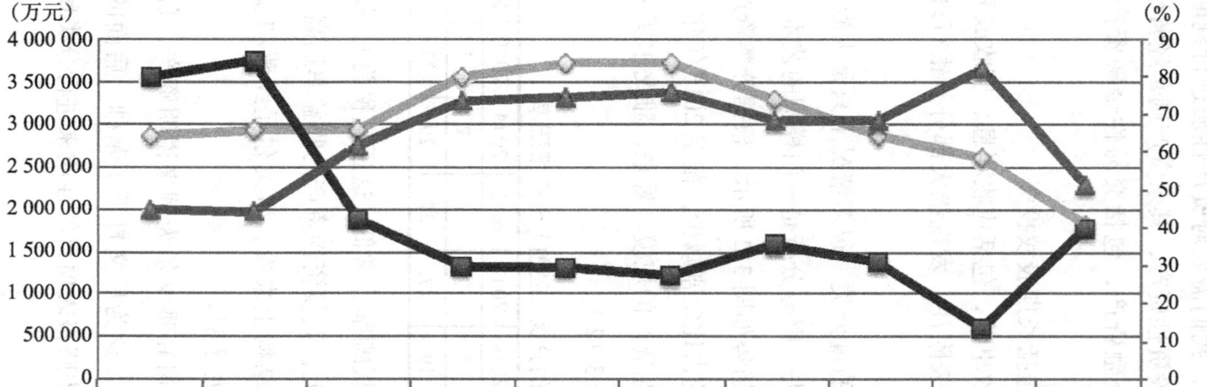

	2016	2015	2014	2013	2012	2011	2010	2009	2008	2007
经营性资产（万元）	2 842 040	2 902 947	2 909 311	3 534 743	3 694 122	3 705 350	3 275 317	2 845 218	2 586 594	1 797 454
投资性资产（万元）	3 549 143	3 724 781	1 853 061	1 299 870	1 291 852	1 187 907	1 550 953	1 348 183	576 573	1 736 983
经营性资产 / 总资产（%）	44	44	61	73	74	76	68	68	82	51

图 3-2 雅戈尔的分类资产及其占比趋势图

Chapter4

第4章

资产负债表（上）：经营活动形成的经营性资产和经营性负债

在第3章中，栗子老师将资产区分为经营性资产和投资性资产，将负债区分经营性负债和金融性负债，这会有助于我们理解企业的运营战略和筹资倾向，并有助于我们进一步分析企业的盈利模式。在本章中，栗子老师主要讨论经营性资产和经营性负债分析时的要点与可能遇到的问题，将我在教学中经常使用的典型案例整理出来。因为不同案例的侧重点不同，为方便读者查阅，我将本章每一节涉及的主题和报表项目总结在表4-1中。

表4-1 本章小节索引表

小节标题	主要分析的报表项目和主题
4.1 谁丢钱了谁心酸：见过丢钱的上市公司吗？酒鬼酒银行存款丢失案	货币资金及内部控制
4.2 应收账款与坏账政策：一直改错又不断犯错的莲花味精	应收账款及坏账政策
4.3 企业与上下游的关系（上）：涨幅最高大牛股的OPM战略及其营运资本特征	应收账款、预付款项、应付账款、预收款项等OPM战略相关的资产负债
4.4 企业与上下游的关系（下）：有一种竞争优势叫作没有应收账款	应收账款、预付款项、应付账款、预收款项等OPM战略相关的资产负债
4.5 生产这条线：东阿阿胶的驴皮会坏吗	固定资产、无形资产、存货等
4.6 报表上的税：以乐视网为例看隐藏在递延所得税资产中的盈利预测	递延所得税资产及盈利预测
4.7 商誉是不是“炸弹”：掌趣科技的巨额商誉	商誉及其减值
4.8 长期待摊费用怎么摊：看看永辉超市的装修费	长期待摊费用及摊销期限
4.9 资产负债表里的护城河：华为的无形资产分析	无形资产及超额盈利能力

4.1 谁丢钱了谁心酸：见过丢钱的上市公司吗？酒鬼酒银行存款丢失案

货币资金是流动性最强的资产，企业对货币资金的内部控制一定也是最严格的。但栗子老师见过银行存款虚列的上市公司，还见过银行存款丢失的上市公司，是不是不可思议？在这一节中我们看看丢钱的酒鬼酒。第 5 章 5.5 节中草原兴发的案例也与货币资金有关，可以结合起来学习。

白酒行业在经过快速发展之后，2012 年年底，白酒行业进入了一个震荡调整期。从各种渠道取得的统计资料来看，2013 年和 2014 年白酒企业的日子不太好过，尤其是中小型酒企。栗子老师在搜狐财经上找到了相关的统计，如图 4-1 所示。

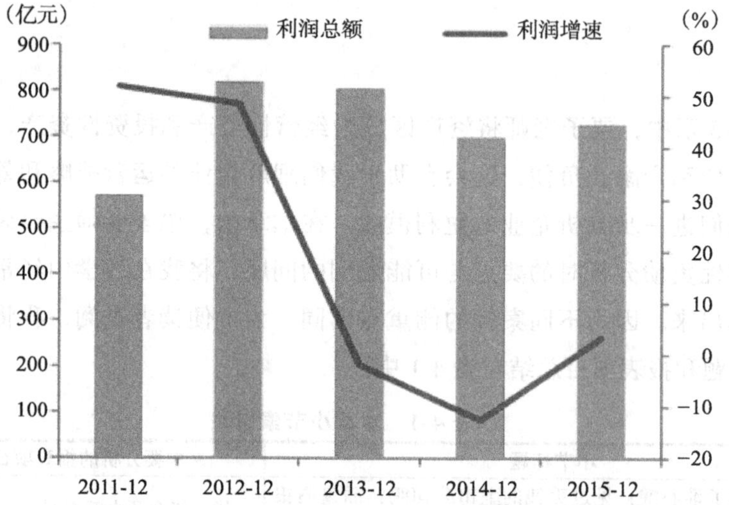

图 4-1 2011 ～ 2015 年白酒行业利润总额及增速统计图

资料来源：搜狐财经公众平台前瞻经济学人《中国白酒行业市场现状分析》。

根据这个资料显示，总体来看白酒行业利润总额在 2013 年和 2014 年是下降的。其中日子特别不好过的，就有酒鬼酒。

酒鬼酒之所以日子格外难过，是因为它除了受到宏观政策、行业影响之外，在 2012 年 11 月还爆出了“检出塑化剂，并超标 260%”的丑闻。这一丑闻对酒鬼酒的影响延续到了今天，乃至一提到酒鬼酒，人们可能就会想到塑化剂。

在这样内忧外患的情况下，让我们看看酒鬼酒的业绩表现。

4.1.1 酒鬼酒的收入和净利润

先来看看白酒行业的龙头“老大”贵州茅台的收入与净利润，如图 4-2 所示。

虽然贵州茅台收入与净利润的增速放缓，但还是在增长的。“老大”的抗打击能力的确比较强，当然贵州茅台也是把之前在预收款项里面的收入释放出来了。

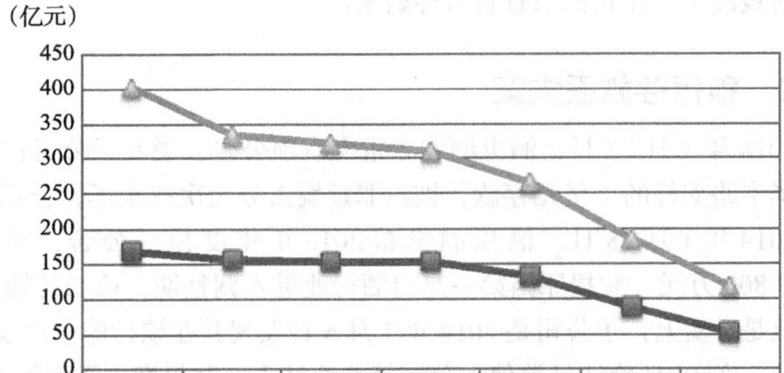

	2016	2015	2014	2013	2012	2011	2010
净利润	167.18	155.03	153.50	151.37	133.08	87.63	50.51
营业收入	401.55	334.47	322.17	310.71	264.55	184.02	116.33

图 4-2　贵州茅台的收入与净利润趋势图

规模小些的酒企日子就不好过了。此处，栗子老师选择了和酒鬼酒规模相差不大的水井坊来进行比较。二者的收入与净利润走势非常相近，都在 2013 年和 2014 年大幅下降变成亏损，2015 年扭亏为盈（见图 4-3）。

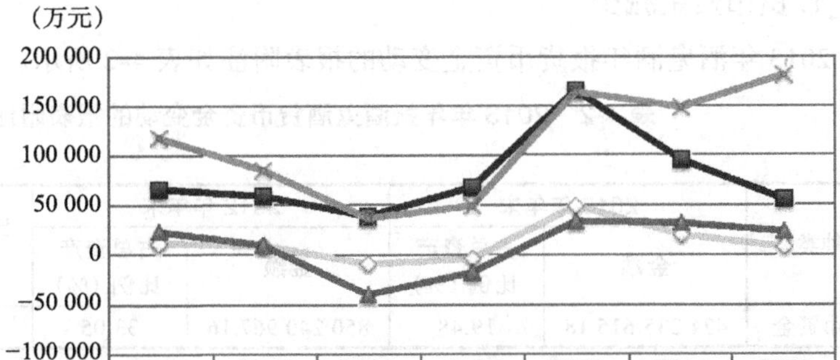

	2016	2015	2014	2013	2012	2011	2010
酒鬼酒净利润	10 858	8 857	−9 748	−3 668	49 545	19 262	7 942
酒鬼酒营业收入	65 485	60 122	38 848	68 463	165 213	96 183	56 049
水井坊净利润	22 479	8 797	−40 281	−18 177	33 773	32 047	23 539
水井坊营业收入	117 637	85 487	36 487	48 575	163 619	148 191	181 816

图 4-3　酒鬼酒、水井坊的收入与净利润趋势图

可见，在行业转冷以及塑化剂的双重打击之下，酒鬼酒 2013 年的营业收入（6.8 亿元）仅仅是 2012 年（16.5 亿元）的 41%，2014 年继续下降至近 3.9 亿元，2015 年随着行业转暖，营业收入上升至 6 亿多元。

与收入的趋势非常类似，酒鬼酒的净利润在 2013 年和 2014 年急剧下降，变成亏损，酒鬼酒的股票也因此变成了*ST。2015 年它扭亏为盈，顺利摘帽。

导致酒鬼酒 2013 年亏损的除了收入下降等因素外，还有一个因素就是它放在银行的钱没了，让我们来看看事件始末。

4.1.2 银行存款丢失案

2014 年 1 月 27 日，酒鬼酒发布重大事项公告，说其子公司存在农业银行杭州分行华丰路支行的 1 亿元存款，被犯罪嫌疑人分三次取走了，公司已经报案。

2014 年 1 月 28 日，酒鬼酒发布 2013 年年度预亏公告，预计要亏损 6 800 万～ 7 800 万元。亏损原因第一是白酒行业进入调整期，第二是钱丢了。

但是事实上，子公司是 2014 年 1 月 6 日发现其在该行的账户余额只剩 1 000 多元钱的，在 10 日确认是被他人分三笔非法转走，并报案。酒鬼酒却等到 1 月 28 日才发布公告，中间长达 20 天，没有及时披露信息。因此，酒鬼酒于 2 月 24 日收到了湖南证监局的警示函，认为公司违反了信息披露的相关条例，并记入诚信档案。

2014 年 4 月 8 日，酒鬼酒修正了 2013 年业绩预告，虽然仍会亏损，但亏损额减少至 3 500 万～ 4 500 万元。主要原因是公安机关在侦破此案的过程中追回了 3 699 万元。因此，可以不用亏损那么多了。

我们来看看这笔银行存款丢失案对酒鬼酒 2013 年报表的影响。

1. 货币资金减少

2013 年酒鬼酒年报货币资金变动的报表附注如表 4-2 所示。

表 4-2　2013 年年报酒鬼酒货币资金变动的报表附注

（金额单位：元）

种类	2013 年年末		2012 年年末		比重增减（%）	重大变动说明
	金额	占总资产比例（%）	金额	占总资产比例（%）		
货币资金	424 235 615.18	19.48	850 240 967.16	33.05	−13.57	

资料来源：摘自酒鬼酒 2013 年年报。

货币资金随着企业经营，数额是一定会有波动的，只不过我们这里知道 2013 年酒鬼酒货币资金减少的原因之一是钱丢了。这里还值得一提的是，酒鬼酒在 2013 年披露重大变动情况时，所有的项目都没有给出变动说明。

2. 其他应收款增加

由于在 2014 年 4 月初的时候，根据公安机关侦查的相关证据，酒鬼酒认为，能够收回 3 000 多万元的丢失存款。因此，它一定在账上做了处理，栗子老师在其他应收款报表附注中看到了相关的记录（见表 4-3）。

表 4-3　2013 年年报酒鬼酒其他应收款报表附注

（金额单位：元）

种类	期末数				期初数			
	账面余额		坏账准备		账面余额		坏账准备	
	金额	比例（%）	金额	比例（%）	金额	比例（%）	金额	比例（%）
按组合计提坏账准备的其他应收款								
其中：组合 1	63 122 547.59	66.89	8 495 657.68	13.46	82 938 603.09	99.18	6 839 740.76	8.25
组合 2	30 557 676.26	32.38						
组合小计	93 680 223.85	99.27	8 495 657.68		82 938 603.09	99.18	6 839 740.76	
单项金额虽不重大但单项计提坏账准备的其他应收款	686 023.28	0.73	686 023.28	97.49	686 023.28	0.82	686 023.28	100
合计	94 366 247.13	—	9 181 680.96	—	83 624 626.37	—	7 525 764.04	—

资料来源：摘自酒鬼酒 2013 年年报。

栗子老师猜测，其他应收款中的组合 2 应该是专门对此次银行存款丢失案设立的，期限是一年以内，也没有计提坏账。从金额来看，是 3 055.77 万元，与之前披露的 3 699 万元有出入。（难道是酒鬼酒已经收回了一小部分？但栗子老师没有在现金流量表附注中看到相关记录，所以难以断定。）

3. 营业外支出增加

营业外支出中 6 300 万元是酒鬼酒计提银行存款丢失带来的损失（见表 4-4）。

表 4-4　2013 年年报酒鬼酒营业外支出报表附注　（单位：元）

项目	本期发生额	上期发生额	计入当期非经常性损益的金额
非流动资产处置损失合计	2 304 821.24	10 323 762.87	2 304 821.24
其中：固定资产处置损失	2 304 821.24	10 323 762.87	2 304 821.24
无形资产处置损失			
债务重组损失		124 591.13	
非货币性资产交换损失			
对外捐赠支出	102 000.00	1 631 000.00	102 000.00
滞纳金罚金和罚款	56 155.84	16 682.76	56 155.84
其他	65 365 345.10	155 189.62	65 365 345.10
合计	67 828 322.18	12 251 226.38	67 828 322.18

注：子公司酒鬼酒供销有限责任公司于中国农业银行华丰路支行的银行活期结算账户中的 1 亿元资金被非法转出，形成净损失金额为 63 008 823.97 元，计入“营业外支出——其他”。

资料来源：摘自酒鬼酒 2013 年年报。

4. 现金流出增加

由于钱丢了，必须在现金流量表中反映出来。如表 4-5 所示，酒鬼酒将这一部分现金流出计入了“支付的其他与经营活动有关的现金”，共计 9 354.88 万元。

表 4-5　2013 年年报酒鬼酒支付的其他与经营活动有关的现金流出报表附注

（单位：元）

项目	金额
农行杭州华丰支行存款 1 亿元被非法转出损失资金	93 548 823.97
付经销商返利	20 110 592.83
付客户专项投入	7 189 161.00
支付客户保证金	1 421 132.08
往来支出	15 212 001.16
维修工程及保证金	23 973 031.40
市场、人员费用	77 155 129.33
广告及宣传费用	126 047 771.41
运费	9 990 987.33
其他小额支出	51 417 938.28
合计	426 066 568.79

资料来源：摘自酒鬼酒 2013 年年报。

根据报表上的信息，大致的数量关系是能够对应上的。如下述分录所示。

借：营业外支出	63 000 000	
其他应收款	30 000 000	
贷：银行存款		93 000 000

5. 审计师对此发表的意见

在年报当中，审计师需要对内部控制和财务报表分别给出意见。

当年审计酒鬼酒的注册会计师对内部控制的审议意见是无保留的，但带有解释说明段，主要还是强调了丢钱这件事揭示出来的风险：“我们注意到酒鬼酒公司的非财务报告内部控制存在重要缺陷。”

审计师对财务报表给出的是标准的无保留意见。

4.1.3　银行存款丢失案带来的思考

1. 为什么要把钱存到外地去

酒鬼酒地处湘西吉首，为什么要不远 1 300 千米把钱存到杭州去？

这就是病急乱投医。

酒卖不出去，就跟银行合作，我把钱存到你那里去，你帮我卖酒。有一些掮客专门做这样的生意，在周转资金的过程中，放到外地的资金有可能面临风险（具体作案情节并没有详细披露，栗子老师也只是猜测）。

在还剩 6 000 多万元追不回来的情况下，酒鬼酒在 2015 年 11 月把中国农业银行股份有限公司杭州华丰路支行以及 5 名个人告上法庭，请求法院判令被告连带赔偿经济损失 9 247.73 万元。一审判决之后，被告人家属及律师提起了上诉，并举报公司“虚假陈述”“公司治理存在严重缺陷”等问题。

2. 以后还会不会丢钱

实际上，并不是只有酒鬼酒丢钱了，泸州老窖 2015 年年初爆出将近 5 亿元的银行存款被冻结从而计提坏账，洋河股份 2015 年年初也爆出丢失将近 1.3 亿元的银行存款。

可见在行业面临寒冬的情况下，一些酒企慌不择路，纷纷采取了与银行合作卖酒的方式，从而引发了资金安全问题。

酒鬼酒在 2015 年年报中扭亏为盈，深交所对其发出了年报问询函，提出了很多问题。2016 年 4 月 21 日，酒鬼酒回复了深交所的问询函，并更正了年报（财务数据并没有涉及大的改动，有些附注内容解释为由于之前工作人员失误，因而披露错了）。

问询函中专门提到，酒鬼酒是否仍存在帮银行揽储，同时银行帮公司销酒的销售模式。

公司答复不存在。

3. 为什么事发之后很久才公告

前文提到，酒鬼酒是在知道钱丢之后 20 多天，才发布公告的。因此也收到了警示函。

无独有偶，洋河股份的 1.3 亿元存款是 2014 年 4 月丢的，但洋河股份没有发布公告，也没有在其半年报中说明，而是一直等到披露 2014 年年报时（2015 年 4 月 29 日）才提及，这都一年过去了。

信息披露的及时性呢？

2014 年 11 月，随着华孚集团被并入中粮集团，酒鬼酒也成为中粮集团控制的下属企业。由于这是集团层面的大调整，并不是专门针对酒鬼酒的，所以对酒鬼酒恐怕一时也难以顾及。

我们看到从 2016 年起，酒鬼酒的高层也进行了一系列的人事变动。从 2016 年年报来看，在行业整体回暖的情况下，酒鬼酒的收入和利润也有了一些起色，但与同行比较起来仍显乏力。想要恢复元气，不是一件很容易的事情呀！

4.2 应收账款与坏账政策：一直改错又不断犯错的莲花味精

一般企业销售总会有些赊销，账上表现为应收账款。对应收账款的分析核心关注点在于：第一，判断其是不是真实发生的。第二，如果是真实发生的，那么是不是与关联方发生的？第三，考虑应收账款的可收回性问题。这中间每一点都值得详细论述，在本节中栗子老师给出了我在讲解应收账款的可收回性时经常使用的案例——莲花味精。我分为两部分介绍，第一部分对莲花味精进行总体情况的介绍，第二部分展开对其应收账款的分析。

4.2.1 莲花味精总体情况介绍

莲花味精（600186）于 1998 年 8 月 25 日上市，主营味精、鸡精、面粉、小麦蛋白粉、氨基酸有机无机复合肥等产品的生产与销售。

莲花自 1998 年上市以来，2003 年首次出现亏损。可以说这就是一个转折点，企业从此走上了下坡路，并在加速下滑。

公司的实际控制人在这个过程中由一开始的莲花集团，到 2009 年年底换成了农开公司，再到 2014 年年底换成睿康投资，着实经历了很大的变化。在去产能的过程中，如何实现成功转型，确实是难上加难！但从企业的角度讲，又不得不迎难而上。

1. 1995 ～ 2003 年的莲花味精

应该来说在 2003 年之前，莲花味精的业绩虽然有波动，但还是不错的。其收入与净利润趋势如图 4-4 所示。

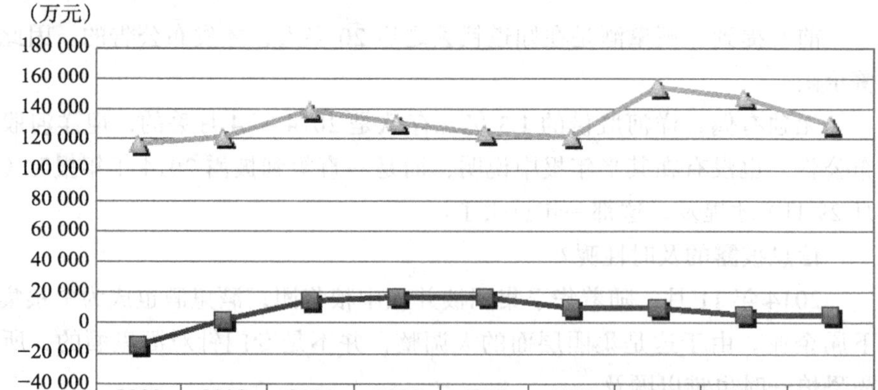

	2003	2002	2001	2000	1999	1998	1997	1996	1995
净利润	−14 538	1 928	14 541	17 182	16 857	10 041	10 066	5 511	5 159
营业总收入	117 355	121 965	138 750	131 042	124 275	122 078	153 968	147 832	129 422

图 4-4　1995 ～ 2003 年莲花味精的收入与净利润趋势图

栗子老师翻看了莲花味精的招股说明书，1995 ～ 1997 年的业绩是很漂亮的，营业总收入逐年增长，利润也是逐年上涨，并且涨速惊人，这是非常普遍的现象。

1995 ～ 2003 年，莲花味精的营业总收入最高为 1997 年的 15 亿多元，最低为 2003 年的 11.7 亿元。净利润则经历了更大的波动，最高为 2000 年的 1.7 亿元，2003 年则变成巨额亏损 1.4 亿多元。

从盈利能力的指标来看，上市前三年真的很好看。如图 4-5 所示，莲花味精的净资产收益率最高为 1997 年的 33%。但这也是它的最高纪录了，净资产收益率自那之后的总体趋势是往下走的，到 2003 年形成巨亏。

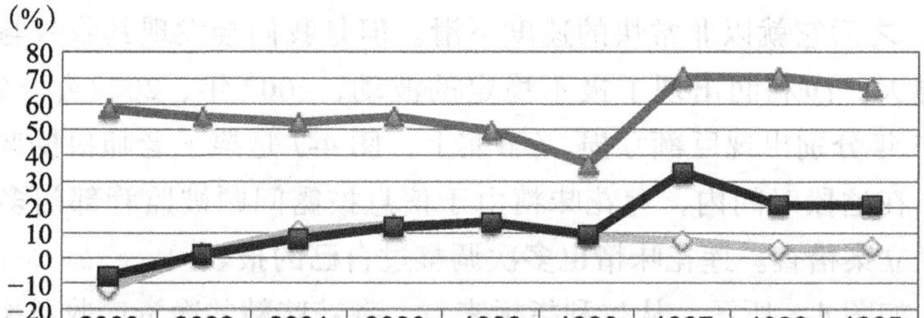

	2003	2002	2001	2000	1999	1998	1997	1996	1995
净利润率	−12	2	10	13	14	8	7	4	4
净资产收益率	−8	1	7	12	13	9	33	21	21
资产负债率	58	54	52	54	49	36	70	70	66

图 4-5　1995 ～ 2003 年莲花味精盈利能力指标图

栗子老师翻看了一些资料，在 21 世纪初的时候，味精这个行业市场竞争加剧，于是莲花味精决定采用“小麦替代玉米生产味精”的新技术来开展生产（见图 4-6）。

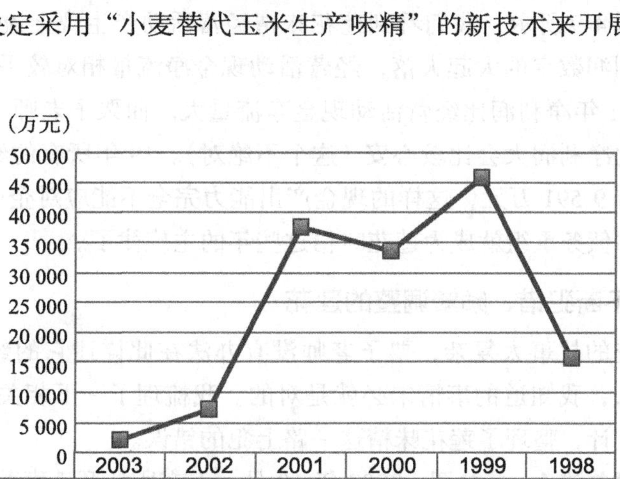

	2003	2002	2001	2000	1999	1998
投资现金流出	1 997	7 135	37 635	33 515	45 739	15 699

图 4-6　1998 ～ 2003 年莲花味精投资活动现金流出趋势图

从其报表中披露的数字我们可以看出，1999 ～ 2001 年莲花味精加大了在投资活动上的现金投入，总计投入资金10多亿元。但是这些项目最终失败了。

2. 2004～2016年的莲花味精

上马的这些项目都没有成功，10多亿元打了水漂。再加上坊间出现“味精越吃越傻”的说法，这对整个行业造成很大的打击。所以从2003年之后，莲花味精就已经开始裁员等措施。在政府的支持下，莲花味精也取得了很多低息贷款来维持公司的运转。

如图4-7所示，我们看到2004年之后，莲花味精的营业总收入还一路冲高，最高到2011年的27亿多元（此处我们应该想到，这可能伴随了非常激进的信用销售），之后它就以非常快的速度下滑。但是我们会发现其收入与利润之间的差异越来越大。净利润出现了极不稳定的波动，2007年、2008年、2011年、2013年和2015年分别出现巨额亏损。（事实上，图4-7是栗子老师根据调整后的报表来计算的。在这段时间内，莲花味精由于信息披露问题被监管部门多次出具监管函，并曾经立案稽查。莲花味精也多次调整过自己的报表。）

如图4-8所示，从盈利指标来看，莲花味精的净资产收益率波动非常大，2009年似乎是比较好的一年。那一年总体来看味精的批发价格上涨、原料价格下降，并且公司进行债务重组确定巨额的重组收益，所以看上去净利润不少。

资产负债率飙升，这实在是因为没有钱还负债。栗子老师翻看了莲花味精自上市以来的公告，其中频繁出现诉讼等相关事宜。打开一看都是借钱还不了，被银行告了，最后都是通过各种债务重组来解决。

如图4-9所示，我们看到莲花味精经营活动产生现金流的能力的确是很弱的。相比净利润数字的大起大落，经营活动现金净流量相对较平稳。在19年里，莲花味精有11年净利润比经营活动现金净流量大。而栗子老师一般看到经营活动现金净流量比净利润大会比较心安（这个不绝对）。19年所有的经营活动现金净流量加起来只有9 591万元，这样的现金产出能力完全不能应对企业高企的负债。频繁地被诉讼和债务重组就成为莲花味精这些年的主旋律了。

3. 不断犯错、频繁调整的莲花

莲花的故事太复杂，栗子老师没有办法在此详述它的经历。事实上，作为一个外部人，我知道的事情未必就是对的。我梳理了一下相关的线索，从2003年之后开始统计，整理了莲花味精这一路上犯的错误。

监管关注1——处罚：2003年10月，上交所公开谴责莲花味精的大股东占款，金额高达8.58亿元。

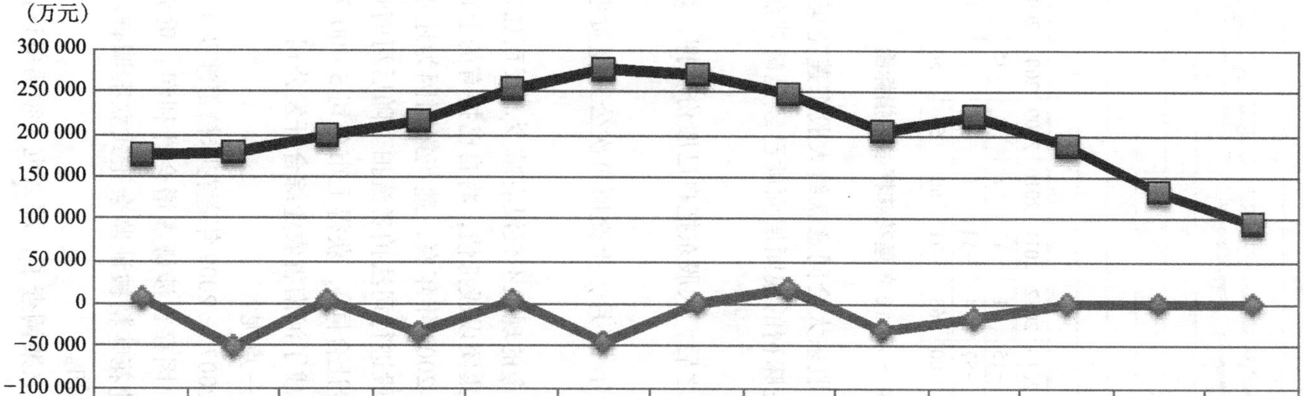

	2016	2015	2014	2013	2012	2011	2010	2009	2008	2007	2006	2005	2004
净利润	6 525	−50 849	2 387	−32 919	3 657	−45 902	1 758	18 660	−30 265	−17 550	1 044	972	461
营业总收入	176 677	177 628	200 494	215 662	254 283	276 237	269 788	247 863	205 107	221 513	187 564	133 755	95 217

图 4-7　2004 ～ 2016 年莲花味精的收入与净利润趋势图

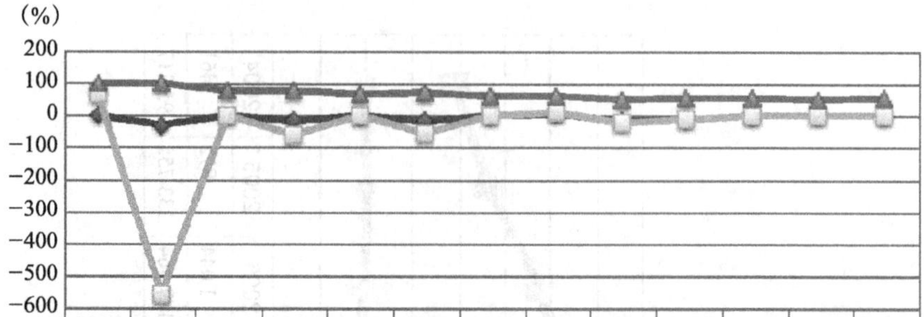

	2016	2015	2014	2013	2012	2011	2010	2009	2008	2007	2006	2005	2004
净利润率	4	−29	1	−15	1	−17	1	8	−15	−8	1	1	0
净资产收益率	67	−557	4	−57	4	−53	1	14	−19	−11	1	1	0
资产负债率	99	99	79	80	68	71	60	64	54	58	59	54	56

图 4-8　2004 ～ 2016 年莲花味精盈利指标图

莲花味精没有经过董事会和股东大会同意就给大股东莲花集团签发承兑汇票。说明至少从那个时候开始，莲花味精的集团层面就已经是缺钱状态，需要不停从上市公司抽走资金。

改错与回复 1：被公开谴责之后，大股东把自己股份质押，取得借款归还上市公司。

监管关注 2——处罚：2004 年 10 月，上交所再次公开谴责莲花味精的大股东占款，金额高达 13.93 亿元。

莲花集团从上市公司抽走资金的现象不仅没有减少，反而加剧了。

改错与回复 2：大股东莲花集团以股抵债，将自己持有的上市公司股份转让给其他公司，使其持股比例降低。2009 年年底，莲花集团因为还不了钱被郑州商业银行告上法庭，质押的 5 400 万股进行司法拍卖流拍。随后河南省农业综合开发公司与郑州商业银行签订《债权转让合同》，获得上市公司 5 400 万股，上市公司的实际控制人不再是莲花集团，变成了河南省农业综合开发公司。

大股东换了，公司会不会好一点呢？

事实是，没有。事后来看，2007 ～ 2009 年莲花味精都涉及了会计操纵的问题。

监管关注 3：2010 年 8 月，因存在涉嫌虚增会计利润、重大诉讼事项未披露等违反证券法律法规的事项，莲花味精被证监会正式立案调查。这里严格意义上还不是正式的处罚，而是立案通知。

改错与回复 3：既然已经被立案调查了，那么也无须再等证监会的结论了，赶紧追溯调整报表吧。

2010 年 8 月 28 日公告，莲花味精对会计差错进行更正，追溯调整报表。它对 2007 ～ 2009 年的报表进行了一连串的追溯调整，2007 年和 2008 年干脆就由盈转

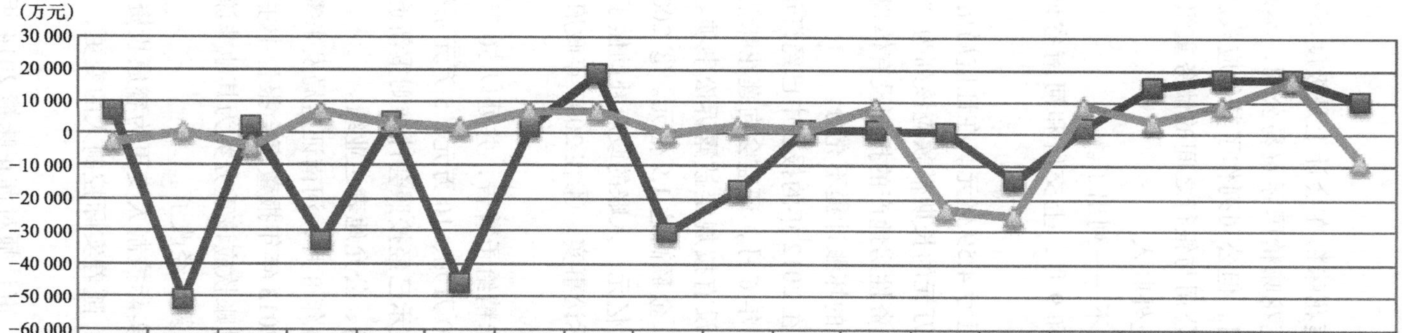

	2016	2015	2014	2013	2012	2011	2010	2009	2008	2007	2006	2005	2004	2003	2002	2001	2000	1999	1998
净利润	6 525	−50 849	2 387	−32 919	3 657	−45 902	1 758	18 660	−30 265	−17 550	1 044	972	461	−14 538	1 928	14 541	17 182	16 857	10 041
经营现金流量净额	−3 021	515	−3 871	7 116	2 785	1 442	6 650	6 652	−27	2 582	910	8 319	−23 408	−25 547	8 513	3 714	8 905	16 203	−8 843

图 4-9　1998 ～ 2016 年莲花味精净利润与经营活动现金流量净额趋势图

亏了。

从这一份公告可以看出，莲花味精在会计上是极度不严谨的。例如，2009 年公司投资 1 000 万元成立宿迁莲花味精国际贸易公司，本来应该做长期股权投资核算，并纳入合并报表编制范围。但公司列作了其他应收款。纳入合并范围之后，会调减合并利润 50 万元。另外公司与银行之间的债务重组协议没有入账，入账之后增加了将近 19 000 万元的营业外收入。

其他还有很多的调整事项，不一一列出了。

监管关注 4：2012 年 5 月和 9 月，上交所和河南省证监局分别对莲花味精 2011 年年报出具了年报监管函。

2011 年，莲花味精又报告巨亏 4.59 亿元。在证监局出具的监管函中提到信息披露方面的不规范包括：2 000 万元的长期借款应该列为“一年内到期的非流动负债”，但仍列为“长期借款”；投资性房地产的折旧没有体现在间接法的折旧中；对应收账款、其他应收款和预付款的坏账计提不充分。

改错与回复 4：莲花味精说在 2012 年的报表中已经订正。

监管关注 5——处罚：2014 年 6 月，证监会向莲花味精开出行政处罚决定书。

违法事实包括：① 2006 年没有按规定披露诉讼事项。② 2007 年将没有到账的政府补助入账，虚增了利润，金额高达 1.9 亿元。③ 2008 年同样存在将没有收到的政府补助入账，金额高达 3 亿元；入账的政府补助做了冲减成本，实际应该做营业外收入；没有按规定披露诉讼事实。④在 2009 年政府补助入账时冲减了生产成本，实际应当计入营业外收入。

行政处罚：证监会对莲花味精给予警告，并处以 50 万元的罚款；其他相关责任人等分别给予警告，并罚款 30 万元、10 万元、5 万元不等。

改错与回复 5：莲花味精表示已经按照会计准则重新追溯调整了报表，并且表示一定按照会计准则真实、准确、公允地表达业绩。

监管关注 6：紧接着，2014 年 8 月，河南证监局发来警示函。

莲花味精的主要问题涉及 2013 年年报董事会报告中主要客户名称不准确，销售返利的入账期间不准确，预付账款应该重分类为其他非流动资产等。

改错与回复 6：莲花味精回复已经改了。

2014 年年底，莲花味精的实际控制人变更为睿康投资。接下来董事长和一名董事辞职，两名独立董事辞职。随着实际控制人的变更，管理层的更换也在进行之中。

监管关注 7：2015 年 4 月，审计师对莲花味精 2014 年年报出具了非标准无保留意见。

意见主要强调两点事项：① 莲花味精持续经营能力存在不确定性，营业利润是负的，流动资产小于流动负债将近 7 亿元，借款全部逾期未还。② 3 年以上应收账款的账龄没做细分，对这部分按 35% 计提坏账比例较低。

（说说审计的事儿：审计师是亚太会计师事务所，事务所对莲花味精 2007 年和 2008 年年报出具的都是标准无保留意见。2010 年 4 月，莲花味精已经被立案调查了，那么 2009 年年报自然变成了保留意见。随后，在证监会正式的调查结果没有出来的情况下，亚太对 2010 ～ 2013 年的报表出具的都是保留意见，而且给出的保留意见的理由每年都一模一样，这就是因为证监会正式调查结果还没有出来。）

改错与回复 7：2015 年 4 月 30 日莲花味精公布会计估计变更公告，决定对应收账款的坏账计提政策进行变更。其中最主要的变化就是 5 年以上的应收账款要全额计提坏账，而莲花味精 5 年以上的应收账款占了绝大部分。从 2015 年 5 月 1 日起适用新的会计估计，所以莲花味精 2015 年要巨亏。

（莲花味精应收账款坏账计提过少是一直就有的事情，审计师此时一提出，莲花味精就立即把握时机进行变更，集中在 2015 年确认亏损。）

4 月底莲花味精还进行了一个重大会计差错的更正：之前将与天安食业这一联营企业的相关应收应付抵销了，且并没有在账上反映，本年发现后，入账的结果是相应的一些账户发生变动，对利润的影响是调减利润将近 320 万元。

监管关注 8：上交所在 2015 年 9 月 2 日、7 日、11 日、28 日均发来监管函。

因为莲花味精从 5 月 21 日开始停牌，说要进行重大资产重组。但显然资产重组进行得不顺利，莲花味精 9 月 11 日的公告表明不做资产重组了，要做非公开募集资金。

改错与回复 8：莲花味精从 2015 年 5 月 21 日停牌到 10 月 9 日复牌，期间每隔一周发一次公告，但这个公告格式单一，没有新内容提供给投资者，也没有按照上交所的要求及时复牌。因此招致了以下处罚。

监管关注 9——处罚：2015 年 12 月，上交所向莲花味精开出纪律处分决定书，其内容如下。

1）未按规定办理重大资产重组转为非公开发行股票的停复牌事项。

非公开发行股份停牌不得超过 10 个交易日。

2）关于重大资产重组进程的信息披露和风险揭示不充分。

7 月 11 日、8 月 11 日，发布内容完全相同的继续停牌公告。停牌长达 3 个月，但重组无实质进展，也没有提示风险。

3）公司非公开发行股票事项信息披露前后不一致。

9 月 12 日，变更为非公开发行后，募集资金用于收购资产和投资相关产业。10 月 9 日的预案称，募集资金用于投资相关产业和偿还借款。

4）公司变更名称及金融业务和转型规划等事项的信息披露与风险揭示不

充分。

改错与回复 9：莲花味精的公告表示相关责任人会认真学习相关文件，不会再犯同样错误，并对募集资金变更用途等原因进行说明。

监管关注 10：2016 年 5 月，上交所对莲花味精 2015 年年报发出事后审核问询函。

因为莲花味精 2015 年报告了巨亏，上交所发来问询函，主要提出了三点问题。

改错与回复 10：2016 年 6 月，莲花味精回复公告中对上交所提出的三点问题进行了解答。

问题一，报告期发生资产减值损失 5.65 亿元，同比增长 8 141.72%。会计估计变更对账龄 5 年以上的 5.69 亿元应收账款及 3.31 亿元其他应收款全额计提了坏账准备。（之前已经公告过会计估计变更了。）

问题二，对递延所得税资产确认的依据。

问题三，未决诉讼带来的预计负债确认问题，包括还不了银行的钱怎么估计的，欠其他非金融机构的钱怎么估计的，与股东纠纷如何估计的。

监管关注 11：2016 年 8 月，上交所发出问询函。

莲花味精在 2016 年 2 月提出了员工持股计划，但是 8 月公告说终止该计划。上交所询问终止员工持股计划的原因。

改错与回复 11：莲花味精回复认为员工持股计划的条件不成熟，没有成功执行。（如果我们是员工，大家会认购吗？）

监管关注 12：2016 年 9 月，证监会要求莲花味精出具关于最近五年被证券监管部门和交易所采取处罚或监管措施及整改情况的说明。

从 2015 年下半年开始，莲花味精就一直酝酿的非公开发行股票募集资金的事情，在 2016 年紧锣密鼓地上马。鉴于之前的这么多问题，证监会要求莲花味精出具一个对过去五年有关违规情况的说明。

改错与回复 12：9 月 10 日，莲花味精和保荐人一起回复了证监会提出的关于非公开募集资金的问题。这个报告很长，因为涉及了很多问题。

监管关注 13：2017 年 1 月 20 日，上交所向莲花味精发出对公司债务重组有关事项的问询函。

因为与工商银行的债务重组会使得莲花味精于 2016 年度扭亏为盈，上交所对有关信息披露事项要求其补充公告。

改错与回复 13：1 月 25 日，莲花味精董事会针对上交所提出的问题，一一进行了回复。同日，莲花味精的审计师亚太会计师事务所也回复问询函，说会计处理没有问题。

这一天莲花味精还发布了更换会计师事务所的公告，它的审计师由亚太更换成为中兴财光华会计师事务所。

监管关注 14：2017 年 5 月 19 日，上交所向莲花味精发出年报事后审核问询函。

上交所的问询函中就莲花味精年报的四个方面提出了 13 个问题（如毛利率为何大幅提升，资产负债率高达 98% 而财务费用相对不高，净利润在各个季度间波动较大等），并要求其于 5 月 26 日之前书面回复。

改错与回复 14：5 月 26 日，中兴财光华事务所对有关问题进行了回复，回复函总体意见是莲花味精的会计处理是符合规定的。栗子老师翻看了回复函，没有看到对以上三个上交所提出的问题的明确回复。

至此，真的是一声叹息！

荷花开尽秋光晚，零落残红绿沼中。

4.2.2 莲花味精应收账款分析

读者现在应该对莲花味精上市以来的总体业绩表现有了一定了解。2003 年是一个转折点，从那之后莲花味精业绩波动加大。莲花味精在这期间有两次更正报表的事项发生。

1. 调整前与调整后净利润的比较

2007 ～ 2009 年莲花味精的报表在 2010 年 8 月被追溯调整，因为被证监会立案调查了。2007 年和 2008 年由原来的微利被调整成为巨亏，2009 年则调整为较大的盈利。

其 2013 年年报也被追溯调整过，因为在 2015 年 4 月发现了重大的会计差错，调整后净利润减少了大约 320 万元（因幅度较小，在图 4-10 中有些不明显）。

可见，2007 年之后，莲花味精的业绩一直在盈利和亏损之间摇摆，一高一低非常有规律。

2010 年以后的数据排列也太整齐了吧：微利、巨亏、微利、巨亏、微利、巨亏、微利。

莲花味精就这样深一脚浅一脚地走着！

2007 ～ 2016 年，平均来看莲花味精每年亏损 1.4 亿元。

2. 看一看莲花味精与上游的关系

考虑到 2007 年会计准则转换的影响，栗子老师从这里开始只引用莲花味精 2007 年之后的数据。

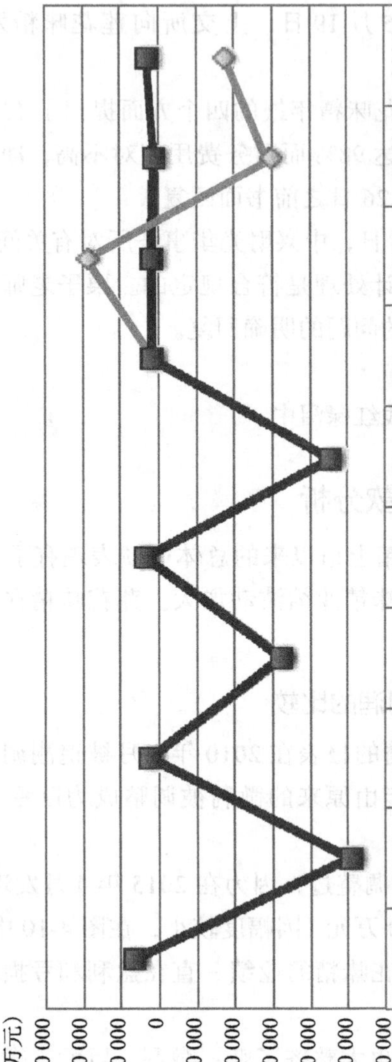

	2016	2015	2014	2013	2012	2011	2010	2009	2008	2007
调整后归属于母公司的净利润	6 525	−50 849	2 387	−32 919	3 657	−45 902	1 758	18 660	−30 265	−17 550
调整前归属于母公司的净利润	6 525	−50 849	2 387	−32 599	3 657	−45 902	1 758	1 731	1 248	2 784

图 4-10　莲花味精调整前与调整后净利润比较图

我们来看一看莲花味精与它的供应商之间的往来状况，如图 4-11 所示。

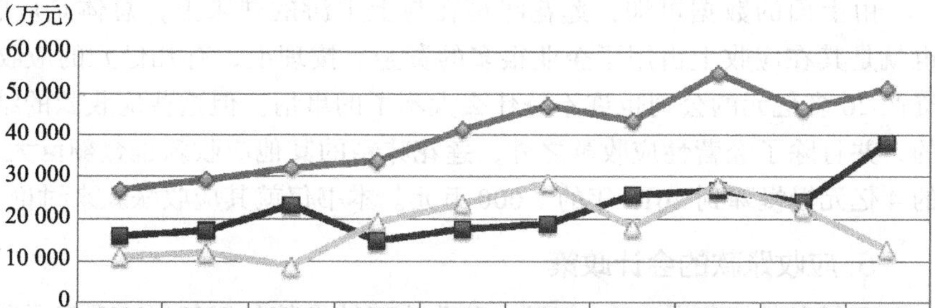

	2016	2015	2014	2013	2012	2011	2010	2009	2008	2007
应付款合计	26 923	29 171	32 159	33 903	41 383	47 250	43 519	54 732	46 184	50 902
预付账款	15 890	17 132	23 368	14 745	17 653	18 607	25 605	26 671	23 818	38 048
差额	11 033	12 039	8 791	19 158	23 730	28 643	17 914	28 061	22 366	12 854

图 4-11　莲花味精与上游的往来

应付款是应付票据和应付账款的合计数。应付款合计数与预付款比较一下，发现总体还是应付。其差额最高为 2.8 亿多元，最低近 0.9 亿元，10 年平均值为 1.8 亿元。

3. 看一看莲花味精与下游的关系

我们再来看一看莲花味精与其下游之间的往来关系，如图 4-12 所示。

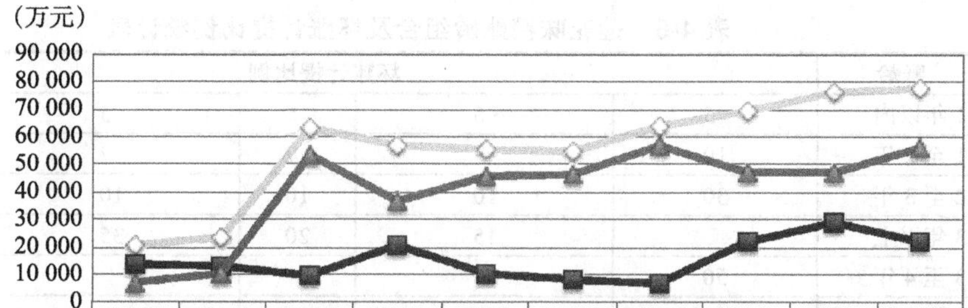

	2016	2015	2014	2013	2012	2011	2010	2009	2008	2007
应收款合计	20 155	23 229	62 740	56 906	55 312	54 361	63 383	68 839	76 066	77 610
预收账款	13 377	13 102	9 497	20 395	10 184	8 006	6 559	22 047	29 071	21 866
差额	6 778	10 127	53 243	36 511	45 128	46 355	56 824	46 792	46 995	55 744

图 4-12　莲花味精与下游的往来

应收款是应收票据和应收账款的合计数。应收款合计数与预收款比较之后，发现总体还是应收。其差额最高近 5.7 亿元，最低近 0.7 亿元。事实上，0.7 亿元是 2015 年和 2016 年对应收款计提巨额减值之后才出现的。2007 ～ 2014 年，应收都居高不下，与预收的差额平均值高达 4.8 亿元。

4. 应收款占用企业大量资金

由上面的数据可知，莲花味精在与上下游的往来上，总体是应收大于应付，也就是其在应收上占用了企业很多的资金。按理说，有几亿元的应收款对一家总资产 20 多亿元的公司也许不是什么大不了的事情。但这些应收款的结构是有问题的，并且除了经营性应收款之外，莲花味精的其他应收款也金额巨大，从 2007 年的 4 亿元慢慢降到 2016 年的 7 000 万元。本书仅就其应收账款来讨论。

5. 应收账款的会计政策

栗子老师搜集了 2007 年以来莲花味精披露的各年年报，观察了附注中披露的应收账款政策。另外栗子老师还去看了同行业梅花生物（600873）的坏账计提政策，以便比较。莲花味精对应收账款的主要会计政策如下。

1）使用备抵法对坏账进行核算。

2）区分单项金额重大的应收账款（500 万元以上），单独对其进行减值测试。对单项金额非重大的按照账龄组合计提坏账，并披露每个账龄组合的坏账计提比例。分类和列报格式在这些年经过了一些变化，会在下文详述。

梅花生物对单项金额重大的认定是 100 万元，门槛更低，更加谨慎（2011 年梅花集团借壳五洲明珠上市）。

栗子老师整理了莲花味精 2007 年以来对不同账龄的应收账款的坏账计提政策，如表 4-6 所示。

表 4-6 莲花味精账龄组合及坏账计提比例统计表 （%）

账龄	坏账计提比例				
1 年以内	5	5	5	5	5
1 至 2 年	10	7	7	7	7
2 至 3 年	30	10	10	10	10
3 年以上		15	20	35	
3 至 4 年	50				50
4 至 5 年	80				80
5 年以上	100				100
适用期间	梅花生物 2011 年上市以来	2007 年、2008 年、2009 年	2010 年	2011 年、2012 年、2013 年、2014 年	2015 年、2016 年

资料来源：笔者根据莲花味精与梅花生物历年年报披露的数据整理而来。

可以看出，在 2015 年之前，莲花味精对坏账的计提过于宽松了。在 2009 年之前它对 3 年以上的应收账款只计提 15% 的坏账，随后一点一点调增，但是就是舍不得进行大额计提。

直到 2015 年一次性计提巨额的坏账准备和减值损失。即使在 2015 年调整之后，1 至 2 年和 2 至 3 年的计提比例也低于同行业的梅花生物。

6. 对历年应收账款信息披露内容的整理

为了统计莲花味精对应收账款账龄的披露情况，栗子老师翻看了从 2007 年以来其年报中应收账款的附注内容。在整理过程中，我发现了诸多问题。

问题一：2007 年、2008 年只能用更正前报表的账龄披露

2007 ～ 2009 年莲花味精的报表是被追溯调整的，但是在 2010 年 8 月它给的追溯调整报表只给了 2009 年的报表附注。栗子老师观察到调整前和调整后的应收账款数额没变，因此此处账龄统计采用了更正前的报表附注披露内容。

问题二：2009 年年报不披露账龄

2009 年非常有趣，无论是更正前还是更正后的报表，莲花味精都没有给出账龄。只给出了按种类分类的应收账款统计表，分为三类：单项金额重大的、单项金额不重大但风险较大的和其他。其中“单项金额不重大但风险较大的”在附注中的解释是单项金额小于 500 万元且账龄在 3 年以上的应收账款（见表 4-7）。这直接导致我无法统计其 2009 年报表的账龄。

问题三：2010 年年报的披露方式发生改变

2010 年莲花味精重新开始披露账龄了。但 2010 年应收账款的披露方式发生了改变，变成先按种类披露，分为三类：单项金额重大的、按组合计提的和单项金额不重大但单项计提坏账的。其中“按组合计提的”就是按照账龄来分类分别计提，如表 4-8 所示。2009 年应收账款的账龄数是用 2010 年年报中的期初数来统计的。第三类“单项金额不重大但单项计提坏账的”是指 3 年以上、已无业务往来的、无法联系的和多次催收无果的应收账款，对这一部分全额计提坏账，2010 年一共是 1 990.9 万元。

问题四：年报账龄的统计在 2010 年之前和 2010 年之后是不可比的

从 2010 年往后，莲花味精就都是按照这个思路去披露应收账款报表附注的。但是请注意，这里的账龄披露和 2007 年、2008 年是不一样的。2007 年和 2008 年是对全部应收账款按账龄进行披露，而 2010 年是对扣除“单项金额重大的”和“单项金额不重大但单项计提坏账的”这两类之后的金额再披露账龄。所以严格意义上是不可比的，可是这是栗子老师所能得到的资料，也很难自己调整。

问题五：2009 年的期末数与 2010 年的期初数的疑问

从莲花味精 2010 年的报表附注中，我找到了账龄那张表的期初数（见表 4-8），所以 2009 年的数就使用此期初数了。（我心中欣喜，不然我的统计结果中间会缺一年。）但是我发现一个现象，莲花味精 2009 年年报附注中 3 年以上的应收账款（所属类别是单项金额不重大但风险较大的）是 30 361.04 万元，而 2010 年报表附注中 3 年以上的应收账款期初数是 32 776.72 万元。按照栗子老师的理解和它报表披露的内容来看，2009 年的这个 3 年以上的数额应该是在扣除单项金额重大的应收账款后所有 3 年以上的应收账款，而 2010 年还把 3 年以上的一些肯定收不回来的 729.57 万元放在了第三类（此数是查阅按种类披露的应收账款表格中的期初数），也就是说 2010 年期初的这个 3 年以上的数额应当小于 2009 年期末的数字，但现在披露的结果是大于。栗子老师也不知道原因，不知道我哪里理解出了问题。

表 4-7　莲花味精 2009 年年报应收账款附注（金额单位：万元）

账龄	期末数			期初数		
	账面余额		坏账准备	账面余额		坏账准备
	金额	比例（%）		金额	比例（%）	
1 年以内						
1 至 2 年						
2 至 3 年						
3 年以上	30 361.04	100	4 823.21	20 458.01	100	3 068.70
合计	30 361.14	100	4 823.21	20 458.01	100	3 068.70

资料来源：摘自莲花味精 2009 年年报。

表 4-8　莲花味精 2010 年年报应收账款附注（金额单位：万元）

账龄	期末数			期初数		
	账面余额		坏账准备	账面余额		坏账准备
	金额	比例（%）		金额	比例（%）	
1 年以内	17 980.52	25	899.03	19 627.44	27	981.37
1 至 2 年	5 500.34	8	385.02	6 405.39	9	448.38
2 至 3 年	3 797.25	5	379.73	13 812.44	19	1 381.24
3 年以上	44 302.60	62	8 860.52	32 776.72	45	4 916.51
合计	71 580.71	100	10 524.30	72 621.99	100	7 727.50

资料来源：摘自莲花味精 2010 年年报。

问题六：2014 年的搞笑披露

如表 4-8 风格的账龄披露从 2010 年开始，一直到 2014 年才有新变化，栗子老师发现 2014 年的账龄披露表格变成了这个样子（见表 4-9）。

新变化有以下两点。

第一，不再在表格中直接告诉我们每个账龄所占的百分比，所以栗子老师需要自己计算。

第二，账龄划分上将 3 年以上的又细分为 3 至 4 年、4 至 5 年和 5 年以上，但并不披露数字。请问，这是为什么？

最可能的原因就是 3 年以上应收账款马上就要进行细分了。审计师正是在此时发布了非标准无保留意见，其中一条意见就是对 3 年以上应收账款没有细分，并且 35% 的计提比例过低。同一天，2015 年 4 月 30 日，莲花味精发布了会计估计变更，决定对应收账款的坏账计提政策进行变更，最主要的变化就是 5 年以上的应收账款要全额计提坏账，而莲花味精 5 年以上的应收账款占了绝大部分。

表 4-9　莲花味精 2014 年年报应收账款附注（金额单位：万元）

账龄	期末余额		
	应收账款	坏账准备	计提比例（%）
1 年以内			
其中：1 年以内分项			
1 年以内	17 918.26	895.91	5
1 年以内小计	17 918.26	895.91	
1 至 2 年	4 850.37	339.53	7
2 至 3 年	3 153.48	315.35	10
3 年以上	54 570.79	19 099.77	35
3 至 4 年			
4 至 5 年			
5 年以上			
合计	80 492.90	20 650.56	

资料来源：摘自莲花味精 2014 年年报。

问题七：不给期初额的披露

从 2015 年 5 月 1 日起莲花味精适用新的会计估计。2015 年年报中对账龄的披露如表 4-10 所示。

表 4-10　莲花味精 2015 年年报应收账款附注（金额单位：万元）

账龄	期末余额		
	应收账款	坏账准备	计提比例（%）
1 年以内			
其中：1 年以内分项			
1 年以内	13 789.97	689.50	5
1 年以内小计	13 789.97	689.50	5
1 至 2 年	4 468.64	312.80	7
2 至 3 年	3 416.53	341.65	10
3 年以上			
3 至 4 年	2 881.84	1 440.92	50
4 至 5 年	3 998.18	3 198.54	80
5 年以上	56 949.21	56 949.21	100
合计	85 504.37	62 932.62	

资料来源：摘自莲花味精 2015 年年报。

请注意，该年报没有给出期初余额。栗子老师本来还想投机取巧，用 2015 年的期初数字统计 2014 年更明细一点儿的应收账款账龄，结果莲花味精居然没有披露。2016 年年报与 2015 年年报的附注披露形式是一样的。

7. 应收账款的账龄结构

栗子老师千辛万苦，总算是把账龄数据搜集到了，总结出了莲花味精从 2007 年以来的账龄结构图（见图 4-13）。

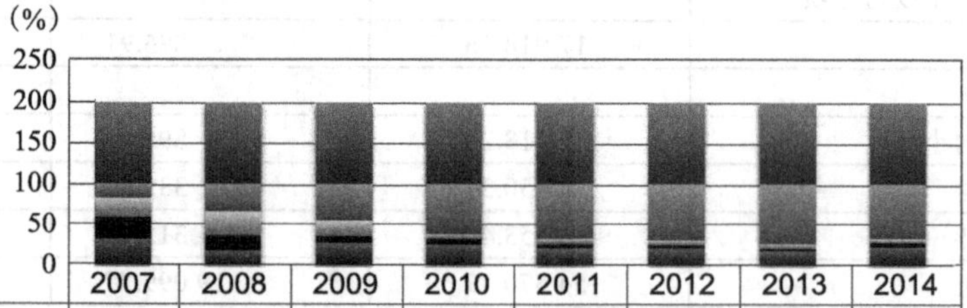

	2007	2008	2009	2010	2011	2012	2013	2014
▪ 合计	100	100	100	100	100	100	100	100
▪ 3 年以上	17	34	45	62	67	70	74	68
▪ 2 至 3 年	23	29	19	5	7	5	4	4
▪ 1 至 2 年	29	20	9	8	7	4	5	6
▪ 1 年以内	31	17	27	25	19	21	17	22

图 4-13　莲花味精 2007 ～ 2014 年应收账款账龄结构图

可见，3 年以上的应收款占总应收款的比例越来越大，应收账款的账龄结构极不健康！

2015 年莲花味精变更了账龄披露的结构，将账龄进一步细分，近两年的账龄结构如表 4-11 所示。

表 4-11　莲花味精 2015 年和 2016 年应收账款账龄结构表　（%）

账龄	2015	2016
1 年以内	16	15
1 至 2 年	5	4
2 至 3 年	4	3
3 至 4 年	3	4
4 至 5 年	5	3
5 年以上	67	71
合计	100	100

可见在莲花味精 3 年以上的应收账款当中，绝大多数都是 5 年以上、账龄非常长的应收款了，莲花味精一直拖着没有计提减值，终于在 2015 年一次性计提减值，导致 2015 年巨亏。直至 2016 年年底应收账款中仍然有相当比例的长期逾期应收款需要处理。

8. 如果早就计提会是怎样

栗子老师根据搜集到的数据，简单地就应收账款计提坏账这一项去调整了利润表。数据采用莲花味精更正后的合并财务报表数据。栗子老师先将 2007 年所有的 3 年以上账龄的应收账款的账面价值全部算作坏账，随后每一年坏账的计提都以上一年 2 至 3 年账龄的应收账款的账面价值全额计提来计算。考虑到企业当年也计提了部分 3 年以上账龄应收款的坏账（期末坏账准备 – 期初坏账准备），减去企业已经计提的，得到估算的应当调整计提的坏账损失金额（这只是大致估算，不是精确调整），如图 4-14 所示。

调整后我们发现，除了 2014 年和 2016 年其利润总额是正的，其他年份统统为负，并且整体来看是下移了。2014 年和 2016 年莲花味精也不过是靠巨额的营业外收入实现利润总额为正，就是选择了债务重组。在进一步扣除营业外收入之后，莲花味精这 10 年来都是亏损的。

2015 年，国家出台供给侧改革，不再继续支持“僵尸企业”，历史的车轮往前进，我们只有跟着往前走，不然就只能被“碾压”。只有改革才是出路。

市场就是这样，味精车间里留下过一代人的青春。2013 年开始，配合城市整体规划、排污等的建设，莲花味精的厂区迁出市区。据说，在老厂房拆除的时候，很多老员工聚集在门口久久舍不得离开。

2016 年莲花味精的公司名称换成莲花健康，与原名相比更显综合和大气。希望随着名称变更，公司能够转型成功，业绩也能一改颓势，勇猛精进。

4.3　企业与上下游的关系（上）：涨幅最高大牛股的 OPM 战略及其营运资本特征

4.3.1　OPM 战略及其报表体现

在本小节中栗子老师将讨论企业日常购销活动中涉及的经营性资产与经营性负债。企业与上下游之间的关系在报表中主要体现在应收票据、应收账款、预收款项、应付票据、应付账款、预付款项等报表项目中，通过观察这些项目的增减变动可以看出一家企业在上下游资金往来中的地位以及 OPM 战略的实施情况。

所谓 OPM（other people’s money）**战略**就是指企业是否能够合理地利用产业链上的资金为己所用，最大限度地节约自有资金，并实现资金的高效运用。

大家比较熟悉的一个财务指标，营运资本的定义是

$$营运资本 = 流动资产 - 流动负债 \quad (4\text{-}1)$$

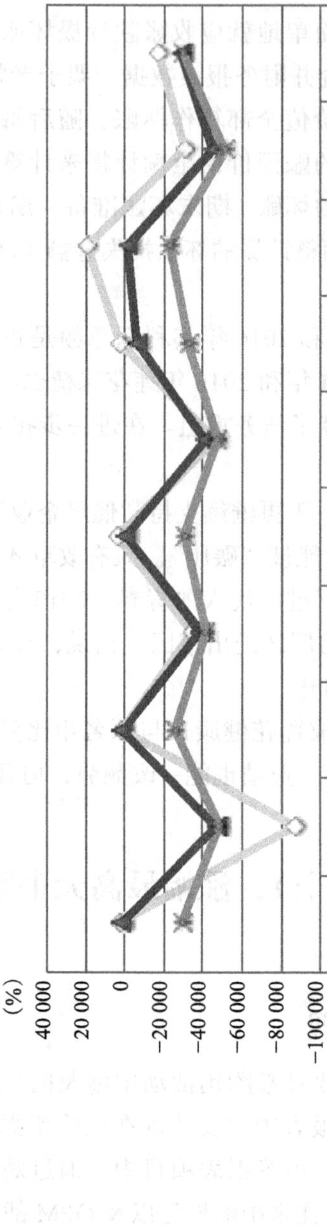

	2016	2015	2014	2013	2012	2011	2010	2009	2008	2007
调整前利润总额	2 110	-87 281	1 651	-34 915	2 791	-46 214	2 218	18 297	-31 274	-17 531
调整后利润总额	1 379	-47 630	1 081	-38 927	-404	-41 746	-6 270	-2 187	-45 689	-28 993
扣除营业外收入的调整后利润总额	-29 882	-48 673	-25 503	-41 455	-30 866	-46 879	-32 886	-22 802	-50 792	-30 026

图 4-14 对 3 年以上账龄应收账款全额计提坏账后的利润总额

与流动比率不同的是，这里是相减，而不是相除。所以好处是可以看到绝对数规模，坏处也就是不适合公司之间的比较（因为规模大小不同）。

但如果我们想要考察企业 OPM 战略运用效果如何，用营运资本可能就不合适了。因为流动资产和流动负债中不仅包含经营活动事项导致的结果，还包含投资、筹资活动的结果。因此如果想要考察 OPM 战略的实施效果，那么可以观察 OPM 营运资本。

OPM 营运资本 =（应收票据 + 应收账款 + 预付款项 + 存货）−（应付票据 + 应付账款 + 预收款项 + 应付职工薪酬 + 应交税费）　（4-2）

式 4-2 除了考虑与上下游的关系外，还考虑了与员工、税务等的资金占用关系。

OPM 营运资本的含义是企业业务上需要占用的流动资金减去业务上可以节约的流动资金，其结果如果为负数，就是非常激进地使用了 OPM 战略（相对应的现金转换周期 / 净营运周期就是负数）。

4.3.2　我国上市公司 OPM 营运资本与营运资本统计

栗子老师搜集了 2016 年年报数据，用合并报表数据统计了上市公司的营运资本和 OPM 营运资本（这两个概念的界定分别依据式（4-1）和式（4-2））。

由于金融行业报表的特殊性，因而我删去了金融行业的样本，共有 3 049 个样本，如表 4-12 所示。

表 4-12　营运资本 VS OPM 营运资本

		营运资本		
		小于 0	大于等于 0	总计
OPM 营运资本	小于 0	241（8%）	354（12%）	595（20%）
	大于等于 0	277（9%）	2 177（71%）	2 454（80%）
	总计	518（17%）	2 531（83%）	3 049（100%）

统计结果表明有 20% 的上市公司较为激进地使用了 OPM 战略，占用了上下游的资金。

4.3.3　OPM 营运资本为负的公司分析

激进地使用 OPM 战略的公司可能是以下两种情况。

第一种情况是在产业链上具有竞争优势，从而积极主动地采用 OPM 战略，形成对自有资金的节约。第二种情况则是经营情况变差，拖欠债权人款项严重，经营性流动负债越来越多，从而在报表上体现为 OPM 营运资本为负。

第一种情况的公司往往现金流充分，积累下很多钱可以用于投资，也无须太多借款，因此可以预见其营运资本可能为正。这样的上市公司有354家，其毛利率均值为31.97%，中位数为27.53%。

第二种情况的公司资金捉襟见肘，之前的借款积累下来或者需要借款维持资金链，也没有闲钱进行理财，因此其营运资本可能依然为负。这样的上市公司有241家，其毛利率均值为23.06%，中位数为21.01%。

我的这种猜测一定程度上从毛利率中得到了体现。

但是，不排除第一种情况中也有盈利能力很差的公司，例如有6家公司毛利是负数；也不排除第二种情况中有盈利能力很强的公司，例如有38家公司毛利率高于40%。

第一种情况（OPM营运资本为负、营运资本为正）中的例外有6家公司。栗子老师将这6家公司列示出来，如表4-13所示。

表4-13　OPM营运资本为负、营运资本为正、毛利率却是负数的6家公司

（金额单位：元）

证券代码	股票简称	行业代码	营运资本	OPM营运资本	毛利率（%）
600890	中房股份	K70	172 185 888	−8 297 247	−71
601519	*ST智慧	I65	281 134 530	−363 342 420	−47
000868	安凯客车	C36	430 011 708	−1 699 828 176	−18
601808	中海油服	B11	4 835 610 275	−1 716 179 337	−14
600725	ST云维	C25	141 395 235	−12 171 387	−2
601919	中远海控	G55	11 861 853 426	−8 972 351 944	−1

这些公司都是曾经的*ST，或者正在ST的过程中，经营状况可谓非常糟糕。OPM营运资本基本属于被动变成负数，这是偿债能力变差的表现。但是这6家公司的营运资本却是正数，通过观察这6家公司的资产负债表，我认为导致其营运资本为正的原因有两个：一是手中有较大额的存量货币资金（例如曾经的中国远洋、现在的中远海控，中房股份，*ST智慧，中海油服）；二是账上有较大额的其他应收款（安凯客车、ST云维）。后一种情况对偿债能力分析更加糟糕。

此外，这6家公司中除了*ST智慧是民营企业外，其余5家都是国企。

第二种情况（OPM营运资本为负、营运资本为负）中的例外有38家公司，这里仅列示前5家。如表4-14所示。

事实上我的指标比较简单，只用了毛利率。这些公司之所以毛利高是因为处在高毛利的行业。具体看一下其他盈利能力指标，除了西藏药业的盈利能力在2016年度得到改善（净利率为25%，净资产收益率为34%），其他4家公司盈利能力都一般。而西藏药业营运资本为负的原因，主要是其他应付款在2016年增加较大。查看其附注发现是西藏药业的大股东对上市公司子公司进行了资金支持。

表 4-14　OPM 营运资本为负、营运资本为负、毛利率较高的前 5 家公司

（金额单位：元）

证券代码	股票简称	行业代码	营运资本	OPM 营运资本	毛利率（%）
600258	首旅酒店	H61	−5 965 068 215	−183 236 256	94
600754	锦江股份	H61	−2 378 721 169	−2 707 847 395	91
600318	新力金融	C30	−522 263 937	−117 541 791	78
600211	西藏药业	C27	−963 192 126	−536 904 876	76
300051	三五互联	I65	−89 498 095	−109 581 978	72

总之，栗子老师认为，在激进地使用 OPM 战略的企业中，有一些是主动采用这种战略并且在产业链中拥有竞争优势的，这样的公司一般现金流会充沛，从而使得营运资本为正。如果观察到 OPM 营运资本为负，并且营运资本也为负，更大的可能就是企业经营状况比较一般，会有资金吃紧、频繁借款等举动。

4.3.4　OPM 营运资本为正的公司分析

根据统计，80% 的公司 OPM 营运资本是正数，即日常活动上还是占用了自有资金的（绝大多数企业会是这样，这很正常）。这同样有以下的两种情况。

第三种情况为 OPM 营运资本为正、营运资本为负，共有 277 家公司。说明其（货币资金 + 短期投资性资产 + 其他应收款）显著小于其（短期金融性负债 + 其他应付款），即借了很多钱，并且没有闲钱理财。对这部分公司我们也要谨慎对待，负债高企，而如果应收账款等占用的资金收不回来，就会有问题。这 277 家上市公司毛利率均值为 23.34%，中位数为 20.89%。

栗子老师列出来其中毛利率最高的 5 家公司，如表 4-15 所示。

表 4-15　OPM 营运资本为正、营运资本为负、毛利率较高的前 5 家公司

（金额单位：元）

证券代码	股票简称	行业代码	营运资本	OPM 营运资本	毛利率（%）
600766	园城黄金	B09	−5 568 808	70 467 072	96
002464	金利科技	I64	−376 129 023	66 621 996	84
000828	东莞控股	G54	−1 586 345 404	7 138 304	65
600639	浦东金桥	K70	−577 682 107	909 013 228	65
600900	长江电力	D44	−53 035 532 136	1 925 932 123	61

我们可以发现毛利率高同样是行业特征使然。其中园城黄金和浦东金桥的盈利能力一般，而另外 3 家分别在行业的净资产收益率排名中还比较靠前（长江电力 16.88%，排名第 5 位；东莞控股 17.12%，排名第 3 位；金利科技 17.32%，排名第 2 位）。观察这 3 家公司，其资产负债率都在近一年或者近两年中有迅速的增加，

尤其短期借款增加非常多。这导致了其营运资本变成负数，需要具体分析流动资产质量才能对短期偿债能力做出判断。

第四种情况为 OPM 营运资本为正、营运资本为正。这样的上市公司是数量最多的，共有 2 177 家，其毛利率均值为 31.09%，中位数为 28.54%。

如果再细分一下，那么这里面其实还区分为两种类型。

一是（货币资金 + 短期投资性资产 + 其他应收款）-（短期金融性负债 + 其他应付款）为正，即营运资本大于 OPM 营运资本。这种类型的公司共有 1 640 家。可以说这些公司总体上看有闲钱，其盈利状况可能会较好。

二是（货币资金 + 短期投资性资产 + 其他应收款）-（短期金融性负债 + 其他应付款）为负，只不过这个负数仍然小于 OPM 营运资本。营运资本小于 OPM 营运资本的公司共有 537 家。可以说这些公司总体上看短期借款多，有可能其盈利状况整体上不如上面那类。

栗子老师简单看了一下第一类的毛利率均值为 33.06%，中位数为 30.56%；第二类的毛利率均值为 25.07%，中位数为 22.78%。两者的差异似乎较为明显，这里我就不做统计检验了。

4.3.5 涨幅前十大牛股属于哪个区间

栗子老师查阅了上市以来股价涨幅排名前十的上市公司（见表 4-16）。

如果把这十家公司按照 OPM 营运资本和营运资本进行分类，它们属于哪一区间呢？其 OPM 营运资本与营运资本分布图如图 4-15 所示。

至少我们知道的大牛公司极少有可能会出现在营运资本为负的公司中，并且营运资本与 OPM 营运资本相比，最好前者较大，这表明除去经营上的资金占用，公司是比较有闲钱的。

表 4-16　上市以来涨幅前十的公司

股票简称	涨幅倍数
伊利股份	153
泸州老窖	118
云南白药	112
万科 A	98
格力电器	80
贵州茅台	80
华域汽车	68
中天金融	53
金融街	49
华夏幸福	48

栗子老师在这一节中所提的 OPM 营运资本其实与大家熟悉的净营运周期或者现金转化周期本质是一个意思。通过上面的分析，我们可以看到 OPM 营运资本这个概念（或者说净营运周期 / 现金转换周期）可以用于说明一家公司对上下游资金占用的程度，至于这种占用到底是好是坏，仍需要具体判断，不可轻易下结论。

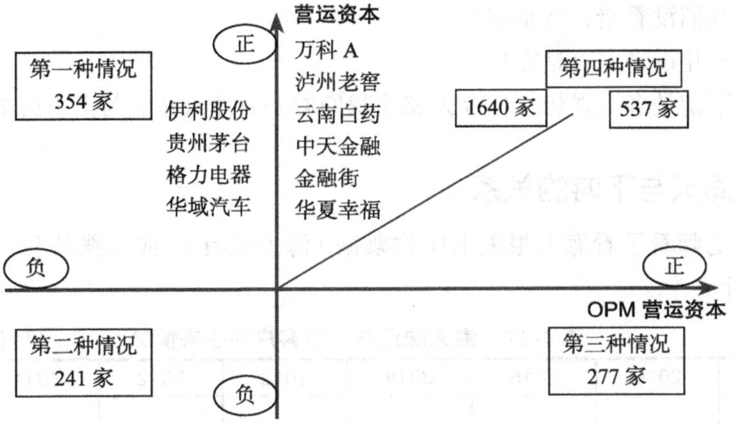

图 4-15　涨幅前十的上市公司 OPM 营运资本与营运资本分布图

4.4　企业与上下游的关系（下）：有一种竞争优势叫作没有应收账款

企业与上游供应商之间的关系，主要体现在应付票据、应付账款与预付款项上。从企业的角度讲，如果能“应付”，那就不要“预付”。把资金尽可能留在自己手中，尽量利用 OPM 战略。

企业与下游客户之间的关系，主要体现在应收票据、应收账款与预收款项（递延收益）上。同理，如果能够“预收”，那就最好了。货都没交付（服务还没有提供），钱就先收到了（同样是 OPM 战略）。

我方的“预收”就是客户的“预付”，我方的“应付”就是供应商的“应收”。大家都想尽可能地将资金留在自己手中，都想尽可能地利用别人的资金。这样最后竞争的结果就是看谁比较强势了，或者看谁更有资格强势了。

一般企业经营，多少会赊销，产生一些应收账款。所以分析报表的时候，围绕应收账款可进行的分析很多。一般需要关注应收账款的真实性、规模（以及与收入规模、现金流入规模间的关系）、账龄结构和坏账计提情况等来综合分析（例如在 4.2 节中，栗子老师就对莲花味精的应收账款的坏账计提政策进行了分析）。

某天在栗子老师去超市买了瓶海天酱油回来后，就上网去查看了海天味业的报表（栗子老师买了桃花姬，去查看东阿阿胶报表；买了 iPhone，去查看苹果报表；买了云南白药牙膏，去查看云南白药报表）。这一看不要紧，还有比海天味业更好看的报表吗？

它的应收账款是零！

对，我们没看错，就是零！

并且多年以来一直是零！

这对下游是多么强势呀！今天就让我们看一看海天味业与上下游之间的关系。

4.4.1 海天与下游的关系

栗子老师看了看海天报表上应收票据（海天没有）、应收账款和预收账款，如表 4-17 所示。

表 4-17 海天味业与下游客户的往来情况 （单位：万元）

年份	2016	2015	2014	2013	2012	2011	2010
应收账款							
预收账款	180 925	111 887	202 208	173 622	164 857	78 493	72 305

真的非常强悍！

海天是于 2014 年 2 月上市的，我们看到它的报表上没有应收，反而是预收经销商的款项高达 18 亿元。

4.4.2 海天与上游的关系

我们再来看看海天报表上的应付票据、应付账款和预付款项，如表 4-18 所示。

表 4-18 海天味业与上游供应商的往来情况 （单位：万元）

年份	2016	2015	2014	2013	2012	2011	2010
应付票据	2 827						
应付账款	54 693	58 483	59 925	46 385	31 505	30 418	27 235
预付账款	1 700	728	2 188	2 066	3 695	5 578	3 434
应付 - 预付	52 993	57 755	57 737	44 319	27 810	24 840	23 801

总体来看，海天应付的金额远远大于预付的金额。也就是说海天将黄豆、白糖等原材料先赊购来进行生产，而此时其经销商已经在排队打款了。

这可以说是 OPM 战略的最佳案例了，让我们看一看海天的现金转换周期。

4.4.3 海天的现金转换周期

在考虑了主要的经营性流动资产上的资金占用天数和主要的经营性流动负债的资金节约天数之后，海天的现金转换周期如表 4-19 所示。

存货周转天数和预收账款周转天数的比较结果令人叹服！

我们再看一下整体的现金转换周期，皆显示为负数。这就是栗子老师说的“用别人的钱给自己赚钱的企业”了。

表 4-19　海天味业的现金转换周期

年份	2016	2015	2014	2013	2012	2011	2010
预付账款周转天数	0.89	0.41	1.37	1.48	3.04	5.22	3.39
存货周转天数	49.13	55.66	72.01	72.44	70.19	66.20	59.26
经营性流动资产上资金占用天数	50.01	56.06	73.38	73.92	73.23	71.41	62.65
应付票据周转天数	1.48	0.00	0.00	0.00	0.00	0.00	0.00
应付账款周转天数	28.59	32.55	37.39	33.16	25.93	28.44	26.89
预收账款周转天数	53.01	36.16	75.18	75.43	85.11	47.04	47.85
应付职工薪酬周转天数	8.89	8.92	9.88	9.81	8.85	8.03	8.34
应交税费	7.68	8.76	5.25	6.28	6.39	7.35	6.24
经营性流动负债上资金节约天数	99.64	86.39	127.69	124.67	126.29	90.86	89.32
现金转换周期	−49.63	−30.33	−54.32	−50.76	−53.06	−19.44	−26.67

注：栗子老师各项资产和负债使用期末数。

为了便于比较，栗子老师搜集了 2016 年 3 月上市的千禾味业的相关指标，并计算了其现金转换周期，如表 4-20 所示。

表 4-20　千禾味业的现金转换周期

年份	2016	2015	2014	2013
应收票据周转天数	0.00	8.28	10.20	0.00
应收账款周转天数	26.73	20.67	20.55	22.91
预付账款周转天数	29.28	11.90	12.44	13.45
存货周转天数	169.60	159.28	94.61	90.86
应付票据周转天数	0.00	13.19	15.11	0.00
应付账款周转天数	42.17	43.10	44.94	24.55
预收账款周转天数	7.88	6.89	3.88	6.18
应交税费周转天数	4.22	0.88	−0.94	−1.42
应付职工薪酬周转天数	6.34	5.62	4.42	4.28
现金转换周期	164.99	130.46	70.38	93.62

可见，千禾味业在经营活动上需要占用自有资金，主要是由其存货周转天数较长导致的。

4.4.4　海天的盈利状况

栗子老师计算了海天的相关盈利能力指标数据（相关资产负债表数据采用了期末数），如表 4-21 所示。

我们可以与下面千禾味业的盈利能力指标进行比较（见表 4-22）。

表 4-21 海天味业盈利能力指标

年份	2016	2015	2014	2013	2012	2011	2010
毛利率（%）	27	26	24	23	21	19	17
净利率（%）	23	22	21	19	17	16	12
总资产周转率	0.93	0.98	0.89	1.25	1.16	1.31	1.40
权益乘数	1.34	1.31	1.47	1.72	1.67	1.51	1.56
净资产收益率（%）	28	29	28	41	33	31	26

表 4-22 千禾味业盈利能力指标

年份	2016	2015	2014	2013	2012	2011
毛利率（%）	41	37	33	32	29	27
净利率（%）	13	11	8	12	11	9
总资产周转率	0.75	0.86	1.00	1.18	1.23	1.31
权益乘数	1.15	1.55	1.62	1.43	1.47	1.46
净资产收益率（%）	11	14	13	20	20	18

可见在净利率上海天具有绝对的优势，并且海天的毛利率和净利率这些年来一直在提高。这非常了不起！再加上海天的周转率也比较高，最后的净资产收益率是显著高于同行的。

如表 4-23 所示，海天味业与千禾味业并不在一个体量上，海天无论是在资产规模上还是在收入规模上都是千禾的十几倍。至于规模效应在海天报表上的体现，栗子老师分析认为就是相对低的销售费用率（海天 13% VS 千禾 23%）、较高的净利率和较高的周转率。

表 4-23 海天味业与千禾味业规模对比 （单位：万元）

年份	2016	2015	2014	2013	2012	2011
总资产						
千禾味业	102 666	72 412	64 904	51 779	44 639	38 233
海天味业	1 346 359	1 149 800	1 100 059	672 212	611 020	465 163
收入总额						
千禾味业	77 086	62 359	65 078	61 265	54 962	50 265
海天味业	1 245 856	1 129 438	981 719	840 159	706 959	609 056

4.4.5 海天的现金流状况

海天是名副其实的现金牛，经营活动源源不断地产生正的现金流，用于支撑投资活动，以及积攒下来。

如图 4-16 所示，我们看到，海天的利润质量是很高的，对应有现金流。

另外，栗子老师注意到，海天味业货币资金的比例非常高。首先因为这是一只现金牛，经营活动产生的现金除了满足投资、筹资需要之外还能积攒下来。其次海天还发行新股融入资金，导致账上货币资金很多（52 亿元，占总资产的 39%）。如果再算上其他流动资产中高达 27 亿元的理财产品，海天有将近 80 亿元的资金在手中，占总资产比例的 58%。手握重金，管理层有没有头脑发热，乱投资呢？

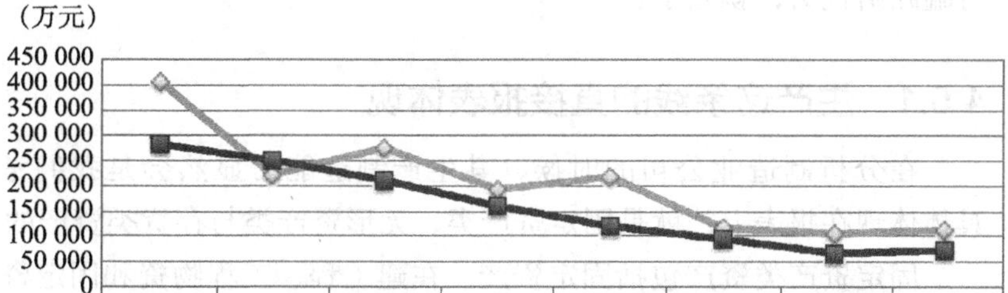

	2016	2015	2014	2013	2012	2011	2010	2009
经营现金流量净额	407 405	219 483	273 933	193 019	217 114	117 198	105 180	113 466
净利润	284 313	250 963	209 028	160 642	120 757	95 568	66 027	70 668

图 4-16　海天味业净利润与经营活动现金流量净额比较

如图 4-17 所示，在经营性长期资产的扩建上，海天管理层非常稳健，没有冒进。除了购买银行理财产品外，也没有去进行其他的并购参股。

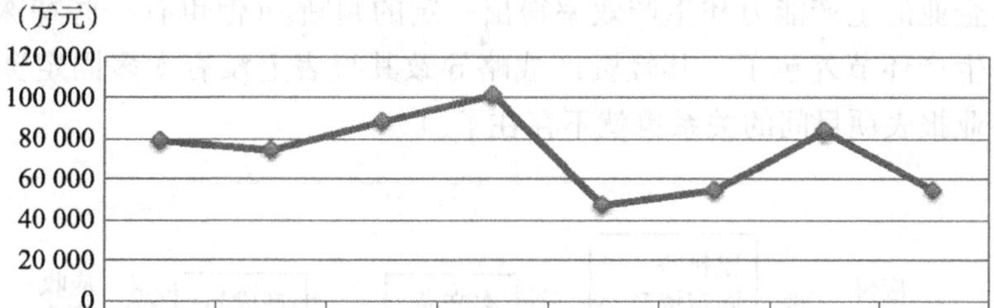

	2016	2015	2014	2013	2012	2011	2010	2009
购建固定资产和其他支付的现金	78 807	74 428	88 160	101 366	47 146	54 997	83 194	54 854

图 4-17　海天味业的资本性支出

大家可以看到，海天味业在 2014 年上市之后净资产收益率由 2013 年的 41%，下降到了 28%。这主要是由于净资产规模在 IPO 急剧增加下导致的，IPO 之后融入的巨额资金，一时还产生不了太高的收益，因此使得净资产收益率下降。事实上企业的毛利率和净利率一直都很高，并且一直都在上升。

总之，海天的报表给我一种非常踏实的感觉。要想将报表造假造到这种程度是不可能的——应收账款为零、长期股权投资为零、长期待摊费用为零、其他应收款很小。

强悍的报表不需要解释！

4.5 生产这条线：东阿阿胶的驴皮会坏吗

最近我正想写关于生产制造业公司财报中生产这条线的分析，恰好看到东阿阿胶的2016年年报披露了，存货激增至30亿元，比去年增加13亿元。这真是正打瞌睡给枕头，就它了！

4.5.1 生产这条线的直接报表体现

在分析制造业公司的时候，其生产制造能力显然会是我们考虑的一个重点。具体体现在报表上，就是固定资产类、无形资产类与存货类资产的关系了。

固定资产类资产包括固定资产、在建工程、工程物资和固定资产清理（农林牧渔业还包括生产性生物资产）。无形资产类资产包括无形资产、开发支出和商誉。

制造业企业主要是利用其拥有的固定资产（厂房、设备等）和无形资产（土地使用权、专利、专有技术等）去生产制造出适销对路的产品（存货），最终实现销售收入的增长和赚钱的目标。

如图4-18所示，一家优秀的制造业企业往往有一个或多个优秀的产品，其固定资产、无形资产与存货之间也应该有一定的对应关系，通过比较分析可以对该企业的生产能力和生产效率得出一定的判断。（但也有一些特殊情况，例如苹果将生产环节外包了，其轻资产战略导致其报表上没有太多固定资产，这种制造业企业报表项目间的关系也就不存在了。）

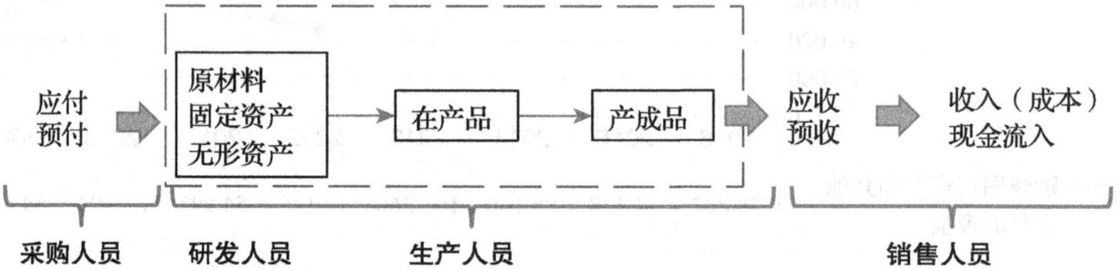

图4-18 企业生产这条线

上一节栗子老师探讨了企业与上下游之间（虚线框两侧）的关系，本节就主要探讨虚框中的内容。

制造业企业固定资产和存货占总资产的比重一般是较高的，因此往往也被认为是资产较重的企业。根据重要性的原则，我们在看报表时，对这些金额较大、占比较高的资产需要重点查看。栗子老师用东阿阿胶来举例，说明如何通过报表来观察制造业企业的生产能力和生产效率。

4.5.2　东阿阿胶简介

“东阿阿胶坚持采用独一无二的东阿县地下水、坚持整张黑驴皮，运用千年保密技艺熬制而成。东阿阿胶是高档滋补品正宗阿胶的代名词”，这是东阿阿胶官网上的宣传。东阿阿胶的制作技艺也是国家级非物质文化遗产。

东阿阿胶于 1996 年 7 月就在深交所上市了。栗子老师查看了它的年报，发现不同于一般上市公司的是，东阿阿胶从 2014 年开始，连续三年在其年报的扉页后面附上了总裁致股东的信。（这个并不是强制披露的内容。国外有些公司会披露致股东的信，例如股神巴菲特的“致股东的信”还被整理成了畅销书。）

这体现了东阿阿胶不同于一般上市公司的特点——重视企业形象，重视宣传。2016 年在总裁的信后直接给出东阿阿胶的官方微信号，与时俱进，并将其官方微信号的定位明确写在年报开头——“您的私人健康养生顾问”。

我想这些变化与东阿阿胶的战略变化也有关系。东阿阿胶原来的两大产品是阿胶和复方阿胶浆，一般我们认为东阿阿胶属于医药板块。但近些年推出的桃花姬等产品则显然要进军快消品行业。而快消品行业最重要的是让大家知道你，所以在宣传与造势上是一定要跟上的。这一点也体现在了东阿阿胶的报表中，销售费用是激增的（见表 4-24）。

表 4-24　东阿阿胶销售费用趋势

年份	2016	2015	2014	2013	2012	2011	2010	2009	2008	2007
销售费用（万元）	161 792	127 678	75 130	81 552	77 404	61 032	48 151	37 868	35 130	30 671
趋势百分比（%）	528	416	245	266	252	199	157	123	115	100
销售费用 / 营业收入（%）	26	23	19	20	25	22	20	18	21	22

如表 4-24 所示，东阿阿胶的销售费用在近两年的确增长飞快，从占收入的百分比来看，目前也处于历史最高比例（但也不算离谱）。

4.5.3　东阿阿胶的规模及盈利状况

我们来了解一下东阿阿胶到底是多大的一家企业（见表 4-25）。

东阿阿胶 2016 年的收入规模是 63 亿元，总资产规模是 99 亿元。在中医药行业中大概处于第 11 名的位置。中医药行业在规模上排名前三的上市公司是康美药业、云南白药和白云山，这三家的收入规模在 200 亿元左右。但就像上面说的那样，东阿阿胶可以选择不在中药板块，而是可以赶快推出些好吃的阿胶产品，在快消品市场上大有作为。

表 4-25　东阿阿胶的规模

年份	2016	2015	2014	2013	2012	2011	2010	2009	2008	2007
营业总收入（万元）	631 714	544 966	400 901	401 630	305 607	275 885	246 378	209 012	168 596	138 136
趋势百分比（%）	457	395	290	291	221	200	178	151	122	100
资产总计（万元）	994 957	860 902	745 993	597 973	532 566	422 635	359 772	313 508	189 318	160 690
趋势百分比（%）	619	536	464	372	331	263	224	195	118	100

东阿阿胶的净利润如图 4-19 所示。

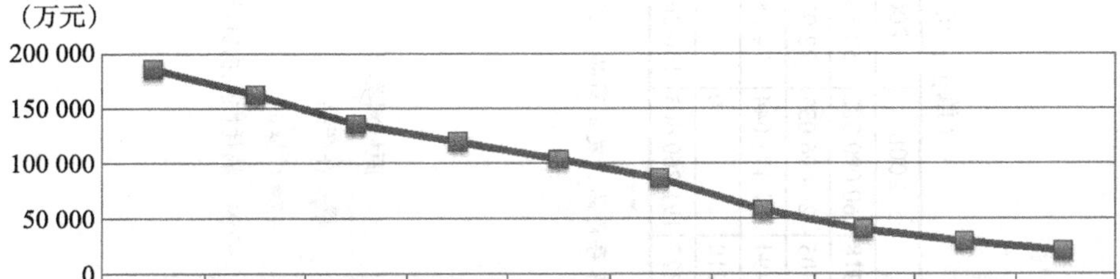

	2016	2015	2014	2013	2012	2011	2010	2009	2008	2007
净利润	185 247	162 503	136 555	120 288	104 022	85 617	58 222	39 150	28 704	20 580

图 4-19　东阿阿胶的净利润趋势

东阿阿胶的净利润逐年攀升，2016 年是 18.5 亿元。净利润率与净资产收益率（使用期末净资产计算）如表 4-26 所示。

表 4-26　东阿阿胶盈利能力指标　　（%）

年份	2016	2015	2014	2013	2012	2011	2010	2009	2008	2007
净利润率	29	30	34	30	34	31	24	19	17	15
净资产收益率	22	23	23	24	24	25	21	16	20	16

总体来看东阿阿胶的盈利情况不错。带着这个印象，我们看看东阿阿胶生产这条线在报表上的体现。

4.5.4　东阿阿胶的存货变动及其构成

前面提到，2016 年东阿阿胶的存货（30 亿元）激增了 13 亿元，与去年（17 亿元）相比增长了 75%，增幅非常巨大。于是栗子老师搜集了其年报上关于存货报表附注中披露的详细信息，想要找出其存货变动的原因。

由于各年的披露格式可能并不一致，栗子老师在这里按照自己的分类规则将存货分类归总了一下，如表 4-27 所示。

不同年份报表存货的分类不一致，栗子老师是按照上面的统计口径统计的。

如图 4-20 所示，2016 年存货的激增主要是由于原材料的激增，原材料由 2015 年的 4 亿元，激增至 2016 年的 17 亿元。东阿阿胶的原材料主要是驴皮，可见 2016 年公司囤积了大量的驴皮。

看到这个数据，我认为这比存货的增加是由产成品引起的要好得多。因为如果是产成品激增，一般就说明产品卖不动了，销售困难了。而东阿阿胶 2016 年的产成品类存货金额是下降的。

管理层囤积驴皮的合理性只能建立在未来驴皮价格会不断上涨的前提下，如果驴皮价格下跌，那么 2016 年大举囤积的行为显然是不合适的。

表 4-27 东阿阿胶的存货构成

（单位：元）

年份	2016	2015	2014	2013	2012	2011	2010	2009	2008	2007
原材料类	1 706 725 467	461 182 329	108 920 084	110 581 948	145 843 700	123 174 201	67 384 026	59 269 318	60 090 382	53 146 542
在产品	310 861 025	194 334 386	273 123 837	64 825 940	99 222 694	45 094 893	45 764 902	37 427 305	29 696 037	22 936 212
产成品	966 590 667	1 061 679 054	1 071 193 261	374 389 525	155 477 387	142 084 929	80 217 736	106 093 494	101 474 044	74 284 518
消耗性生物资产	29 982 042	8 279 922	11 062 377	1 211 266	285 885	755 150	392 846	837 210	0	0
合计	3 014 159 201	1 725 475 691	1 464 299 559	551 008 679	400 829 666	311 109 173	193 759 510	203 627 327	191 260 463	150 367 272

注：原材料类包括原材料、在途物资、包装物、委托加工物资、低值易耗品、材料采购、其他；在产品；产成品包括库存商品、发出商品、产成品；消耗性生物资产包括消耗性生物资产。

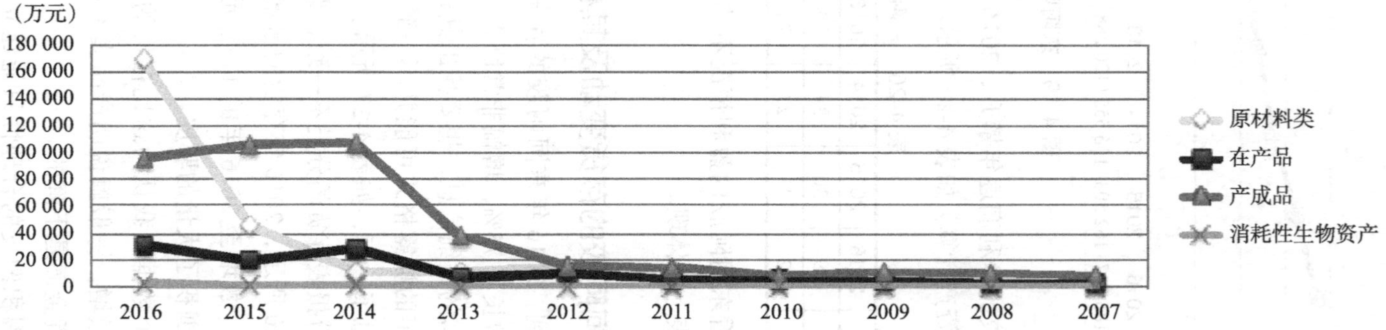

图 4-20 东阿阿胶的存货构成趋势图

栗子老师认为驴皮价格上涨在未来一段时间内可能是一种趋势。另外，大量驴皮在东阿阿胶手中，驴皮价格也不太可能跌下来。因此，初步判断这部分存货减值的风险并不大。

栗子老师的困惑：这些驴皮如果是都要自用生产阿胶的话，那么驴皮有没有保质期？东阿阿胶仓库的保存条件好不好？驴皮如果长毛了还能用吗？放太久的驴皮熬制的阿胶会不会品质下降？有朋友告诉我，驴皮都需要经过炮制才会存放起来，因此不容易坏掉，也不会影响阿胶质量。

接下来我们用报表上生产这条线的相关数据来判断一下东阿阿胶的生产能力和生产效率。

4.5.5　生产能力的判断

生产需要人力、物力和财力的配合。因此观察一家企业的生产能力可以结合这三个方面来看。

人力方面：观察企业技术人员和生产人员的数量及其变动趋势。

物力方面：观察企业原材料的采购与储备情况。

财力方面：栗子老师这里狭义地将财力界定为财产支持，即固定资产、无形资产对生产的支撑程度。事实上，财力也应当包含企业调动资金的能力，与存量资金和筹资能力都有关系。此处，为避免过于发散，我将其限定为固定资产和无形资产对生产的支撑。

栗子老师搜集了东阿阿胶这方面的数据。

1. 人力方面

东阿阿胶的员工结构如表 4-28 所示。

表 4-28　东阿阿胶的员工结构

年份	2016	2015	2014	2013	2012	2011	2010	2009	2008	2007
技术人员	336	399	396	286	338	176	未单列	132	132	113
生产人员	1 306	2 028	2 365	2 446	2 564	3 073	2 875	2 055	890	968
合计	1 642	2 427	2 761	2 732	2 902	3 249	2 875	2 187	1 022	1 081
合计 / 员工总数（%）	37.39	47.43	54.72	48.22	46.60	57.35	53.04	50.65	38.03	57.71

我们看到无论是技术人员还是生产人员在 2016 年都急剧减少，技术人员和生产人员二者合计数甚至由 2015 年的 2 427 人减少至 1 642 人。为了看得更清楚些，我画出了东阿阿胶的生产人员数量趋势图（见图 4-21）。

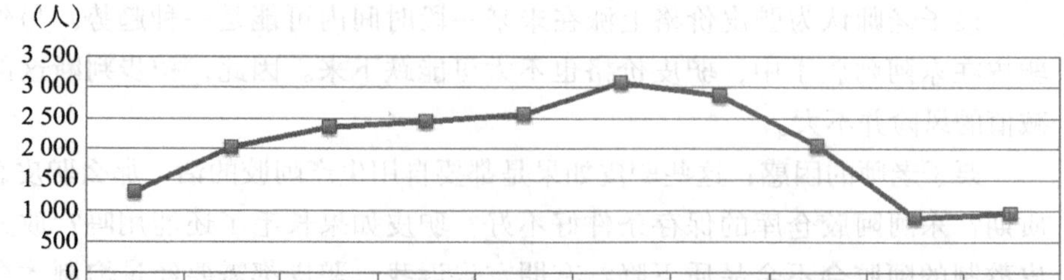

	2016	2015	2014	2013	2012	2011	2010	2009	2008	2007
生产人员	1 306	2 028	2 365	2 446	2 564	3 073	2 875	2 055	890	968

图 4-21　东阿阿胶的生产人员数量趋势图

2. 物力方面

我们从前面存货构成中已经看得非常清楚，东阿阿胶在 2016 年囤积了大量的原材料，导致原材料激增（见图 4-22）。

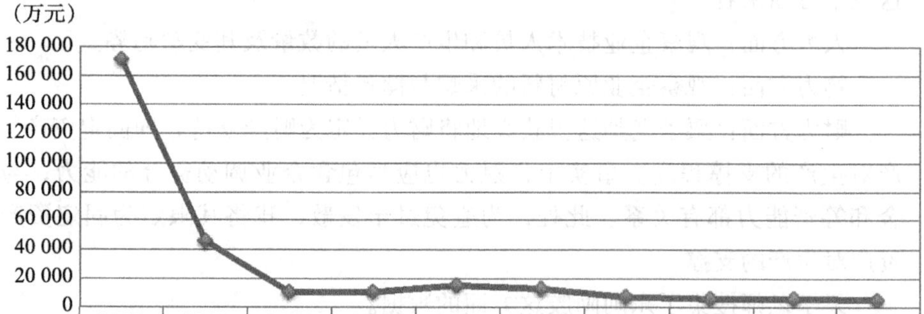

	2016	2015	2014	2013	2012	2011	2010	2009	2008	2007
原材料类	170 673	46 118	10 892	11 058	14 584	12 317	6 738	5 927	6 009	5 315

图 4-22　东阿阿胶的原材料趋势图

这么多的原材料，但是生产工人又减少如此之多，使得栗子老师更加忧心这么多的驴皮猴年马月才能被做成阿胶（主要是担心放坏了）。这是不是由于生产设备和工艺大幅改进因而不需要这么多工人了呢？

3. 财力方面

东阿阿胶固定资产和无形资产的趋势图如图 4-23 所示。

我们看到东阿阿胶的财力总额的确是在上升的，但这种上升幅度显然远远赶不上储备的原材料的上升幅度。财力合计一共增长 9%，但原材料的增长幅度是 270%。

栗子老师计算了一下单位财力对应的原材料，如图 4-24 所示。

我用 2015 年及之前的数据计算出平均单位财力对应的原材料约为 0.14。

$$0.14 \times 2016\text{ 年财力} = 27\ 003\text{（万元）}$$

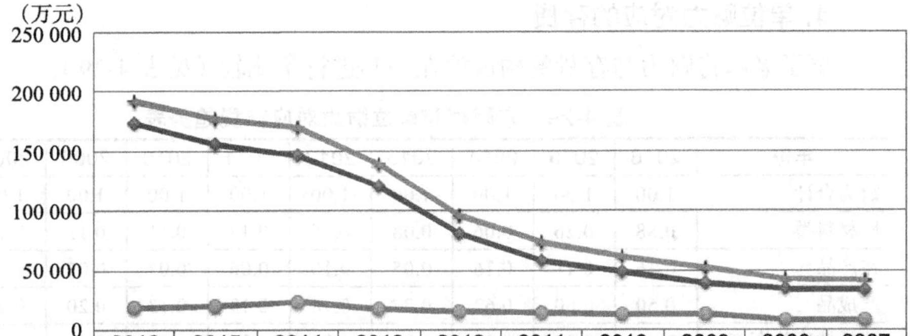

	2016	2015	2014	2013	2012	2011	2010	2009	2008	2007
固定资产类合计	173 866	155 965	146 735	120 386	80 898	58 164	48 416	39 311	34 771	33 178
无形资产类合计	19 015	20 460	23 447	18 542	15 241	14 707	12 872	12 858	8 161	8 563
财力合计	192 881	176 425	170 182	138 928	96 139	72 871	61 288	52 169	42 932	41 741

图 4-23　东阿阿胶的固定资产和无形资产趋势图

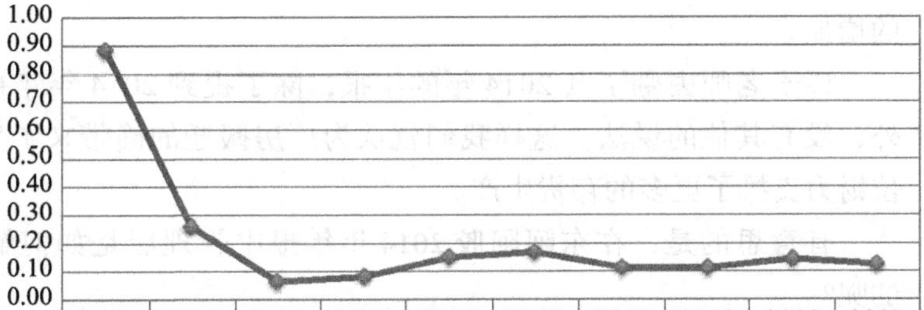

	2016	2015	2014	2013	2012	2011	2010	2009	2008	2007
单位财力对应原材料	0.88	0.26	0.06	0.08	0.15	0.17	0.11	0.11	0.14	0.13

图 4-24　东阿阿胶的单位财力对应原材料趋势图

也就是说，如果按照原来的固定资产和无形资产与原材料之间的对应关系，2016 年的固定资产和无形资产应当能够支撑 3 亿元的原材料。多出来的 14 亿元则超出了现有的生产能力。

除非有以下几种情况。

第一，设备的更新改造已经使得根据历史数据计算出的固定资产和无形资产与原材料之间的对应关系被打破（栗子老师认为此可能性较小）。

第二，原来就有冗余的产能没有利用，所以即使原材料上升这么快，生产工人急剧减少，也完全不是问题，能够支撑生产（栗子老师认为此可能性较小）。

第三，囤积的原材料不存在储存期限的问题，留待以后慢慢生产（有可能）。

第四，囤积的原材料不是为了自用，而是等待价格上涨，可以卖出去赚钱（有可能）。

4. 单位财力对应的存货

栗子老师将财力与存货的构成放在一起进行了比较（见表 4-29）。

表 4-29　东阿阿胶单位财力对应存货趋势表

年份	2016	2015	2014	2013	2012	2011	2010	2009	2008	2007
财力合计	1.00	1.00	1.00	1.00	1.00	1.00	1.00	1.00	1.00	1.00
原材料类	0.88	0.26	0.06	0.08	0.15	0.17	0.11	0.11	0.14	0.13
在产品	0.16	0.11	0.16	0.05	0.10	0.06	0.07	0.07	0.07	0.05
产成品	0.50	0.60	0.63	0.27	0.16	0.19	0.13	0.20	0.24	0.18
消耗性生物资产	0.02	0.00	0.01	0.00	0.00	0.00	0.00	0.00	0.00	0.00
存货合计	1.56	0.97	0.86	0.40	0.41	0.42	0.31	0.38	0.45	0.36

通过表 4-29 的数据，我们发现东阿阿胶在 2014 年每单位财力可以支撑的存货大增，之前在 0.4 左右徘徊，2014 年一跃上了 0.8。通过上文中存货构成的数字，大家可以看得很清楚，其 2014 年在产品和产成品（尤其是产成品）的金额有很大的增加。

栗子老师去翻了其 2014 年的年报，除了提到 2014 年年初母公司厂房搬迁之外，没有其他的说法。这样我们就认为厂房搬迁的确带来了生产能力的提升，单位财力支撑了更多的存货生产。

有意思的是，在东阿阿胶 2014 年年报中管理层是如何解释存货的巨额增加的呢？

如表 4-30 所示，管理层说这是由于半成品和原材料的增加，但其实我们仔细看存货构成，会发现这根本就是产成品增加导致的。只不过放在年报前面说明，可能不太好看，害怕引发投资者的误解吧。

表 4-30　东阿阿胶 2014 年年报资产重大变动情况

项目	2014 年末		2013 年末		比重增减	重大变动说明
	金额（元）	占总资产比例（%）	金额（元）	占总资产比例（%）		
应收账款	116 546 247.42	1.56	179 929 410.98	3.01	−1.45	公司年末收回销售客户授信货款
存货	1 464 299 577.71	19.63	551 008 678.55	9.21	10.42	母公司年初厂房搬迁正常生产后，半成品存货增加以及采购中药材等增加

资料来源：摘自东阿阿胶 2014 年年报。

我们再回来看东阿阿胶 2016 年财力对存货的支撑，发现它又跃上了新台阶，但是如果除去囤积的原材料驴皮，那么其相应的指标与 2015 年和 2014 年是持平的。

总之，从生产能力的角度讲，当东阿阿胶的生产工人大幅减少时，其厂房设备升级更新的速度是否能够及时消化掉原材料库存？是否有冗余产能能够释放出来？是否要开始做驴皮生意了？由于期末存货的激增，因而原有的人力、物力、财力之间的匹配关系发生显著变化。财务分析需要对这些显著变化非常敏感，但对变化的解释则往往仁者见仁、智者见智了。

4.5.6　生产效率的判断

一讨论到效率问题，就需要联系产出来看了。

与存货有关的产出一个体现在利润表中，即带来了多少收入。

另一个体现在现金流量表中，即带来了多少销售商品的现金流入。

如表 4-31 所示，这里的收入 / 财力其实就是我们的周转率指标。我们可以看到从产出效率来讲，东阿阿胶的固定资产和无形资产对应的收入有所增加，但不是历史最高水平。而对应的销售商品现金流有所下降，但也不是历史最低水平。

表 4-31　东阿阿胶单位财力对应收入与销售现金流

年份	2016	2015	2014	2013	2012	2011	2010	2009	2008	2007
财力	1.00	1.00	1.00	1.00	1.00	1.00	1.00	1.00	1.00	1.00
存货 / 财力	1.56	0.98	0.86	0.40	0.42	0.43	0.32	0.39	0.45	0.36
收入 / 财力	3.28	3.09	2.36	2.89	3.18	3.79	4.02	4.01	3.93	3.31
销售商品提供劳务收到的现金 / 财力	3.21	3.31	2.80	3.22	3.73	4.53	3.83	3.91	4.28	3.61

总体来看，如果看财产的产出效率的话，那么没有太大的异常。

但是如果考察存货的产出效率的话，那么显然产出效率会显著降低。而就像栗子老师说的，抛去囤积的驴皮之后，其产出效率与以前年度也差别不大（相应的指标栗子老师就省略了）。

所以，栗子老师比较寄希望于这些驴皮都真的踏踏实实地躺在仓库里，并且如果未来驴皮价格上涨了，那么还能卖驴皮挣钱呢！

4.6　报表上的税：以乐视网为例看隐藏在递延所得税资产中的盈利预测

本节分为两个部分，第一部分总体介绍乐视网的报表特征，第二部分聚焦其递延所得税进行相关的分析。

4.6.1 总有更大的动作：我看乐视网

1. 乐视的故事

在讨论乐视的故事时，我们需要区分乐视和乐视网。我们能够看到的数据是乐视网（300104）的数据，而人们或者媒体泛指的乐视则包含了以贾跃亭（本书也称贾先生）作为实际控制人的所有企业。

由于乐视网是上市公司，我们通过它的报表能够非常清楚地看到集团的构架组成（一共15家子公司），以及集团层面上的联营、合营企业（一共两家）。

但是在上市公司外的乐视业务我们从乐视网的报表中就看不清楚了，我们只能从各种新闻报道中总结提炼一下，或者去查工商注册的登记。栗子老师大概画了一下，如图4-25所示。

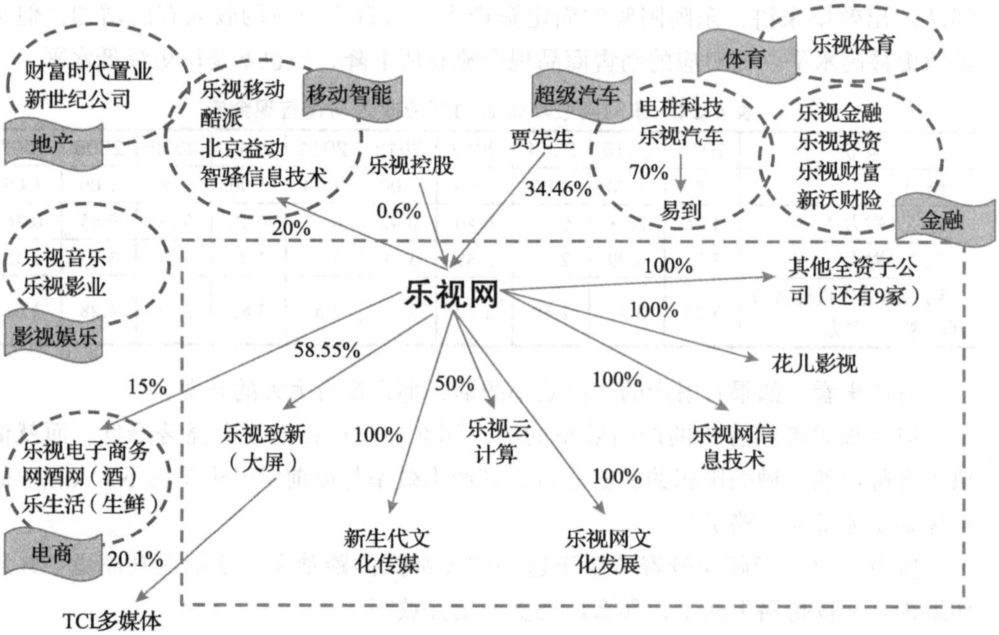

图4-25　乐视版图示意图

注：乐视网上市公司集团的结构是根据年报披露的情况整理的，其他板块则根据新闻报道整理（并不全面），而且相互之间的持股关系据已有的报道来看比较复杂，栗子老师没有再一一标注，外围其实还涉及乐视版图的众多投资者。

方框内的业务是以上市公司乐视网为龙头的集团所包含的业务，但是在此之外，贾先生一直强调的乐视生态，涉及众多领域，例如电商、手机、汽车、体育、金融和地产等。

我对乐视的总体评价是“总有更大的动作”。

乐视起家的视频平台行业，有优酷土豆和爱奇艺等公司盘踞其中；乐视在视频平台的基础上向上游延伸，做影视内容制作，这里有华谊兄弟、光线传媒等影视巨头；乐视在视频平台的基础上向下游延伸，做电视机终端产品的生产销售，这里有创维、长虹等老牌电视机厂商；乐视向电子商务领域扩展，有阿里、京东等“大佬”盘踞；乐视又去做手机，智能手机国内厂商那是红海一片；乐视还去做超级汽车了。乐视总是需要更大的动作，投资人喜欢大动作，大动作带来大资金，没有进一步的资金，之前的动作就没有办法继续进行下去了。

乐视版图中任何一块要做好，都是非常不容易的事情，乐视的步子的确迈得够大。但这也正是我佩服贾先生的地方，总是有些人雄心壮志地想要做更多的事情，不管是为了让之前的动作继续下去，还是真的要开始新动作，这都是一个勇于创造故事的人。历史是由这样的人创造的。如果都像栗子老师这样只去讲别人的故事，那么创新从哪里来，进步从哪里来？

除了特别败类的企业家，我对企业家都怀有敬佩之心。

让我们看一看乐视网报表上的一些特征吧（见表 4-32）。一般我看报表，都会去找可比企业的报表对照看一看，但乐视网由于其生态圈的构建和多元化的经营思路，使得栗子老师很难找到一家跟它特别可比的公司。

表 4-32　乐视网的收入构成

营业收入	2016 年		2015 年		同比增减（%）
	金额（元）	占营业收入比重（%）	金额（元）	占营业收入比重（%）	
广告业务收入	3 979 918 980.36	18.13	2 633 677 836.17	20.23	51.12
终端业务收入	10 116 826 298.57	46.09	6 088 833 693.67	46.78	66.15
会员及发行业务收入	6 783 169 718.57	30.90	3 782 359 728.95	29.06	79.34
付费业务收入	5 600 440 015.12	25.51	2 710 141 070.62	20.82	106.65
版权业务收入	896 622 773.83	4.08	776 088 695.58	5.96	15.53
电视剧发行收入	286 106 929.62	1.30	296 129 962.75	2.27	−3.38
技术服务收入	893 504 994.07	4.07	151 172 563.14	1.16	491.05
其他业务收入	177 262 412.40	0.81	360 681 302.19	2.77	−50.85
合计	21 950 682 403.97	100.00	13 016 725 124.12	100.00	68.63

资料来源：摘自乐视网 2016 年年报。

一般的视频网站公司会有广告收入和会员收入，电视机厂商会有终端业务收入，影视剧制作公司会有发行收入，而这几块收入在乐视网收入中占比都比较高，实在没有什么特别可比的公司。那么我们就拿乐视网自己的报表看看吧。

2. 乐视网的成长性

1）收入的成长性

让我们看一看乐视网的收入及其增长率，如图 4-26 所示。

乐视网是于 2010 年上市的，我们能够得到其 2007 年至今的财务数据。收入及其增速都是非常漂亮的。增速虽然有所降低，但也是非常漂亮的。（结合审计师给出的带解释说明段的无保留意见，大家应该注意到收入中关联收入非常多，具体将在本书后面再讨论。）

2）净利润的成长性

如图 4-27 所示，乐视网的净利润在 2016 年首次出现了负增长，但这是在被乐视电子商务拖累的情况下产生的。（乐视网已经将在电子商务上的持股比例由 30% 降至 15%，并且将长投 150 万元全部计提了减值损失。目前电子商务在乐视网账上价值为零。）

3）总资产的成长性

如图 4-28 所示，乐视网的总资产规模增长图形太漂亮了！

单纯从报表的规模及其增长率上来看，乐视网绝对是非常抢眼的企业，成长性非常好。

3. 乐视网的盈利性

栗子老师计算了一下主要的盈利能力指标，如表 4-33 所示。

下面我们分别看看乐视网的各盈力能力指标。

1）结合利润表的盈利能力

如图 4-29 所示，乐视网的毛利率与净利率都下降得非常厉害。毛利率的下降应该与进入众多其他业务领域有直接关系，例如终端电视机制造的毛利显然没有视频平台的毛利高。净利率下降的幅度虽然没有毛利率那么大，但与之前相比从 40% 降到了 3%。

我们进一步观察结构百分比利润表（见表 4-34）。

我们看到近四年乐视网的销售费用率增加比较多。从合并净利润上来看，2016 年乐视网是亏损的，但是归母净利润仍维持正数。这是由于巨额亏损的多是非全资子公司，大部分亏损由少数股东承担了。

2）结合资产负债表的盈利能力

如图 4-30 所示，2010 年乐视网的总资产收益率降低与其上市融资有直接关系。融来资，资产规模一下子增大，但资金还没有来得及产生效益，导致总资产收益率降低，这是正常现象。可是随后总资产收益率就再也没有起来了，这就说明乐视网总体上利用资产产生收益的能力逐年降低。而净资产收益率之所以高于总资产收益

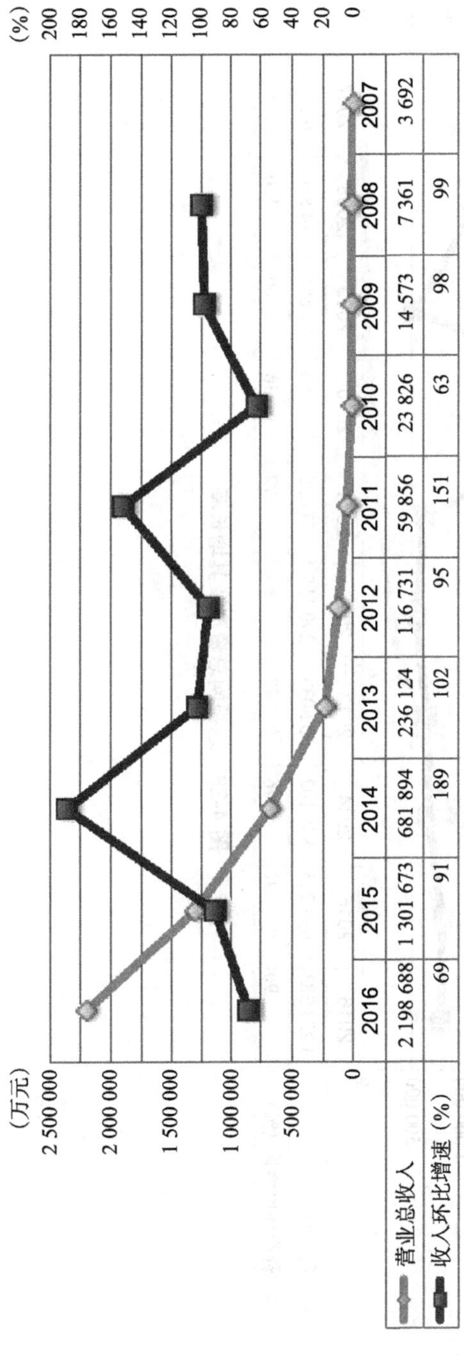

	2016	2015	2014	2013	2012	2011	2010	2009	2008	2007
营业总收入	2 198 688	1 301 673	681 894	236 124	116 731	59 856	23 826	14 573	7 361	3 692
收入环比增速（%）	69	91	189	102	95	151	63	98	99	

图 4-26　乐视网收入及其增长率

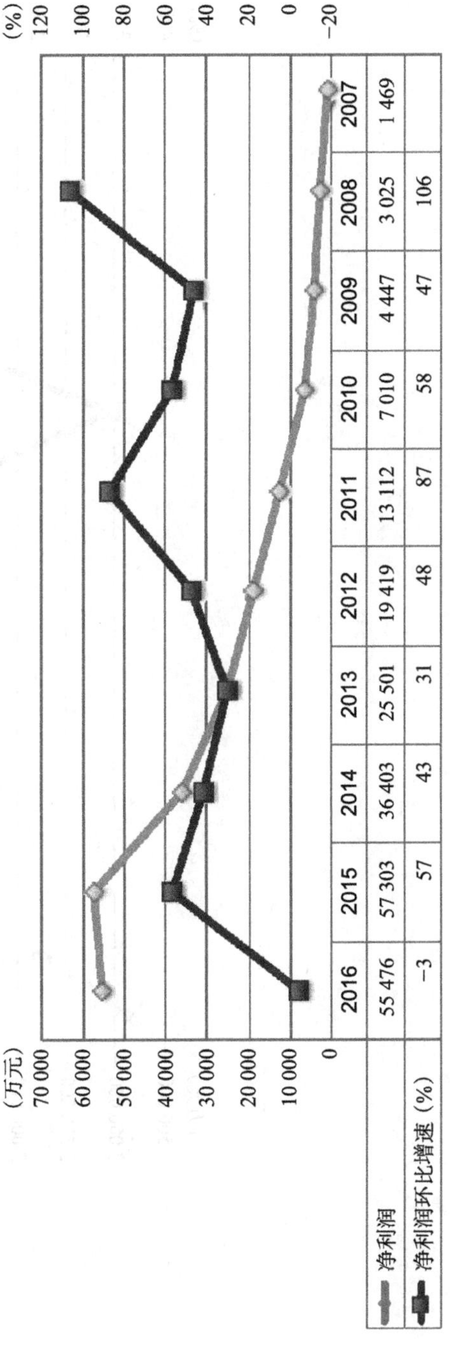

	2016	2015	2014	2013	2012	2011	2010	2009	2008	2007
净利润	55 476	57 303	36 403	25 501	19 419	13 112	7 010	4 447	3 025	1 469
净利润环比增速（%）	−3	57	43	31	48	87	58	47	106	

图 4-27　乐视网净利润及其增长率

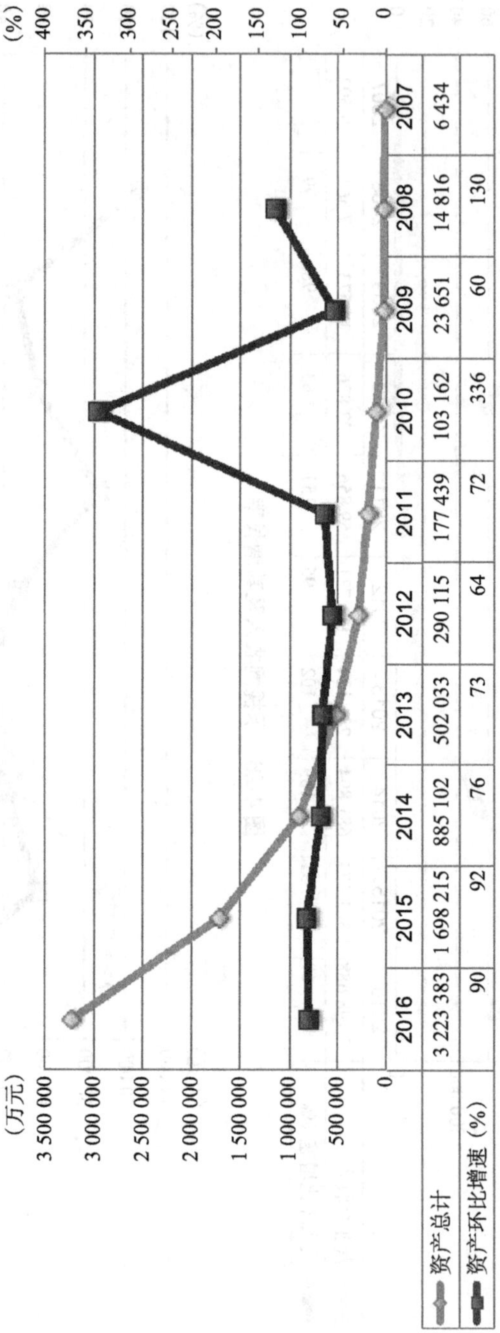

	2016	2015	2014	2013	2012	2011	2010	2009	2008	2007
资产总计	3 223 383	1 698 215	885 102	502 033	290 115	177 439	103 162	23 651	14 816	6 434
资产环比增速（%）	90	92	76	73	64	72	336	60	130	

图 4-28　乐视网总资产及其增长率

率，是由于负债（杠杆）的运用。从表 4-33 中，大家可以看到，乐视网从 2010 年上市时的资产负债率 9%，飙升至 67%，它依靠负债融资来极速扩大资产规模。

表 4-33　乐视网的盈利能力指标

年份	2016	2015	2014	2013	2012	2011	2010	2009	2008	2007
毛利率（%）	17	15	15	29	41	54	66	66	80	68
净利率（%）	3	4	5	11	17	22	29	31	41	40
总资产周转率	0.68	0.77	0.77	0.47	0.40	0.34	0.23	0.62	0.50	0.57
总资产收益率（%）	2	3	4	5	7	7	7	19	20	23
资产负债率（%）	67	78	62	59	56	40	9	21	4	7
净资产收益率（%）	5	15	11	12	15	12	7	24	21	25

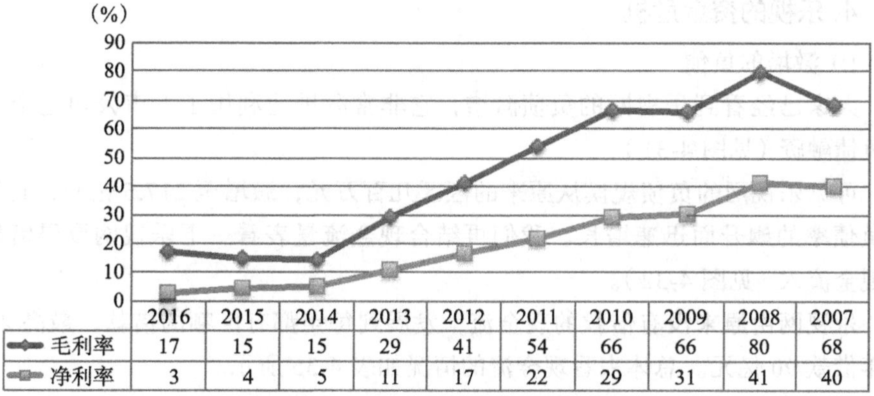

图 4-29　乐视网的毛利率与净利率

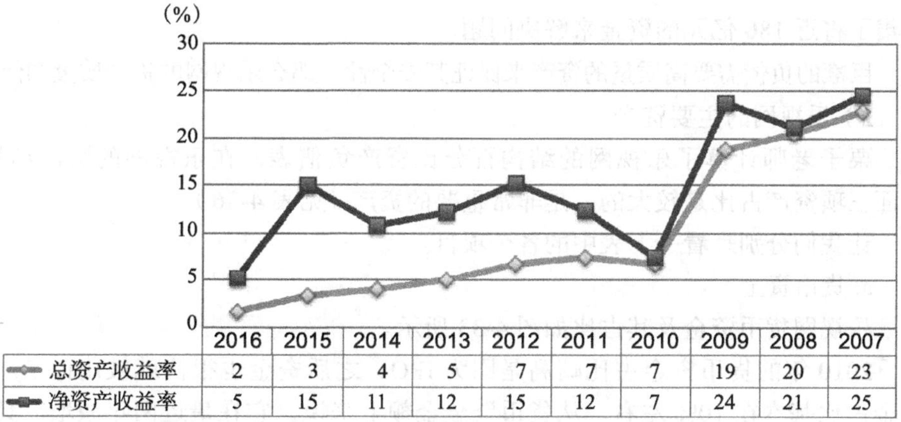

图 4-30　乐视网的总资产收益率和净资产收益率

表 4-34 乐视网结构百分比利润表节选 (%)

年份	2016	2015	2014	2013	2012	2011	2010	2009	2008	2007
营业总收入	100	100	100	100	100	100	100	100	100	100
营业成本	83	85	85	71	59	46	34	34	20	32
管理费用	3	2	3	4	5	5	5	6	8	8
销售费用	11	8	7	8	11	16	24	20	25	16
营业利润	−2	1	1	10	17	27	31	33	43	40
归母净利润	3	4	5	11	17	22	29	31	41	40

可见，虽然乐视网收入和资产规模的成长性非常好，但是盈利能力的指标都差强人意。

4. 乐视的资金危机

1）激增的负债

大家已经看到乐视网的负债激增，它非常激进地利用了上市公司这个平台进行负债融资（见图 4-31）。

可见乐视网的负债规模从原来的区区几百万元，激增至 217.5 亿元，它伴随资产负债率的飙升而迅速增长。我们再结合现金流量表看一下乐视网取得借款收到的现金流入（见图 4-32）。

乐视网由原来没有借款的现金流，发展到每年都有巨额的借款，最高 2015 年当年借款 90 亿元。总体来看现金流的情况如表 4-35 所示。

2007 ～ 2016 年，乐视网正处于快速成长期，投资活动需要不断投入资金，累计了 171 亿元的投入规模，它主要是靠筹资活动（借款、债券、IPO、定向增发等）筹集了将近 180 亿元的资金来解决问题。

巨额的负债需要高质量的资产来保证其安全性，那么乐视网的资产质量如何呢?

2）乐视网的主要资产

栗子老师计算了乐视网的结构百分比资产负债表，在乐视网的资产结构中，下面三项资产占比是较大的，是非常重要的资产（见表 4-36）。

让我们分别来看一下表中的各个项目。

a. 货币资金

乐视网货币资金及其占比如图 4-33 所示。

2010 年的货币资金占比畸高是因为 IPO，之后资金也很快就被用掉了。货币资金占比基本在 10% 左右。从货币资金金额上来说，它在最近两年激增。具体我们需要看一下货币资金的报表附注，先看看 2015 年报表附注（见表 4-37）。

27 亿元的货币资金主要都是银行存款，而且乐视网并没有披露使用用途受到限制的说明。

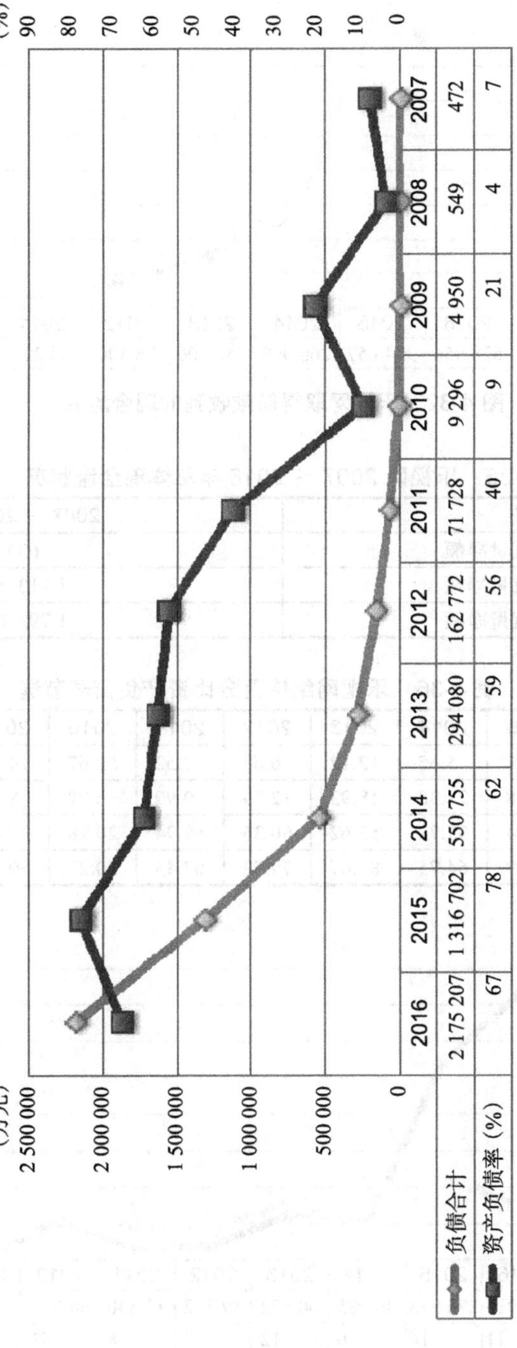

	2016	2015	2014	2013	2012	2011	2010	2009	2008	2007
负债合计	2 175 207	1 316 702	550 755	294 080	162 772	71 728	9 296	4 950	549	472
资产负债率（%）	67	78	62	59	56	40	9	21	4	7

图 4-31　乐视网的负债和资产负债率

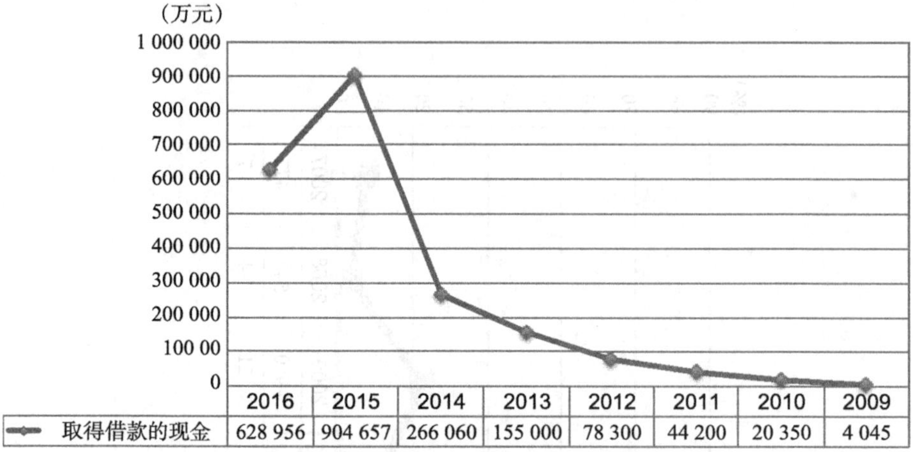

	2016	2015	2014	2013	2012	2011	2010	2009
取得借款的现金	628 956	904 657	266 060	155 000	78 300	44 200	20 350	4 045

图 4-32　乐视网取得借款收到的现金流入

表 4-35　乐视网 2007 ～ 2016 年总体现金流状况　（单位：万元）

年份	2007 ～ 2016
经营现金流量净额	63 012
投资现金流量净额	−1 713 997
筹资现金流量净额	1 793 262

表 4-36　乐视网结构百分比资产负债表节选　（%）

年份	2016	2015	2014	2013	2012	2011	2010	2009	2008	2007
货币资金	11.38	16.07	5.65	12.12	6.67	7.52	52.67	14.19	26.37	2.57
应收账款	26.95	19.78	21.38	18.93	12.79	9.99	6.77	8.62	17.18	11.76
无形资产	21.35	28.74	37.72	52.62	60.36	49.94	20.78	37.42	34.07	78.56
小计	59.68	64.59	64.75	83.67	79.82	67.45	80.22	60.23	77.62	92.89

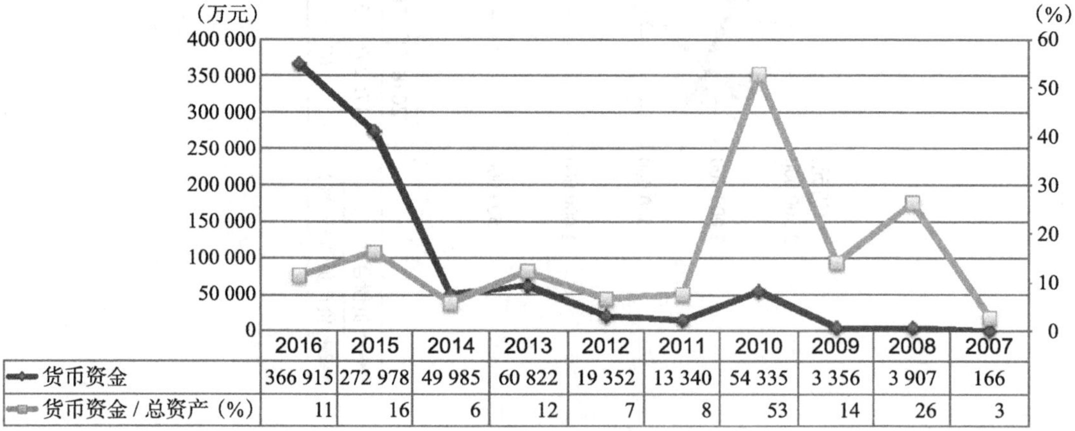

	2016	2015	2014	2013	2012	2011	2010	2009	2008	2007
货币资金	366 915	272 978	49 985	60 822	19 352	13 340	54 335	3 356	3 907	166
货币资金 / 总资产（%）	11	16	6	12	7	8	53	14	26	3

图 4-33　乐视网货币资金及其占比

我们再看看乐视网 2016 年年报货币资金报表附注（见表 4-38）。

表 4-37　乐视网 2015 年年报货币资金报表附注　（单位：元）

项目	期末余额	期初余额
库存现金	189 596.70	1 320 234.22
银行存款	2 714 588 518.44	446 028 361.41
其他货币资金	15 000 000.00	52 501 560.66
合计	2 729 778 115.14	499 850 156.29
其中：存放在境外的款项总额	15 754 751.22	33 548 431.46

注：其他货币资金 15 000 000.00 元系银行承兑汇票票据保证金，除此之外，期末货币资金中无抵押、质押或冻结等对使用有限制、有潜在回收风险的款项。

资料来源：摘自乐视网 2015 年年报。

表 4-38　乐视网 2016 年年报货币资金报表附注　（单位：元）

项目	期末余额	期初余额
库存现金	424 576.15	189 596.70
银行存款	1 482 118 516.72	2 714 588 518.44
其他货币资金	2 186 603 263.21	15 000 000.00
合计	3 669 146 356.08	2 729 778 115.14
其中：存放在境外的款项总额	18 650 622.15	15 754 751.22

注：1. 年末银行存款余额中冻结款项 24 307 102.45 元，其他货币资金中受限资金 2 184 265 202.02 元。其中的银行承兑汇票保证金 55 565 202.02 元，保函保证金 1 200 000.00 元，TCL 股权并购项目保证金 2 127 500 000.00 元。

2. 年末货币资金中无其他抵押、质押等对使用有限制、有潜在回收风险的款项。

资料来源：摘自乐视网 2016 年年报。

虽然乐视网货币资金高达 36 亿多元，但其中包括 21 亿多元的并购保证金，使用用途是受限的。

如果不考虑这 21 亿多元的受限资金，货币资金降至近 15 亿元，这就需要重新评估对乐视网的偿债能力的影响。

b. 应收账款

如图 4-34 所示，乐视网的应收账款无论从规模还是占比上都在激增，这也是导致乐视网 2016 年年报被出具带解释说明段无保留意见的原因，其关联交易导致的应收款太多了。

在 2016 年年报“关联方应收应付款项”中，乐视网披露的期末应收账款关联方多达 29 项（栗子老师仅统计了应收账款，不包含其他各种应收项目），账面余额近 38 亿元（账面价值约 37 亿元，占所有应收账款账面价值的 43%），如表 4-39 所示。

在乐视网年报中披露的关联应收款表格中，栗子老师也弄不清楚它是按照什么标准排序的，反正不是按照金额大小，也不是按照公司名称，所以这里的统计特别费劲。终于，我们找到了关联应收账款中的大户，如表4-39所示，乐视智能终端、乐视移动智能、乐视电子商务和乐帕营销都榜上有名。我们再结合年报中董事会对会计师事务所本报告期“非标准审计报告”的说明来看（见图4-35）。

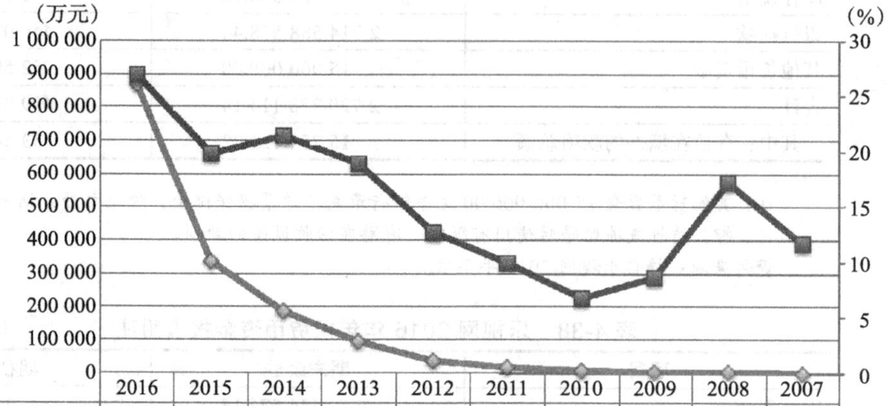

	2016	2015	2014	2013	2012	2011	2010	2009	2008	2007
应收账款	868 586	335 968	189 261	95 025	37 095	17 732	6 980	2 038	2 545	756
应收账款/总资产（%）	27	20	21	19	13	10	7	9	17	12

图4-34　乐视网应收账款及其占比

表4-39　乐视网2016年关联应收款及债务人统计表　（金额单位：元）

公司名称	账面余额	坏账准备	账面价值	账面价值占比（%）
乐视智能终端科技有限公司	1 348 660 965	40 459 829	1 308 201 136	36
乐视移动智能信息技术（北京）有限公司	751 612 657	23 678 250	727 934 407	20
乐视电子商务（北京）有限公司	359 040 221	10 988 906	348 051 315	9
乐帕营销服务（北京）有限公司	230 677 080	6 920 312	223 756 767	6
乐视控股（北京）有限公司	213 218 739	6 396 562	206 822 177	6
Le Corporation Limited	204 169 543	6 202 947	197 966 597	5
其他23家关联方	690 655 408	28 972 858	661 682 550	18
小计	3 798 034 613	123 619 664	3 674 414 949	100

随着超级电视的热销，2016年公司转变其销售模式，由乐视致新电子科技（天津）有限公司自行销售转变为通过乐视生态内构建的O2O平台对外销售，即线上通过乐视电子商务（北京）有限公司、线下通过乐帕营销服务（北京）有限公司销售。为了更好地整合智能终端产业链上下游的优势资源，公司之后又调整为通过销售给乐视智能终端科技有限公司（以下简称“智能终端”）再销售给乐帕和电子商务。

由于乐视致上述业务模式变化及本期关联单位业务量增长，公司2016年关联方式交易增加。期末关联方应收账款余额达38亿元，这些应收账款的回收情况取决于各关联公司的经营情况，为此公司实际控制人贾跃亭对该部分应收账款为公司提供了担保。审计师在对公司2016年度审计中实施的程序和获取的审计证据未发现上述事项在财务报表中存在重大错报。

图4-35　乐视网2016年年报销售模式变更的报表附注

资料来源：摘自乐视网2016年年报。

乐视网将销售模式由乐视致新直接销售（乐视致新是在乐视网合并范围的，需要合并报表），改为通过乐视电子商务和乐帕营销销售，又改为通过乐视智能终端销售。那么我们来看看这个乐视智能终端的股东信息（见图 4-36）。

营业执照信息

- **统一社会信用代码：** 914403003600152494
- **企业名称：** 乐视智能终端科技有限公司
- **类型：** 有限责任公司(自然人投资或控股的法人独资)
- **法定代表人：** 刘弘
- **注册资本：** 50 000 000 000万人民币
- **成立日期：** 2016年02月03日
- **营业期限自：** 2016年02月03日
- **营业期限至：** 5000年01月01日
- **登记机关：** 深圳市市场监督管理局
- **核准日期：** 2017年04月25日
- **登记状态：** 存续（在营、开业、在册）
- **住所：** 深圳市前海深港合作区前湾一路1号A栋201室（入驻深圳市前海商务秘书有限公司）经营地址：深圳市南山区乌石头路天明科技大厦9楼
- **经营范围：** 智能终端的技术开发、技术推广、技术服务、技术咨询、技术转让，信息技术服务，电子产品、机电设备（小轿车除外）的技术开发和销售，研发手机、移动电话（不含表面处理作业），，销售通信设备、电子产品、玩具、机械设备、汽车配件、计算机、软件及辅助设备、日用品、家用电器、文具用品、工艺品，从事广告业务（法律法规、国务院规定需另行办理广告经营审批的，需取得许可后方可经营），维修电子产品、通信设备，软件开发，信息系统的集成，集成电路设计，版权代理，经营进出口业务（法律、行政法规、国务院决定禁止的项目除外，限制的项目须取得许可后方可经营）。生产手机、移动电话（不含表面处理作业）。

股东及出资信息　股东及出资信息截至2014年2月28日。2014年2月28日之后工商只公示股东姓名，其他出资信息由企业自行公示。

序号	股东名称	股东类型	证照/证件类型	证照/证件号码	详情
1	乐堃顺璟科技（北京）有限公司	企业法人	非公示项	非公示项	

图 4-36　乐视智能终端的股东信息

资料来源：股东信息查询信息出自天眼查。

可见该公司成立于 2016 年 2 月，股东是乐堃顺璟科技（北京）有限公司。栗子老师查询了一下，这个乐堃顺璟的股东是北京百乐文化传媒有限公司，而百乐文化的股东是贾先生和他的姐姐。

也就是说，乐视智能终端与乐视网同属同一实际控制人下，但是却和乐视网没有股权关系，因此就不用合并报表了。乐视网只要销售给乐视智能终端，在合并报表上都体现为收入。不过之前销售给子公司乐视致新是需要合并报表的。更改为销售给乐视电子商务后，彼时乐视电子商务也是需要合并报表的。于是乐视网再更改为销售给智能终端，这样只要销售给乐视智能终端（不需合并报表），就能使得合并报表收入较多，利润好看。

这个销售模式的变更以及将电子商务剥离合并范围，都可以看作乐视费尽心机要保证乐视网收入增长和盈利状态的手段。

我们再来看看 2016 年当期乐视网的关联收入规模，在报表附注关联交易情况中，乐视网披露了 2016 年的关联收入共涉及了 43 家关联方。栗子老师统计了一下，如表 4-40 所示。

可见 2016 年乐视网与乐帕营销之间的关联交易是最多的，年报中提到线下销售主要走乐帕营销，但是观察乐视网与乐帕营销关联的应收账款，其余额是 2 亿元，也就是说回款还不错（这是关联方回款）。但是与乐视智能终端的关联收入是

22 亿元，关联应收款高达 13 亿元，这部分的回款就不是很好。

表 4-40 乐视网 2016 年关联收入及客户统计表

公司名称	2016 年关联收入（元）	占关联收入比重（%）	占总收入比重（%）
乐帕营销服务（北京）有限公司	7 086 534 299	60	32
乐视智能终端科技有限公司	2 165 332 562	18	10
乐视移动智能信息技术（北京）有限公司	1 593 756 718	14	7
其余 40 家关联方	939 201 718	8	4
合计	11 784 825 297	100	53

我们接着来观察乐视网收入与销售现金流之间的关系，如图 4-37 所示。

虽然乐视网的销售现金流一直都没有收入高，但大体比例上没有太大异常。不过看净利润与经营活动现金流量净额之间的比较就大不相同了，如图 4-38 所示。

2016 年乐视网的经营活动上失去了赚钱能力，其经营活动现金流量净额为 −10 亿元。为什么？

从表 4-41 可见，乐视网经营活动现金流出增加太多，吃掉了经营活动现金流入的增量。其中购买商品、接受劳务支付的现金增加 52 亿元，支付其他与经营活动有关的现金 10 亿元。购买商品、接受劳务支付的现金中也涉及众多的关联方交易（附注关联交易情况中有披露），这中间多少是必要的支出，多少是支援关联方，不是企业内部人很难说。

表 4-41 乐视网 2016 年经营活动现金流出情况 （单位：元）

年份	2016	2015	差异
经营活动现金流入小计	15 777 018 768	10 159 157 158	5 617 861 610
经营活动现金流出			
购买商品、接受劳务支付的现金	12 721 979 031	7 562 564 648	5 159 414 383
客户贷款及垫款净增加额	721 355 374		721 355 374
支付利息、手续费及佣金的现金	9 876 249		9 876 249
支付给职工以及为职工支付的现金	1 098 193 419	595 428 336	502 765 083
支付的各项税费	404 567 219	257 620 152	146 947 067
支付其他与经营活动有关的现金	1 889 108 245	867 842 145	1 021 266 100
经营活动现金流出小计	16 845 079 537	9 283 455 281	7 561 624 256
经营活动产生的现金流量净额	−1 068 060 769	875 701 876	−1 943 762 645

资料来源：摘自乐视网 2016 年年报。

在支付的其他与经营活动有关的现金中，增加较多的有广告推广制作费、物流及售后费用、往来款等，如表 4-42 所示。

这中间又有多少是与关联方的往来，我们就没有地方可以查询了。

总之，乐视网 2016 年收入的 54% 是与关联方的收入有关，尽管它用各种办法

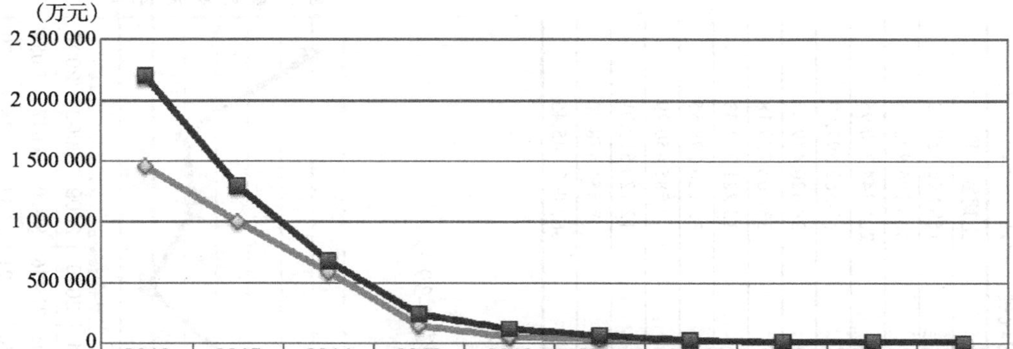

	2016	2015	2014	2013	2012	2011	2010	2009	2008	2007
销售商品、提供劳务收到的现金	1 463 419	1 004 474	582 907	145 840	54 333	38 182	18 413	15 121	5 515	2 070
营业收入	2 198 688	1 301 673	681 894	236 124	116 731	59 856	23 826	14 573	7 361	3 692

图 4-37　乐视网的收入与销售现金流

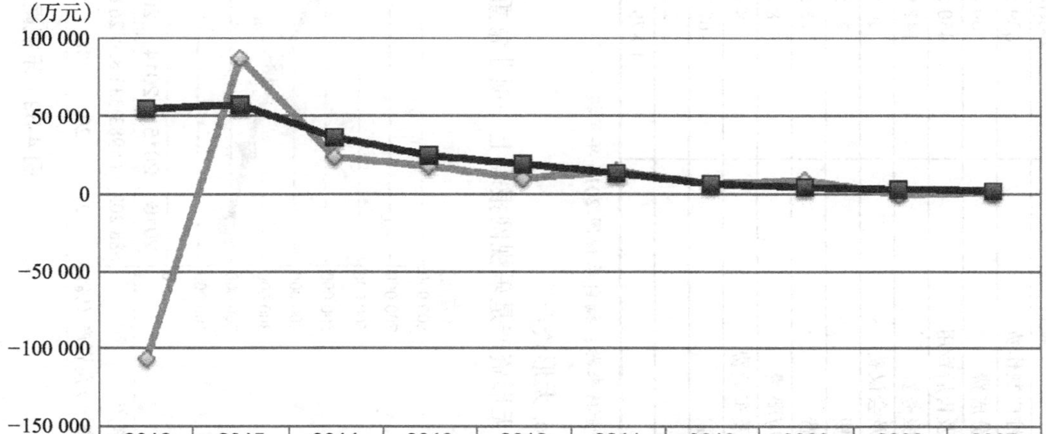

	2016	2015	2014	2013	2012	2011	2010	2009	2008	2007
经营现金流量净额	−106 806	87 570	23 418	17 585	10 620	14 690	6 549	8 340	99	946
净利润	55 476	57 303	36 403	25 501	19 419	13 112	7 010	4 447	3 025	1 469

图 4-38　乐视网净利润与经营活动产生的现金流量净额

使得归母净利润仍然是正数，但2016年公司还是不赚钱的。经营活动现金流出应该也是在为整个乐视生态输血。

表4-42 乐视网2016年“支付的其他与经营活动有关的现金”附注 （单位：元）

项目	本期发生额	上期发生额
广告推广制作费	629 596 834.63	158 826 157.33
会员分成费	60 874 545.60	326 176 820.75
物流及售后费用	450 863 628.97	201 344 230.95
咨询服务费	147 936 203.50	55 562 597.59
办公及会议费	30 555 210.68	38 420 439.67
租赁费	21 545 275.35	33 266 759.18
差旅费	25 343 467.55	15 221 393.33
交际应酬费	8 024 734.38	12 166 298.55
交通及车辆费	9 633 540.91	5 585 450.29
往来款	462 853 912.81	12 720 519.01
其他	32 218 426.43	8 551 478.80
合计	1 879 445 780.81	867 842 145.45

资料来源：摘自乐视网2016年年报。

c. 无形资产

无形资产是乐视网报表上一项非常重要的资产（见图4-39）。

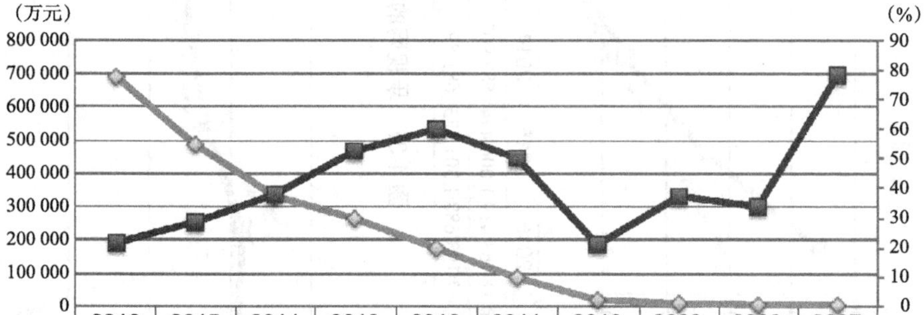

	2016	2015	2014	2013	2012	2011	2010	2009	2008	2007
无形资产	688 202	487 983	333 854	264 151	175 112	88 605	21 436	8 850	5 047	5 054
无形资产/总资产（%）	21	29	38	53	60	50	21	37	34	79

图4-39 乐视网无形资产及其占比

乐视网的无形资产在规模上是一直上升的，不过占比却在下降（实在是资产的增速太快了）。其无形资产的构成，主要由影视版权、非专利技术和系统软件构成，如表4-43所示。

从表4-43的数据我们看出，乐视网无形资产中最主要的构成要素是影视版权。

从无形资产报表附注（见表4-44）中我们看到乐视网2016年投入32亿元购置影视版权。乐视网未来的发展很大程度上取决于其拥有的影视版权是不是优质版权，能否吸引到付费会员和用户。

表 4-43　乐视网无形资产构成情况　（金额单位：元）

	非专利技术	系统软件	影视版权	无形资产
2016 年	1 019 944 288	787 513 288	5 074 560 478	6 882 018 054
各种无形资产 / 无形资产总额（%）	15	11	74	100
2015 年	638 104 007	411 439 130	3 830 289 308	4 879 832 446
各种无形资产 / 无形资产总额（%）	13	8	78	100

表 4-44　乐视网 2016 年年报无形资产报表附注　（单位：元）

项目	土地使用权	专利权	非专利技术	系统软件	影视版权	合计
一、账面原值						
1. 期初余额			778 394 046.02	485 011 216.70	6 099 664 841.86	7 363 070 104.58
2. 本期增加金额			469 883 411.78	459 740 500.63	3 179 421 459.67	4 109 045 372.08
（1）购置			18 250 138.58	16 938 588.90	3 179 421 459.67	3 214 610 187.15
（2）内部研发			451 633 273.20	442 801 911.73	0.00	894 435 184.93
（3）企业合并增加						
3. 本期减少金额			0.00	0.00	1 233 149 772.77	1 233 149 772.77
（1）处置			0.00	0.00	62 530 007.49	62 530 007.49
（2）到期			0.00	0.00	1 170 619 765.28	1 170 619 765.28
4. 期末余额			1 248 277 457.80	944 751 717.33	8 045 936 528.76	10 238 965 703.89
二、累计摊销						
1. 期初余额			135 680 712.81	73 572 086.22	2 268 820 836.61	2 478 073 635.64
2. 本期增加金额			88 043 130.69	83 666 343.42	1 899 726 815.01	2 071 436 289.12
（1）计提			88 043 130.69	83 666 343.42	1 899 726 815.01	2 071 436 289.12
3. 本期减少金额			0.00	0.00	1 197 726 298.31	1 197 726 298.31
（1）处置			0.00	0.00	27 106 533.03	27 106 533.03
（2）到期			0.00	0.00	1 170 619 765.28	1 170 619 765.28
4. 期末余额			223 723 843.50	157 238 429.64	2 970 821 353.31	3 351 783 626.45
三、减值准备						
1. 期初余额			4 609 325.83	0.00	554 697.13	5 164 022.96
2. 本期增加金额			0.00	0.00	0.00	0.00
（1）计提			0.00	0.00	0.00	0.00
3. 本期减少金额			0.00	0.00	0.00	0.00
（1）处置			0.00	0.00	0.00	0.00
4. 期末余额			4 609 325.83	0.00	554 697.13	5 164 022.96
四、账面价值						
1. 期末账面价值			1 019 944 288.47	787 513 287.69	5 074 560 478.32	6 882 018 054.48
2. 期初账面价值			638 104 007.38	411 439 130.48	3 830 289 308.12	4 879 832 445.98

注：本期末通过公司内部研发形成的无形资产占无形资产余额的比例为 20.83%。

资料来源：摘自乐视网 2016 年年报。

同时乐视网也开始自制剧，这部分应该是放在存货里面了，但是乐视网的存货报表附注只按照通常意义上的原材料、在产品和库存商品列示，外部人很难具体分析其价值（见表 4-45）。

表 4-45　乐视网 2016 年年报存货报表附注　　(单位：元)

项目	期末余额			期初余额		
	账面余额	跌价准备	账面价值	账面余额	跌价准备	账面价值
原材料	54 071 136.52	0.00	54 071 136.52	62 403 803.34	0.00	62 403 803.34
在产品	16 200 000.00	0.00	16 200 000.00	0.00	0.00	0.00
库存商品	901 143 295.64	29 844 291.01	871 299 004.63	1 071 744 659 69	3 300 877.24	1 068 443 782.45
委托代销商品	3 609 255.59	0.00	3 609 255.59	7 939 839.28	0.00	7 939 839.28
合计	975 023 687.75	29 844 291.01	945 179 396.74	1 142 088 302 31	3 300 877.24	1 138 787 425.07

资料来源：摘自乐视网 2016 年年报。

目前来看，这部分占乐视网总资产的比重并不大，未来乐视网如果继续向上游投入的话，这部分的比重有可能增加。只要是优秀的影视作品，对乐视网就是有利的。

如果乐视网立足于无形资产优质影视版权的精耕，多取得优质影视版权的独播和独家权，立足于存货优质自制剧的开发。那么这样才能保证付费用户的粘性和增长，成为企业未来利润的源泉。接下来，乐视网有《白鹿原》《轩辕剑之汉之云》《国家行动》等据说很好看的片单，从无形资产储备来说，这些应该并不弱。

所以，总体来看，乐视网主要的几项资产中货币资金和应收款的质量较差，至于差到什么程度，与整个大乐视的生态有关。

3）乐视生态的资金危机

2016 年的乐视，一直处在风口浪尖上，其中关于其资金紧张的新闻就有很多（媒体的报道主要是针对大乐视概念）。

例如，被爆出其乐视体育因为版权合同欠款 1 亿元，其合同已被终止的传闻。

乐视汽车旗下的易到用车创始人爆料乐视挪用其资金 13 亿元，乐视控股发表声明说没有挪用，这是之前贷款时就说好的。

被爆出要将一年前刚花 29.72 亿元买回来的地产项目卖掉，缓解资金压力。

被爆出乐视网供应商找上门索要拖欠的货款。

被爆出贾跃亭本人所持乐视网股票质押股份近九成，累计达 6.14 亿股。

整个大乐视处于四处缺钱的状态，这势必会拖累上市公司乐视网。体现在乐视网报表上就是关联交易激增、关联应收款激增、经营现金流恶化（建立在所有的资金往来都客观公允地反映在乐视网报表上了，如果有没有反映的，就更糟糕）。

5. 我看乐视

我是最不希望乐视网出现危机的——我是乐视网的忠实付费用户！

乐视的大屏电视刚出来的时候，我家就买了一台回来。之后会员到期，我都会付费（偶尔小朋友看看动画片，理工男看个纪录片，我点播个电影之类的）。从一个消费者的体验来看，贾先生的终端战略是完全正确的，也是非常成功的。

我认为乐视需要做到以下几点。

第一，集中做影视内容产业和智能终端的“平台 + 内容 + 终端 + 应用”的完整生态系统，把这个做好就很棒了。据报道乐视致新（大屏）在2017年将扭亏为盈。在第三方专业媒体监测平台comScore发布的2016年视频网站日均UVTOP10榜单中，2016年1～8月乐视视频排名稳居第1名、第2名，9～12月保持排名位于前列。有媒体报道，保守估计乐视视频的付费用户今年年初或已突破3 000万。

在视频相关产业链上，我认为乐视是一家有实力、有竞争力的企业。

第二，保护好乐视网这个上市公司平台。

这种保护并不仅仅指的是靠集团构架、会计手法和关联交易来促成乐视网的业绩（就像乐视已经做的那样），而是在整个乐视大生态上，减少关联交易对乐视网的冲击，减少其他业务对乐视网资金的盘剥与需要，隔绝上市公司资金链与乐视其他生态链上的往来。

我建议将影视内容产业和智能终端的“平台 + 内容 + 终端 + 应用”这一个完整生态链纳入乐视网集团内，而将那些与这条生态链关联不大的子公司剥离出去。突出乐视网的经营脉络，减少关联交易。

看报道，贾先生也已经放话“未来将战略聚焦乐视网”，希望他能够做到。

从乐视网刚公布的一季度报表来看，其基本面还比较健康。收入同比增长6.21%，归母净利润同比增长8.76%（但是季度报表未经审计，也看不到关联交易幅度）。

第三，乐视电视打开时出现的这行字能不能改一改呢？

打开乐视电视，会出现开机广告语：“我不是一台电视，而是一套完整的大屏互联网生态系统！”

这条开机广告十分直白，可能乐视追求的就是这种直白？

“大屏生态，智联你我”。

“天天有乐视，欢迎进入乐视大屏互联网生态系统”。

反正就是把那句“我不是一台电视”改一下吧。

在2016年年初的乐视年会上，贾先生唱了一首《野子》：

“怎么大风越狠，我心越荡……我会变成巨人，踏着力气，踩着梦。”

栗子老师也被高唱这首歌的贾先生打动。

我多么想唱“哥哥你大胆地往前走呀，往前走，莫回呀头”，而不是“再回首，背影已远走；再回首，泪眼朦胧”。

总有更大的动作！——给所有有梦想的企业家。

4.6.2 隐藏在未确认递延所得税资产中的盈利预测

上一小节我们从总体上了解了乐视网的报表特征，这里我们聚焦到所得税的问题上来。栗子老师写作本小节的起因，是有读者在我的公众号后台留言提了一个问题。

读者：“之前在课堂上听到同学分享了乐视网的案例。老师，乐视网的所得税似乎也很奇怪，母公司通过子公司利润亏损的所得退税营造了合并公司盈利的假象，破坏了少数股东的权益。这是在课堂上听到的解释，但是我没有完全懂。希望栗子老师指点。谢谢老师！”

下面是乐视网2016年合并利润表的节选部分（见表4-46）。

表 4-46　乐视网 2016 年年报合并利润表节选　（单位：元）

四、利润总额（亏损总额以“–”号填列）	−328 708 520.87	74 169 222.09
减：所得税费用	−106 815 889.16	−142 947 603.47
五、净利润（净亏损以“–”号填列）	−221 892 631.71	217 116 825.56
归属于母公司所有者的净利润	554 759 227.43	573 027 173.33
少数股东损益	−776 651 859.14	−355 910 347.77

资料来源：摘自乐视网2016年年报。

这里大家可以看到，由于所得税费用是负数，所以净利润有一定改善，最终到归母净利润的时候就变成了正数。

这就是上面读者提的那个问题的由来。但是，他提问时的用词从财务角度讲并不准确。这里不是“所得退税”的问题，也很难说就是“破坏少数股权”。我无意对所得税会计做全面阐述，只从看报表的角度来谈一谈吧。

1. 所得税费用与递延所得税

1）相关的几个概念

所得税费用，是当期从会计的角度认为应当承担的所得税。

应交所得税，是按照税法规定计算应当交纳的所得税。

递延所得税资产，从利润表观的角度看，是应交所得税大于所得税费用的结果，因此是提前纳税的效果。但我们现在是资产负债表观，解释起来太费劲，大家需要知道和了解的就是，它的存在是用来增加未来的所得税费用的，即可能伴随的当期所得税费用较小。确认递延所得税资产表明企业和审计师认为该公司未来能够产生足够的应纳税所得额，足够抵减未来会变大的所得税费用（不然就不满足资产能够使企业未来受益的定义）。当这个隐含假设不存在的时候，就不能确认递延所得税资产。

递延所得税负债，从利润表观的角度来看，是应交所得税小于所得税费用的结果，因此是企业避税的效果。从资产负债表观的角度来看，它的存在会使得未来的所得税费用变小。

2）乐视网相关科目的情况

栗子老师搜集了乐视网合并报表和母公司报表上递延所得税资产、递延所得税负债和应交企业所得税等项目的数额，如表4-47和表4-48所示。

表4-47 乐视网所得税相关项目合并报表情况统计 （单位：亿元）

合并报表	2016	2015
递延所得税资产	7.63	5.07
递延所得税负债	0.03	0.01
应交企业所得税	1.72	1.75

注：应交企业所得税来自应交税费的附注。

表4-48 乐视网所得税相关项目母公司报表情况统计 （单位：亿元）

母公司报表	2016	2015
递延所得税资产	0.53	0.27
递延所得税负债	0.03	0.01
应交企业所得税	—	—

注：母公司报表应交税费分别为6.39亿元和4亿元，但是乐视网没有给出母公司该科目附注，无法查阅其中的所得税数额。

由此可知，对于乐视网来说，递延所得税负债非常小，主要是递延所得税资产较大，而且递延所得税资产绝大多数是由子公司带来的（因为母公司该数字较小）。那么具体是怎样的呢？我们看一看递延所得税资产的附注内容（见表4-49）。

表4-49 乐视网2016年年报“递延所得税资产”报表附注 （单位：元）

项目	期末余额		期初余额	
	可抵扣暂时性差异	递延所得税资产	可抵扣暂时性差异	递延所得税资产
内部交易未实现利润	169 073 742.93	25 361 061.44	188 929 607.36	47 232 401.84
可抵扣亏损	2 602 199 425.40	650 549 856.36	1 696 948 005.00	424 237 001.25
坏账准备	463 494 431.03	78 612 500.65	204 414 434.86	33 878 127.25
存货跌价准备	29 844 291.01	7 461 072.75	3 300 877.24	825 219.31
无形资产减值准备	5 023 702.04	753 555.31	5 164 022.99	788 635.54
融资租赁摊销利息	4 035 837.37	605 375.60	1 933 794.55	290 069.18
合计	3 273 671 429.78	763 343 422.11	2 100 690 742.00	507 251 454.37

资料来源：摘自乐视网2016年年报。

可见，这最主要是由可抵扣亏损导致的。

可抵扣亏损会形成递延所得税资产，主要是由于税法规定当期的亏损可以在以后5年内去抵减应纳税所得额，这就相当于能够使得未来受益，满足资产特征，因此当期可以确认递延所得税资产。请注意，栗子老师之前提到了，如果预计未来5年都不能产生足够的应纳税所得额的话，这就意味着这种使未来少交税的情况不会出现，也就不能确认递延所得税资产了。

因此，大家还可以去关注未确认递延所得税资产的明细，来看一看企业（或者审计师监督下的企业）认为有多少可抵扣亏损是未来可能用不上的，借以判断企业的状况。

3）结合未确认递延所得税资产附注判断

如表4-50所示，乐视网未确认递延所得税资产的可抵扣亏损由期初的1亿多元，上升到了5亿多元。但与已经确认递延所得税资产的26亿元可抵扣亏损相比，乐视网还是将绝大多数可抵扣亏损都确认了递延所得税资产。

表4-50　乐视网2016年年报“未确认递延所得税资产”报表附注　（单位：元）

项目	期末余额	期初余额
可抵扣暂时性差异	27 161 632.07	22 115.50
可抵扣亏损	513 689 800.64	113 377 435.58
合计	540 851 432.71	113 399 511.08

资料来源：摘自乐视网2016年年报。

4）结合所得税费用附注判断

如表4-51所示，2016年未确认递延所得税资产对当期所得税费用的作用是使得当期所得税费用增加的（不然所得税费用负数会更大，合并净利润会更高），这可以理解为当期有很多的可抵扣亏损没有被确认递延所得税资产，意味着审计师监督下的乐视网对某些子公司未来的盈利前景并不看好。（相信这个数字的得出，是审计师和乐视网协商斗争的结果。）

表4-51　乐视网2016年年报“所得税费用”报表附注　（单位：元）

项目	本期发生额
利润总额	−328 708 520.87
按法定/适用税率计算的所得税费用	−49 306 278.13
子公司适用不同税率的影响	−219 299 264.29
调整以前期间所得税的影响	0.00
非应税收入的影响	−125 039 578.71
不可抵扣的成本、费用和损失的影响	41 110 635.83
税法规定的额外可扣除费用的影响	−28 394 829.30
使用前期未确认递延所得税资产的可抵扣亏损的影响	0.00

（续）

项目	本期发生额
本期未确认递延所得税资产的可抵扣暂时性差异或可抵扣亏损的影响	274 113 425.44
所得税费用	−106 815 889.16

资料来源：摘自乐视网 2016 年年报。

让我们对比翻看一下乐视网 2015 年年报，如表 4-52 所示。

表 4-52　乐视网 2015 年年报“所得税费用”报表附注　（单位：元）

项目	本期发生额
利润总额	74 169 222.09
按法定 / 适用税率计算的所得税费用	11 125 383.31
子公司适用不同税率的影响	−100 921 882.08
调整以前期间所得税的影响	1 790 455.55
非应税收入的影响	−5 733 990.61
不可抵扣的成本、费用和损失的影响	7 698 456.25
使用前期未确认递延所得税资产的可抵扣亏损的影响	−17 397.95
本期未确认递延所得税资产的可抵扣暂时性差异或可抵扣亏损的影响	−18 263 852.04
税法规定的额外可扣除费用的影响	−38 624 775.90
所得税费用	−142 947 603.47

资料来源：摘自乐视网 2016 年年报。

可见，乐视网在 2015 年当期未确认递延所得税资产的影响是使得所得税费用进一步减小。一般这一项会是正数，为什么这里是负数，的确让人费解。栗子老师猜测可能是乐视网将其他一些不知道该放在哪里的项目放在了这一项。具体是什么事项导致的，真的只有填表的人最清楚了。

所以，我们看到乐视网 2016 年年报附注中的 2.74 亿元调增所得税费用是很有意思的。这中间隐含着审计师和乐视网对其亏损子公司盈利前景的判断。

即便是这样，大家应该意识到，乐视网已经就可抵扣亏损确认了高达 7 亿多元的递延所得税资产，从而使得净利润更高。而这是建立在未来子公司可以产生足够盈利的假设基础上的。

我们应该明白以下两点。

第一，公司经营亏损，由于可抵扣亏损的存在，使其在未来所得税上可能受益，因此确认递延所得税资产，从而使公司当期净利润得到提高。

第二，在当期未确认递延所得税资产中可抵扣亏损越多，表明企业对未来盈利前景越不看好。

2. 归母净利润与少数股东损益

上面解释了合并净利润是如何得到的，−3 亿元的利润总额减去 −1 亿元的所得税费用，合并净利润应为 −2 亿元。但是乐视网 2016 年年报合并利润表中归母净利润却是正的 5.5 亿元。在这位朋友的提问中，他认为这是对少数股东进行了盘剥，将亏损都归为少数股东了。

这里首先要了解少数股东损益是如何产生的。

子公司经营产生的净利润是子公司所有股东按照持股比例来分享的，其中属于母公司的部分就计入归母净利润，余下的自然是少数股东权益。这里为什么合并净利润是负数，但归母净利润却是正数呢？

1）母公司净利润及其可操纵性

先来看看 2016 年母公司利润表中的结果，如表 4-53 所示。

表 4-53　乐视网 2016 年母公司利润表节选　（单位：元）

二、营业利润（亏损以“−”号填列）	1 181 336 491.27	705 253 439.27
加：营业外收入	5 316 277.23	21 878 100.00
其中：非流动资产处置利得		
减：营业外支出	30 751 005.32	32 021 151.37
其中：非流动资产处置损失	30 746 461.27	
三、利润总额（亏损总额以“−”号填列）	1 155 901 763.18	695 110 387.90
减：所得税费用	84 437 828.83	73 110 298.64
四、净利润（净亏损以“−”号填列）	1 071 463 934.35	622 000 089.26

资料来源：摘自乐视网 2016 年年报。

母公司的净利润近 11 亿元。但是母公司利润的可塑性是非常大的（栗子老师在第 8 章中将继续论述母公司报表的可塑性问题），母公司尽可以把货卖给子公司（或者其他关联方），这样就可以实现利润。就集团来说，真正重要的、可以参考的应该是合并净利润。

让我们看看主要子公司的情况，如表 4-54 所示。

乐视致新亏损近 6.4 亿元，乐视电子商务亏损近 7.4 亿元。

最主要的原因是这两个子公司亏损导致乐视网合并报表亏损。因此，2016 年乐视网要把乐视电子商务剥离出去，避免合并利润被其拖累（具体案例分析见第 8 章 8.2 节）。但最终利润表还是将其合并进来了。

2）集团控股结构及其报表体现

为什么归母净利润是正数？这里很大程度上要归功于乐视电子商务的股权结构设计。前面提到，乐视网只持有乐视电子商务 30% 的股份，但是由于乐视控股将其持有的 40% 的股份投票权全权委托给乐视网，使得乐视网实际上控制电子商务，因此需要合并。但是合并利润中毕竟只有 30% 是属于乐视网的，因此在 7.3 亿元的亏损额中，大概只有 2.2 亿元是归属于母公司乐视网，而余下的 5.1 亿元都属于少数股东。栗子老师简单地画一下亏损的乐视致新和乐视电子商务对归母净利润的影响（见图 4-40）。

表 4-54　乐视网主要子公司及参股公司情况

（单位：元）

公司名称	公司类型	主要业务	注册资本	总资产	净资产	营业收入	营业利润	净利润
乐视致新电子科技（天津）有限公司	子公司	产品生产、销售	265 040 001.00	10 880 700 191.70	−799 987 140.57	16 081 572 929.21	−855 550 208.58	−635 656 753.31
乐视云计算有限公司	子公司	数据处理、软件	795 143 958.00	2 213 015 216.64	1 396 708 510.01	1 201 397 654.21	−54 055 817.79	−17 619 903.34
乐视网（天津）信息技术有限公司	子公司	信息技术	360 000 00.00	4 306 050 530.06	776 587 581.58	948 478 609.66	143 467 765.07	135 657 859.41
东阳市乐视花儿影视文化有限公司	子公司	影视文化	100 000 000.00	750 617 174.76	615 117 399.74	266 586 735.92	140 753 050.34	120 603 119.51
霍尔果斯乐视新生代文化传媒有限公司	子公司	会员业务	10 000 000.00	2 394 994 836.69	267 290 029.54	2 982 434 587.84	171 494 352.16	171 494 352.16
乐视电子商务（北京）有限公司	子公司	电子商务	10 000 000.00			4 898 685 585.57	−736 158 230.77	−736 888 088.63

资料来源：摘自乐视网 2016 年年报。

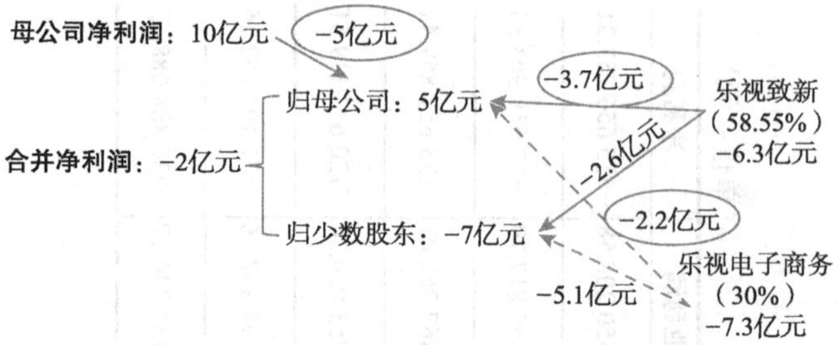

图 4-40　亏损子公司对归母公司净利润的影响示意图

请大家注意这里仅仅是简单示意图，因为没有考虑内部交易，也没有考虑其他子公司对合并净利润的影响。（不过其他子公司对合并净利润的影响应该没有乐视致新和乐视电子商务大，这两家应该是最主要的影响因素了。）而这足以说明我想要说明的问题。

从这个案例中，我们可以看出在集团股权架构设计上，如果像乐视网对乐视电子商务这般，持股比例很小，但是通过与其他股东的协议达成控制，就可以做到归母净利润较小，而属于少数股东的损益较多。（如果子公司是盈利的，少数股东就可以占母公司的便宜了。只不过在乐视这里，子公司是亏损的，所以就成了大部分亏损由少数股东承担了。）

我们观察附注中企业集团的构成，如表 4-55 所示。

表 4-55　乐视网企业集团的构成

子公司名称	主要经营地	注册地	业务性质	持股比例（%）		取得方式
				直接	间接	
乐视网（天津）信息技术有限公司	天津	天津	信息技术	100.00		投资
北京乐视流媒体广告有限公司	北京	北京	广告发布	100.00		投资
乐视网信息技术（香港）有限公司	香港	香港	信息技术	100.00		投资
乐视网（上海）信息技术有限公司	上海	上海	信息技术	100.00		投资
乐视致新电子科技（天津）有限公司	天津	天津	产品生产、销售	58.55		投资
乐视网文化发展（北京）有限公司	北京	北京	文艺交流、发布广告	51.00		投资
乐视新媒体文化（天津）有限公司	天津	天津	信息技术	100.00		发行股份购买资产
东阳市乐视花儿影视文化有限公司	东阳	东阳	影视文化	100.00		发行股份购买资产
乐视云计算有限公司	北京	北京	数据处理、技术服务	50.00		投资

（续）

子公司名称	主要经营地	注册地	业务性质	持股比例（%）		取得方式
				直接	间接	
霍尔果斯乐视新生代文化传媒有限公司	新疆	新疆	会员业务	100.00		投资
重庆乐视小额贷款有限公司	重庆	重庆	贷款业务	100.00		投资
乐视原创（北京）文化传媒有限公司	北京	北京	文化艺术交流	100.00		投资
乐视财富（北京）信息技术有限公司	北京	北京	互联网金融	100.00		投资
樂想控股有限公司	香港	香港	—	100.00		投资
乐视电子商务（北京）有限公司	北京	北京	零售	30.00		投资

注：乐视电子商务（北京）有限公司自2016年12月31日起不再纳入合并报表范围。
资料来源：摘自乐视网2016年年报。

可见，表4-55中的乐视致新、乐视网文化发展、乐视云计算和乐视电子商务这四家子公司会导致少数股东损益。

我们再看非全资子公司对少数股权权益的影响，如表4-56所示。

表4-56 乐视网重要的非全资子公司 （金额单位：元）

子公司名称	少数股东持股比例（%）	本期归属于少数股东的损益	本期向少数股东宣告分派的股利	期末少数股东权益余额
乐视致新电子科技（天津）有限公司	41.45	−263 479 724.25	0.00	−331 594 669.77
乐视网文化发展（北京）有限公司	49.00	−142 049.10	0.00	1 607 641.72
乐视云计算有限公司	50.00	−3 763 475.07	0.00	577 366 424.45

资料来源：摘自乐视网2016年年报。

在表4-56中没有列出乐视电子商务，因为乐视电子商务从2016年年底起不再纳入资产负债表的合并范围了，但是利润表还是合并的。所以大家能够看到当期属于少数股东的损益中有5.3亿元是乐视电子商务带来的。

从表4-56中可以看到，这四家非全资子公司全部是亏损的。

所以，这里说成盘剥少数股东也不合适。合并净利润在归母和归少数之间产生如此大差异的原因，就在于母公司对子公司的持股比例（30%）与其控制程度（70%）不成比例。事实上，这里的少数股东大多数也是同属贾先生控制下的关联企业。

这是对读者提出问题的一点儿小解释。

乐视，想做的事情太多、太大，现在就是缺钱！

4.7 商誉是不是“炸弹”：掌趣科技的巨额商誉

这两天我看到一些报道，谈到掌趣科技目前账上累计的商誉已经高达56亿元，占总资产的55%，认为这些商誉一旦减值，会给掌趣科技的报表带来致命性的打击。这么说有一定的道理。这一节写给那些财务知识不是特别扎实，不知道商誉是什么的朋友。

4.7.1 什么是商誉

我问过很多没有财务基础的朋友这个问题，得到最多的答案是“企业的品牌”“企业的信誉”“企业的口碑”等。从会计的角度看，这些答案都不对。财务报表上的商誉只有可能在合并报表上出现，公司个别报表上是不可能有的，即它只是一个合并报表过程中产生的项目。

很多朋友会在高级财务会计的合并分录中被绕晕。栗子老师举最简单的例子来说明为什么商誉会出现在合并报表中（见图4-41）。

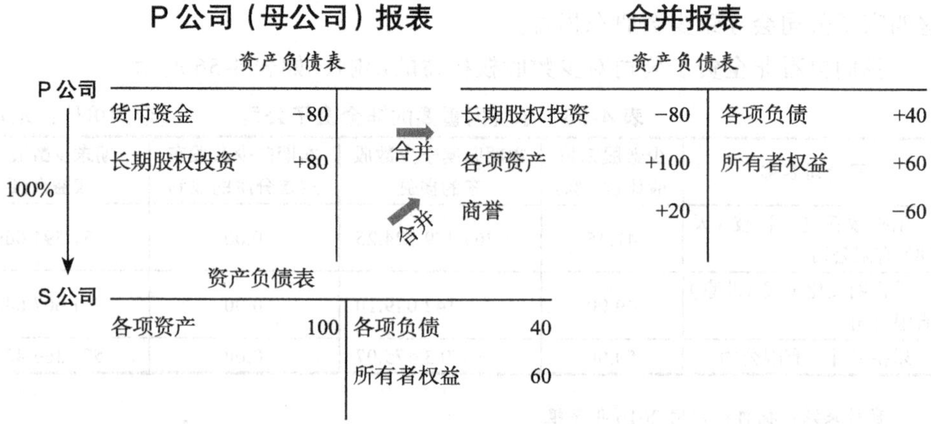

图4-41　商誉产生示意图

在这个例子中，P公司出资80元，100%控股S公司。当买S公司股权的时候，P公司一定是评估过S公司的各项资产和负债的价值，进而决定了其可辨认净资产的价值是60元。但是P公司依然决定花80元来买，原因可能有很多，总之它愿意花80元来买S公司全部股权。于是在P公司自己的资产负债表上，现金减少80元，长期股权投资增加80元。

但是P公司现在成了母公司，除了编自己的报表之外，还需要编制合并报表。所谓合并，就是把母子公司报表加起来，将子公司的资产、负债、权益都列进来。但是，注意了，母公司的长期股权投资对应着子公司的权益，这个属于集团内部交易，需要抵销。长投减少80元，权益减少60元，报表就编不平了。写上商誉20元，它就平了。

这就是商誉！

它代表了并购时母公司支付的价款超过了被合并方可辨认净资产公允价值的那一部分，是母公司在并购日那个时点愿意给出的溢价金额。

它必须是被并购交易做实了的数字，绝不是企业自创品牌、自创口碑的价值。

4.7.2　大额的商誉说明什么

大额的商誉说明这家企业过去进行了大量的并购，采用了外延式扩张和增长的战略。商誉金额巨大也意味着在并购过程中企业给了很高的溢价。至于这种溢价是不是合理，是否存在管理层寻租、将资金导出公司体外、伺机未来创造利润等不规范操作，还需要认真思考和判断。

栗子老师找来掌趣科技的报表，看到掌趣科技的商誉经历了四个发展阶段。每一次商誉数字的跳跃，都意味着又进行了重大的并购事项，如图4-42所示。

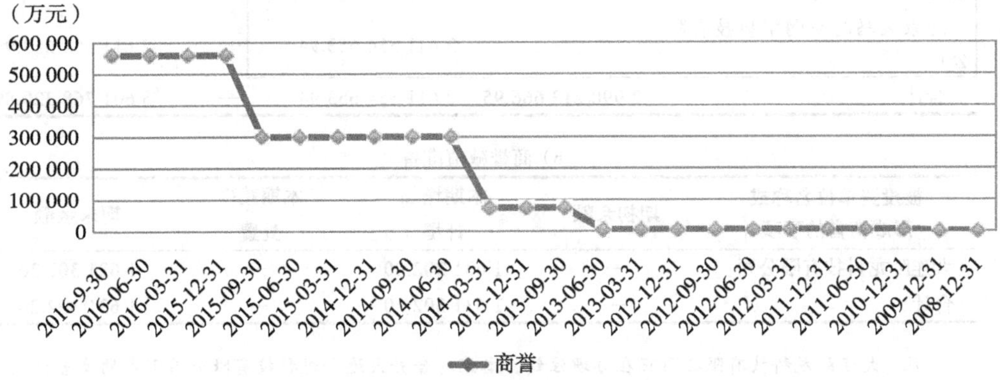

图4-42　掌趣科技商誉趋势图

在2013年6月之前，商誉为2 000多万元，此时属于合并范围的有5家子公司。

2013年9月至2014年3月，商誉超过7亿元，主要是因为收购了动网先锋。

2014年6月至2015年9月，商誉将近30亿元，主要是因为收购了玩蟹科技和上游信息。

2015年12月至2016年9月，商誉跃上56亿元，主要是因为收购了天马时空，此时属于合并范围的有16家子公司。

我们可以看看掌趣科技2015年年报中披露的商誉附注内容（见表4-57）。

我们可以看到主要是框中的四家公司有巨额的并购溢价，导致其报表上商誉的价值猛增。

掌趣科技在年报中多处强调自己是“内生＋外延”的发展方式，其2015年年报中，可供出售金融资产下有15家参股企业，长期股权投资下有7家联营企业，再加上刚才提到的16家子公司，它的确在外延增长上比较用功。

表4-57 掌趣科技2015年年报商誉附注

a）商誉账面原值

被投资单位名称或形成商誉的事项	期初余额	本期增加	本期减少	期末余额
		企业合并形成	处置	
北京华娱聚友科技发展有限公司	2 886 245.39	—	—	2 886 245.39
广州市好运通讯科技有限公司	5 021 389.28	—	—	5 021 389.28
大连卧龙科技有限公司	1 631 302.20	—	—	1 631 302.20
北京富姆乐信息技术有限公司	11 978 207.60	—	—	11 978 207.60
海南动网先锋网络科技有限公司	719 661 410.07	—	—	719 661 410.07
北京玩蟹科技有限公司	1 527 986 390.12	—	—	1 527 986 390.12
上游信息科技（上海）有限公司	721 048 722.29	—	—	721.048 722.29
北京天马时空网络科技有限公司	—	2 611 554 653.94	—	2 611 554 653.94
合计	2 990 213 666.95	2 611 554 653.94	—	5 601 768 320.89

b）商誉减值准备

被投资单位名称或形成商誉的事项	期初余额	本期增加	本期减少	期末余额
		计提	处置	
大连卧龙科技有限公司	—	1 631 302.20	—	1 631 302.20
合计	—	1 631 302.20	—	1 631 302.20

注：大连卧龙科技有限公司正在办理注销，本期对合并大连卧龙科技有限公司形成的商誉全额计提减值准备。

资料来源：摘自掌趣科技2015年年报。

4.7.3 什么是商誉的减值

关于商誉减值在准则上说的非常复杂，又是资产组又是资产组组合的。其实说白了就是如果子公司经营得不尽如人意，那就说明子公司不值那么多钱买，原来花了那么多钱买，就是亏了。根据谨慎性原则，公司必须立刻确认损失。

所以，我们看计提与否和计提多少都是管理层说了算的。一般管理层也会倾向于集中在某一年实在是不能拖的时候，一笔确认巨额的减值损失。但事实上，这种减值可能一直以来都在发生。图4-43给出了掌趣科技的商誉占总资产的比例。

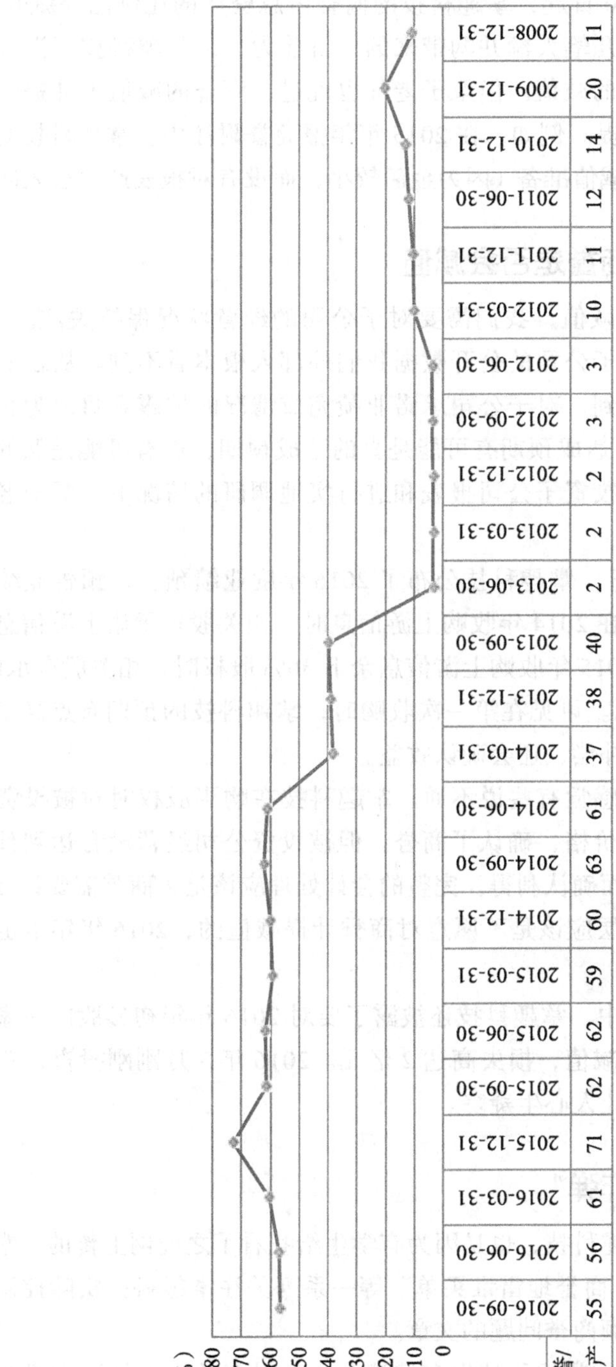

图 4-43　掌趣科技商誉占总资产比例

自 2014 年 6 月 30 日起，掌趣科技的商誉占总资产的比例已经飙升至 60% 左右，这的确是之前的几笔大额并购带来的。目前为止，掌趣科技还没有为这几次大额并购计提过商誉的减值。但栗子老师也说过，商誉的减值不计提则已，一计提就会比较集中地计提。例如，在 2015 年年报商誉附注中，掌趣科技对子公司大连卧龙就全额计提了减值准备（因为金额较小，而没有对报表产生过大冲击）。

4.7.4 如何判断商誉是否会减值

要判断商誉是否减值，我们需要对子公司的经营状况保持关注。但事实上，十分困难的地方在于子公司的公开数据我们外部人根本看不到。从之前披露的各期定期报告中可以看到，对子公司承诺业绩完成情况的披露到目前为止，基本都是达成预期的状态。（达成预期有可能是真的达成预期，也有可能是假的。这个必须建立在能够拿到被投资子公司报表和进行实地调研的情况下，栗子老师不敢妄言。）

2017 年 1 月 26 日，掌趣科技公布了 2016 年度业绩预告，预告业绩与去年基本持平。其中提到了在 2014 年收购上游信息时，相关股东承诺上游信息实现净利润 19 000 万元；在 2015 年收购上游信息余下 30% 股权时，相关股东承诺 2016 年实现利润 13 400 万元。可见在第一次收购时，掌趣科技的预期有点高了。而现在公司会因为对赌得到补偿，还会确认收益。

这样的会计处理感觉有些说不通。掌趣科技在购买股权时对被投资公司预期过高了，出了很高的价格，确认了商誉。但被投资公司经营没有达到预期，投资方反而因为得到补偿而确认利得。完整的会计处理应该是，商誉需要计提减值。

但我猜，其管理层应该是不愿意对商誉计提减值的，2016 年年报也的确没有提及。

在这份业绩预告中，掌趣科技还披露了要对 2016 年年初参股的一家韩国公司的长期股权投资计提减值，损失高达 2 亿元。2016 年 3 月刚刚投资，年末就计提了大额减值，这不禁让人心生疑窦。

4.7.5 商誉与“炸弹”

栗子老师关注掌趣科技，也是因为有学生给我看了之前网上传的“掌趣科技高管席卷 30 亿元离场，商誉地雷谁买单”等一系列关注掌趣科技实际控制人和高管变动，以及报表上高额商誉问题的文章。

2017 年 3 月 7 日，掌趣科技发布澄清公告，对有关媒体报道中股东减持行为的信息进行了澄清，强调了现任董事长、总经理和董秘不仅没有减持，反而有增持行为，并且仍然在职（之前，网传各位领导都已经辞职）。

如图 4-44 所示，伴随着并购，掌趣科技实现了收入和利润的快速增长。其明星产品拳皇来自玩蟹科技，全民奇迹来自天马时空。毫无疑问，这两款游戏应该为掌趣科技贡献了收入和利润的绝大部分。

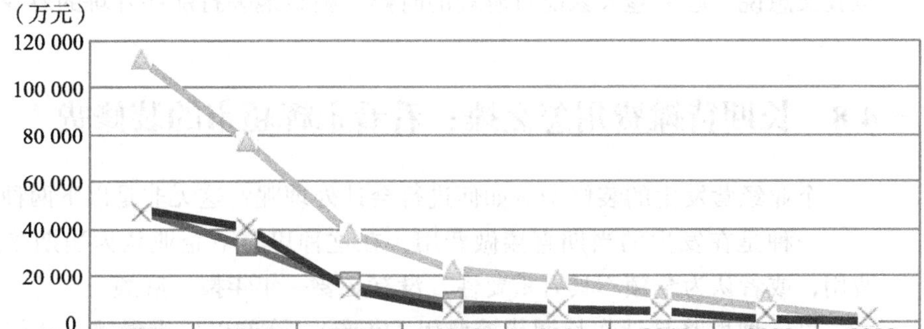

	2015	2014	2013	2012	2011	2010	2009	2008
净利润	47 041	33 059	15 362	8 230	5 569	4 133	1 372	260
营业收入	112 378	77 476	38 050	22 536	18 364	11 731	5 890	1 542
经营现金流量净额	48 467	40 866	14 046	5 228	5 461	4 193	1 541	62

图 4-44　掌趣科技业绩趋势图

我们需要看到以下几点。

第一，掌趣科技的原实际控制人和其他一些大股东的确有大额减持行为。这个出于什么想法呢？栗子老师只能说人各有所想，也许江湖拼杀太累了，厌倦红尘，游山玩水去了；也许见好就收，落袋为安了；也许内部经营理念分歧太大，派系斗争太累心了；也许做太上皇了。栗子老师不知道。

第二，管理层应该还会在并购这条路上走下去。目前掌趣科技又处于停牌状态，听说它要去并购某家拥有数字媒体版权 IP 的公司。

第三，高溢价并购的确会面临减值风险，即这个团队和产品究竟是否值这么多钱。甚至有可能在这个过程中出现一些不规范的操作，用于资金体外循环，反哺上市公司（栗子老师只是泛指可能存在这种现象，并不针对掌趣科技）。

媒体上的报道有时候用词耸人听闻了一点儿，但我觉得掌趣科技的确值得关注。高额商誉如果伴随合并报表中收入和利润高速增长的话，就说明并购在短时期内成功。同时还需要持续关注子公司经营状况来确定商誉的减值问题。

栗子老师年轻时候曾经不睡觉玩过《仙剑奇侠传》，那大概是我玩得最投入的一个游戏了。至于现在，栗子老师能说自己在看报表中找到了打怪升级的快感吗？

我很好奇现在玩游戏的年轻人，当他们成家立业、工作养家时，是否还会打游戏（职业选手除外）。我想，在时间分配上肯定会下降（看栗子老师就没有打游戏的时间）。我想跟学生说，如果不是想照着职业选手的路走，真的不用花那么多时间在游戏上。不过转念一想，这就像我看不进去《微微一笑很倾城》，而宁愿晚上不睡觉刷剧《 this is us 》，然后哭成泪人一样，这充分说明我就是中年人了。于是我又想说，赶紧趁大家能打游戏的时候，狠狠地去打那些好玩的游戏吧。

4.8 长期待摊费用怎么摊：看看永辉超市的装修费

企业经营发生的装修费应如何进行会计处理呢？这无非是以下两种思路。

一种是在发生的当期直接做费用，在这种思路下企业认为当期受益当期确认费用，或者认为金额不具有重要性，没有必要一年年摊，麻烦。

另一种思路是计作长期待摊费用（资产），等着以后慢慢摊。这就会使得当期费用减少，从而当期利润增加。而且以后分多少年摊呢？各家企业自己定。所以长期待摊费用特别容易成为利润的调节器。它是纯粹的权责发生制下的产物。

在这一节中，栗子老师用装修费给大家举个例子，说明在对长期待摊费用进行分析时需要注意的事项。我用永辉超市来举例，因为一般超市经营租用场地，需要对场地进行一定的装修改造以满足它的经营需要，所以对于超市零售行业来说长期待摊费用可能会成为资产上相对重要的一项。

4.8.1 永辉超市的规模

根据其 2016 年年报，永辉超市（601933）在细分行业（百货零售）中收入规模是排名第一的。我选用了红旗连锁（002697）与它比较，这两家都是以连锁超市作为主要业态的，具有可比性。红旗连锁在百货零售行业中收入排名第 27 位。

永辉超市于 2010 年 12 月上市，在福建福州起家，目前已经辐射至全国主要省市如北京、江苏、安徽等。

红旗连锁于 2012 年 9 月上市，在四川成都起家，目前经营范围主要在四川。

1. 收入规模

如图 4-45 所示，永辉超市的收入趋势非常漂亮，相比较而言红旗连锁就没有那么好看了。2016 年永辉超市实现营业收入 492 亿元，是红旗连锁 63 亿元的将近 8 倍。

如图 4-46 所示，近两年永辉超市的收入环比增速放缓了。整个零售业正在洗牌，永辉超市也不能幸免。这些企业都在积极思索如何实现消费升级的问题。

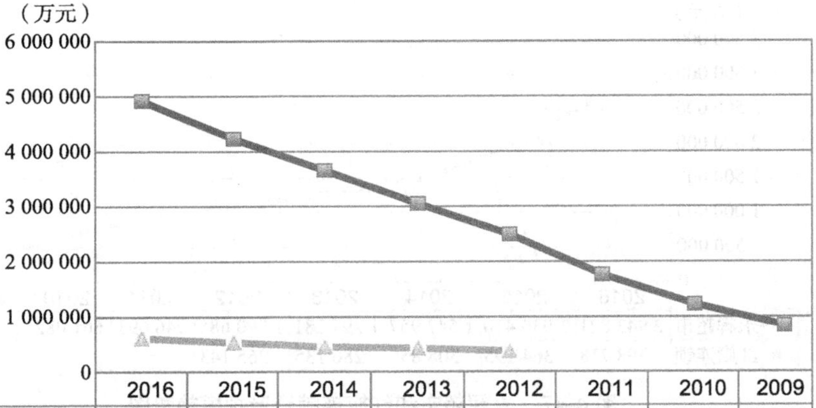

	2016	2015	2014	2013	2012	2011	2010	2009
永辉超市	4 923 165	4 214 483	3 672 680	3 054 282	2 468 432	1 773 156	1 231 650	847 482
红旗连锁	632 163	548 618	476 421	443 704	390 515			

图 4-45　永辉超市和红旗连锁收入趋势图

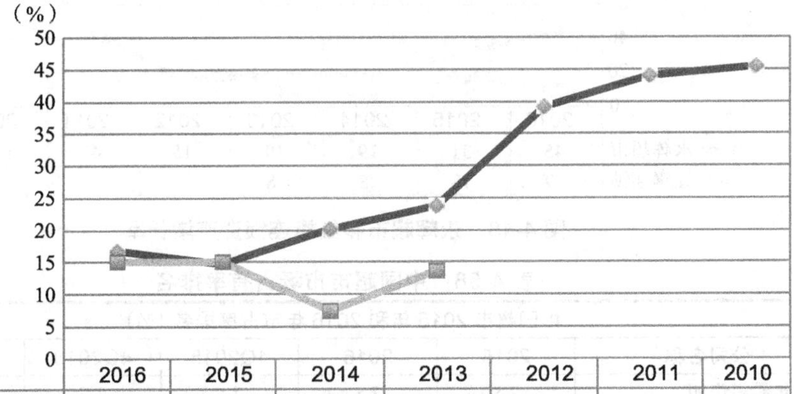

	2016	2015	2014	2013	2012	2011	2010
永辉超市	17	15	20	24	39	44	45
红旗连锁	15	15	7	14			

图 4-46　永辉超市和红旗连锁收入增长率

2. 资产规模

如图 4-47 所示，从资产规模上来看，永辉超市 2016 年年底资产规模达到 294 亿元，是红旗连锁资产规模 40 亿元的 7 倍多。

如图 4-48 所示，从资产环比增速来看，永辉超市资产规模的扩张速度要远高于红旗连锁。永辉超市已经开始全国布局，红旗连锁还是在省内布局。

总之，永辉超市在国内上市公司的百货零售行业内是收入排名第一，其规模是红旗连锁的 7 至 8 倍。但对于国内超市零售业来说，永辉超市算是后起之秀，也还称不上老大（见表 4-58）。

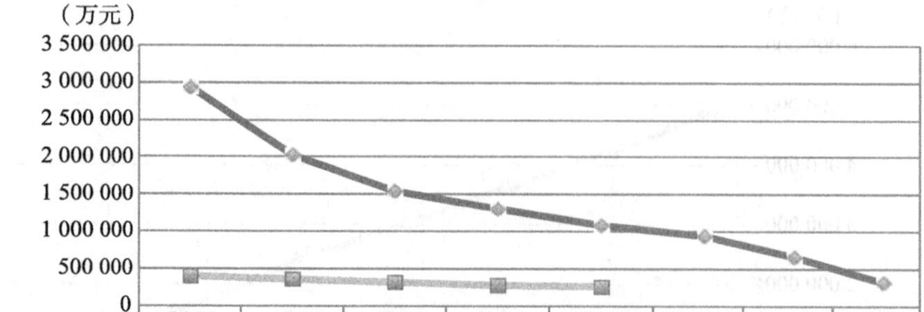

	2016	2015	2014	2013	2012	2011	2010	2009
永辉超市	2 943 821	2 030 410	1 547 957	1 297 281	1 090 685	946 693	661 082	316 828
红旗连锁	398 718	364 195	308 855	286 135	265 143			

图 4-47　永辉超市和红旗连锁资产规模趋势图

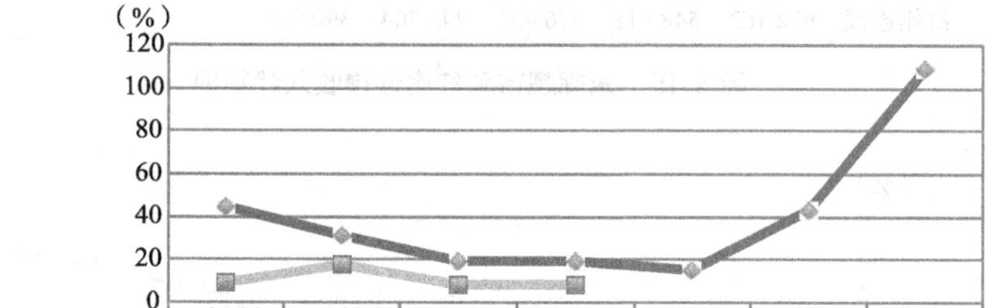

	2016	2015	2014	2013	2012	2011	2010
永辉超市	45	31	19	19	15	43	109
红旗连锁	9	18	8	8			

图 4-48　永辉超市和红旗连锁资产增长率

表 4-58　中国超市市场占有率排名

中国超市 2015 年和 2016 年市占率排名（%）					
公司名称	2015	2016	4Q2015	4Q2016	变动（百分点）
高鑫零售集团	7.5	7.8	7.5	7.7	0.2
——欧尚	1.2	1.3	1.2	1.3	0.1
——大润发	6.2	6.5	6.3	6.4	0.1
华润万家集团	6.5	6.2	6.3	6.1	−0.2
——乐购	1.0	0.9	1.0	0.8	−0.2
沃尔玛集团	4.8	4.9	4.8	5.0	0.2
家乐福	3.3	3.1	3.2	3.1	−0.1
永辉超市	2.2	2.8	2.3	2.9	0.6
百联集团	2.8	2.8	2.9	2.8	−0.1
武商联集团	1.5	1.7	1.6	1.9	0.3
物美集团	1.6	1.7	1.7	1.9	0.2
SPAR	1.2	1.3	1.2	1.3	0.1
步步高（含南城百货）	1.1	1.0	1.0	1.1	0.1

资料来源：凯度咨询，海通证券研究所。

如表 4-58 所示，超市零售业在国内的市场份额中是非常分散的，永辉超市已经挤进前五。由原来的一家地方性超市起家，在如此分散的市场中取得这样的成绩是很了不起的。下面让我们看一看永辉超市在一些常规财务指标中的表现。

4.8.2　永辉超市的主要财务指标

1. 短期偿债能力相关指标

永辉超市和红旗连锁短期偿债能力指标如表 4-59 所示。

表 4-59　永辉超市和红旗连锁短期偿债能力指标

年份		2016	2015	2014	2013	2012	2011	2010
流动比率	永辉超市	2.05	1.50	0.93	1.08	0.98	1.15	1.82
	红旗连锁	1.01	1.25	0.96	1.24	2.08		
速动比率	永辉超市	1.37	0.83	0.37	0.47	0.41	0.56	1.14
	红旗连锁	0.29	0.57	1.29	0.43	1.26		
平均收账期	永辉超市	2.18	0.92	1.04	1.65	2.12	1.62	1.60
	红旗连锁	1.13	0.68	0.39	0.41			
存货持有天数	永辉超市	44.72	42.94	43.59	45.99	48.41	47.75	38.53
	红旗连锁	74.55	67.53	66.78	70.86			
预付款项持有天数	永辉超市	11.64	12.78	13.78	12.48	12.97	13.36	14.25
	红旗连锁	20.63	18.30	19.70	22.61			
应付账款持有天数	永辉超市	54.33	55.45	56.00	54.01	49.93	41.64	32.67
	红旗连锁	93.35	89.52	86.68	84.08			
预收款项持有天数	永辉超市	10.17	9.38	9.29	9.66	8.49	7.11	5.56
	红旗连锁	11.27	9.84	9.88	10.58			
应付职工薪酬持有天数	永辉超市	3.02	2.90	2.45	1.88	1.82	1.79	1.51
	红旗连锁	1.22	1.57	1.42	1.26			
应交税费持有天数	永辉超市	1.87	2.27	2.79	2.74	2.73	2.21	1.79
	红旗连锁	2.61	2.77	2.99	3.05			
净营运周期	永辉超市	−10.85	−13.36	−12.12	−8.18	0.52	9.98	12.85
	红旗连锁	−12.14	−17.19	−14.10	−5.08			
经营现金流量净额 / 流动负债	永辉超市	0.19	0.19	0.23	0.26	0.29	0.11	0.27
	红旗连锁	0.15	0.12	0.24	0.26	0.20		

从目前来看，两家公司目前的短期偿债能力都没有什么问题。而且两家公司的净营运周期均为负数，都是 OPM 战略成功运用的典范。只不过具体到两家公司的各个指标上则有所不同。永辉超市由于生鲜类占收入比重较大（45%），因此存货持有天数较短（红旗连锁没有给出生鲜的具体占比，其食品类占营业收入的50%，因此生鲜的占比应该会小很多）。但是红旗连锁的应付账款持有天数更长，

栗子老师猜测这是在四川本省长期经营的缘故，更能够充分利用当地供应商的融资。总之，最后下来，两家企业的净营运周期相差不大。而且经营活动现金流量都比较健康，短期之内不会有偿债危机。

2. 长期偿债能力相关指标

如表 4-60 所示，两家企业都不怎么向银行借钱。永辉超市之前还有一些借款，但在 2015 年和 2016 年都还清了，没有有息负债。红旗连锁的有息负债也非常少。目前，两家公司的资本结构都非常稳健。

表 4-60　永辉超市和红旗连锁长期偿债能力指标

年份		2016	2015	2014	2013	2012	2011	2010
资产负债率（%）	永辉超市	35	40	58	54	59	57	42
	红旗连锁	45	44	38	38	36		
有息负债/总资产（%）	永辉超市	0	0	9	7	6	14	16
	红旗连锁	3	0	0	0	0		
利息保障倍数	永辉超市	—	—	11.1	10.8	4.8	12.9	6.6
	红旗连锁	24.61	56.08	151.1	—	59.3		

3. 营运能力相关指标

如表 4-61，永辉超市利用资产产生收入的能力高于红旗连锁，这也是规模效应的体现。

表 4-61　永辉超市和红旗连锁营运能力指标

年份		2016	2015	2014	2013	2012	2011	2010
总资产周转率	永辉超市	1.98	2.36	2.58	2.56	2.42	2.21	2.52
	红旗连锁	1.66	1.63	1.60	1.61			
固定资产周转率	永辉超市	16.10	14.72	14.48	13.81	13.68	15.34	18.82
	红旗连锁	5.90	6.66	7.11	6.96			

4. 盈利能力相关指标

如表 4-62 所示，永辉超市毛利率较低，这应该是由于生鲜占比较大的缘故。

如表 4-63 所示，在永辉超市 2016 年年报中也可以看到，生鲜的毛利率的确是最低的。而净利率在多数年份中永辉超市不如红旗连锁，但在 2016 年略高于红旗连锁。

超市是典型的薄利多销型企业，我们可以看到不论是永辉超市还是红旗连锁其净利率都非常低，只有靠高周转率来提升总资产的收益率。从表 4-61 的周转率指标中我们已经看到，永辉超市和红旗连锁的周转率分别是 1.98 和 1.66，永辉超市卖得更快（生鲜不卖快一点就烂掉了）。上市公司周转率的中位数是 0.5，所以不要觉得 1.98 这个值很普通，这已经是非常快的周转率了。

表 4-62　永辉超市和红旗连锁盈利能力指标　（%）

年份		2016	2015	2014	2013	2012	2011	2010
毛利率	永辉超市	20	20	20	19	20	19	19
	红旗连锁	27	27	26	27			
净利率	永辉超市	3	1	2	2	2	3	2
	红旗连锁	2	3	4	4			
总资产收益率	永辉超市	5	3	6	6	5	6	6
	红旗连锁	4	5	6	6			
净资产收益率	永辉超市	8	6	14	14	12	12	13
	红旗连锁	7	9	9	9			

表 4-63　永辉超市 2016 年年报主营业务分产品构成情况

分产品	营业收入（元）	营业成本（元）	毛利率（%）	营业收入比上年增减（%）	营业成本比上年增减（%）	毛利率比上年增减（%）
生鲜及加工	22 002 435 418.25	19 065 661 013.36	13.35	18.89	18.15	0.54
食品用品	23 371 870 151.79	18 946 721 762.28	18.93	20.10	19.26	0.57
服装	1 337 927 471.75	957 272 204.05	28.45	−40.07	−38.55	−1.77

资料来源：摘自永辉超市 2016 年年报。

永辉超市由于周转率较高，使得其总资产收益率略高于红旗连锁。再考虑到永辉的资产负债率也略高，因而最后其净资产收益率略高于红旗连锁。

但是，永辉超市 2016 年 8% 的净资产收益率的确不能算是令人惊艳的。这是从之前还可以的 14% 的净资产收益率降下来的，永辉超市被时代大潮裹挟，也受到零售行业大洗牌的影响。

4.8.3　永辉超市的长期待摊费用

以上分析建立在我们对永辉超市的报表拿来就用的基础上，建立在我们认为其报表真实公允地表达了企业业绩的基础上。

接下来，让我们看看在永辉超市中比较重要的一项资产——长期待摊费用。

1. 长期待摊费用及其占比

我们分别来看一下在永辉超市、红旗连锁合并报表上长期待摊费用的数额、增长率与占总资产比重等数据，如图 4-49 和图 4-50 所示。

可见，永辉超市随着其快速扩张和发展，装修门店等费用计入长期待摊费用，占总资产的 10% 左右。而红旗连锁近两年长期待摊费用增长较快，但占总资产的

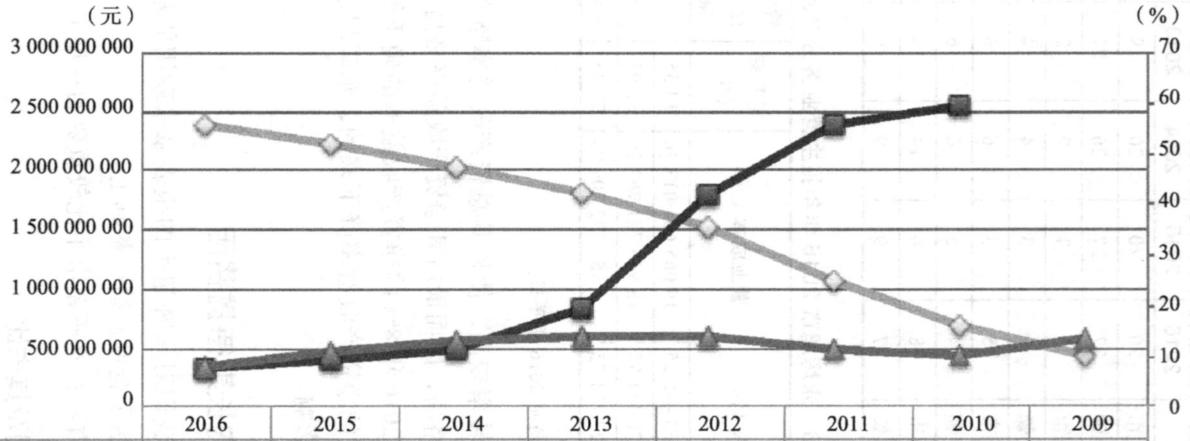

	2016	2015	2014	2013	2012	2011	2010	2009
长期待摊费用	2 393 669 066	2 219 277 643	2 026 467 824	1 815 830 770	1 522 051 473	1 072 337 838	688 727 059	432 384 492
环比增长率（%）	8	10	12	19	42	56	59	
占总资产比重（%）	8	11	13	14	14	11	10	14

图 4-49　永辉超市长期待摊费用的趋势及占比

比重还是偏小，不是一项特别重要的资产。

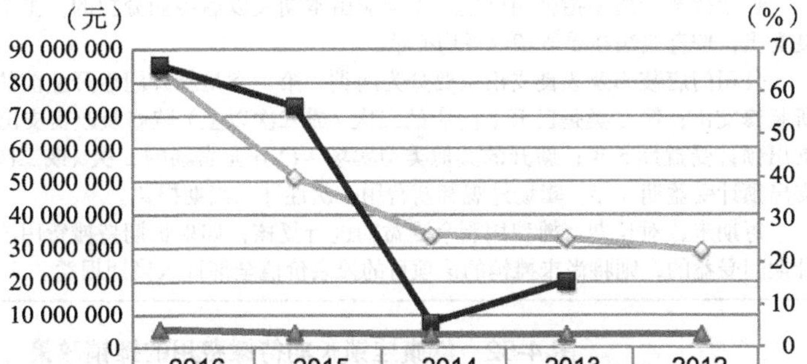

	2016	2015	2014	2013	2012
长期待摊费用	83 657 128	50 357 090	32 173 597	31 039 593	27 296 890
环比增长率（%）	66	57	4	14	—
占总资产比重（%）	2	1	1	1	1

图 4-50　红旗连锁长期待摊费用的趋势及占比

2. 摊销政策

如图 4-51 所示，简单说就是永辉超市的新开门店为 10 年摊，二次装修门店为 5 年摊。

> **长期待摊费用**
>
> 本集团发生的长期待摊费用是指已经发生但应由本年和以后各期承担和受益的，期限在 1 年以上的各项费用，主要为门店装修及改良支出，具体摊销方法如下。
>
> 门店装修及改良支出主要分为两类：第一类是新开门店开业前的经营场所和办公场所装修及改良支出；第二类是已开业门店的二次（或二次以上）装修及改良支出。新开门店装修及改良支出在预计最长受益期（10 年）和租赁期孰短的期限内按直线法进行难销。已开业门店二次（或二次以上）装修及改良支出在预计最长受益期（5 年）和剩余租赁期孰短的期限内按直线法进行摊销。每年度终了，对长期待摊费用剩余受益期进行复核，如果长期待摊费用项目已不能使以后会计期间受益的，则将尚未摊销的该项目的摊余价值全部计入当期损益。
>
> 对不能使以后会计期间受益的长期待摊费用项目，其摊余价值全部计入当期损益。

图 4-51　永辉超市长期待摊费用的摊销政策

资料来源：摘自永辉超市 2016 年年报。

如图 4-52 所示，简单说就是红旗连锁的新开门店为 5 年摊，二次装修门店为 3 年摊。

因此，永辉超市的摊销期限更长。

3. 摊销政策与财报分析

对摊销类事项财报分析我们需要认识到以下两点。

长期待摊费用

长期待摊费用是指公司已经发生但应由本期及以后各期分担的，主要包括门店装修及改良支出，按直线法在受益期内平均摊销。

公司门店装修及改良支出主要分为两类：第一类是新开门店开业前的经营场所和办公场所装修支出；第二类是已开业门店的二次（或二次以上）装修及改良支出。新开大卖场装修支出预计受益期 5 年；新开的其他类型卖场、已开业卖场的二次（或二次以上）装修及改良支出预计受益期 3 年。卖场外观翻新费用一次性计入当期损益。

每期末，对长期待摊费用剩余受益期进行复核，如果长期待摊费用项目已不能使以后会计期间受益的，则将尚未摊销的该项目的摊余价值全部计入当期损益。

图 4-52 红旗连锁长期待摊费用的摊销政策

资料来源：摘自红旗连锁 2016 年年报。

第一，对于处于成熟期的企业来说，其长期待摊费用每年新增部分金额在差距不大的情况下，其实分多少年摊都无所谓，这不会给利润造成太大影响。

第二，对于处于成长期的企业来说，如果每年新增的长期待摊费用的金额都在持续增加，那么摊销期限长一定会带来更少的费用以及更高的利润，并且这种情况在较长时间内都不会扭转。

栗子老师举例详细说明一下（见表 4-64 和表 4-65）。

表 4-64 成熟期企业不同摊销期限对比示意表 （单位：元）

		第1年	第2年	第3年	第4年	第5年	第6年	第7年	第8年	第9年	第10年	第11年
第 0 年	100	−10	−10	−10	−10	−10	−10	−10	−10	−10	−10	
第 1 年	100		−10	−10	−10	−10	−10	−10	−10	−10	−10	−10
第 2 年	100			−10	−10	−10	−10	−10	−10	−10	−10	−10
第 3 年	100				−10	−10	−10	−10	−10	−10	−10	−10
第 4 年	100					−10	−10	−10	−10	−10	−10	−10
第 5 年	100						−10	−10	−10	−10	−10	−10
第 6 年	100							−10	−10	−10	−10	−10
第 7 年	100								−10	−10	−10	−10
第 8 年	100									−10	−10	−10
第 9 年	100										−10	−10
第 10 年	100											−10
		−10	−20	−30	−40	−50	−60	−70	−80	−90	−100	−100
		第1年	第2年	第3年	第4年	第5年	第6年	第7年	第8年	第9年	第10年	第11年
第 0 年	100	−20	−20	−20	−20	−20						
第 1 年	100		−20	−20	−20	−20	−20					
第 2 年	100			−20	−20	−20	−20	−20				
第 3 年	100				−20	−20	−20	−20	−20			
第 4 年	100					−20	−20	−20	−20	−20		
第 5 年	100						−20	−20	−20	−20	−20	

（续）

		第1年	第2年	第3年	第4年	第5年	第6年	第7年	第8年	第9年	第10年	第11年
第 6 年	100							−20	−20	−20	−20	−20
第 7 年	100								−20	−20	−20	−20
第 8 年	100									−20	−20	−20
第 9 年	100										−20	−20
第 10 年	100											−20
		−20	−40	−60	−80	−100	−100	−100	−100	−100	−100	−100

例如，某成熟期企业每年新增的长期待摊费用都是100元，上半部分显示按10年摊，每年会有10元计入费用；下半部分显示按5年摊，每年会有20元计入费用。显然，10年之后，不论按照什么年限摊，计入费用的金额都一样了。

表 4-65　成长期企业不同摊销期限对比示意表　（单位：元）

		第1年	第2年	第3年	第4年	第5年	第6年	第7年	第8年	第9年	第10年
第0年	100	−10	−10	−10	−10	−10	−10	−10	−10	−10	−10
第1年	110		−11	−11	−11	−11	−11	−11	−11	−11	−11
第2年	121			−12	−12	−12	−12	−12	−12	−12	−12
第3年	133				−13	−13	−13	−13	−13	−13	−13
第4年	146					−15	−15	−15	−15	−15	−15
第5年	161						−16	−16	−16	−16	−16
第6年	177							−18	−18	−18	−18
第7年	195								−19	−19	−19
第8年	214									−21	−21
第9年	236										−24
第10年	259										
		−10	−21	−33	−46	−61	−77	−96	−114	−136	−169
余额		200	300	400	500	600	700	800	900	1 000	1 100
		第1年	第2年	第3年	第4年	第5年	第6年	第7年	第8年	第9年	第10年
第0年	100	−20	−20	−20	−20	−20					
第1年	110		−22	−22	−22	−22	−22				
第2年	121			−24	−24	−24	−24	−24			
第3年	133				−27	−27	−27	−27	−27		
第4年	146					−29	−29	−29	−29	−29	
第5年	161						−32	−32	−32	−32	−32
第6年	177							−35	−35	−35	−35
第7年	195								−39	−39	−39
第8年	214									−43	−43
第9年	236										−47
第10年	259										
		−20	−42	−66	−93	−122	−134	−148	−163	−179	−197
余额		190	269	336	389	428	471	618	570	627	690

我再假设每年新增的长期待摊费用按照 10% 的速度增长（这是永辉超市这几年长期待摊费用的几何增长率），从表 4-65 中可以看出，摊销期限短显然会确认更多的费用，只要长期待摊费用一直在增长，扭转的局面就不会出现。

永辉超市显然是在成长过程中，所以在一定程度上来说，其长期待摊费用的摊销政策美化了利润表。那么如果我们想要调整利润表呢？

4. 调整报表

栗子老师只简单匡算一下。从永辉超市 2016 年附注中看，其本期摊销金额为 3.9 亿元，如表 4-66 所示。

表 4-66　永辉超市 2016 年年报长期待摊费用附注　（单位：元）

项目	期初余额	本期增加金额	本期摊销金额	其他减少金额	期末余额
租入门店装修费	2 189 737 354.77	592 652 266.32	390 067 024.65	25 335 443.23	2 366 987 153.21
房屋租金	16 899 710.87		1 587 560.40		15 312 150.47
租赁使用权	11 546 696.99	1 834 721.74	2 576 809.10	888 682.88	9 915 926.75
其他	1 093 880.71	1 214 281.98	410 757.93	443 569.27	1 453 835.49
合计	2 219 277 643.34	595 701 270.04	394 642 152.08	26 667 695.38	2 393 669 065.92

资料来源：摘自永辉超市 2016 年年报。

假设按照上面摊销期限缩短一半的话，10 年之后短期限的摊销金额大概是长期限摊销金额的 1.2 倍。

那么简单假设摊销金额增加至 4.68 亿元，因此利润总额会减少 7 800 万元。这会给永辉超市的盈利能力带来什么影响呢？如表 4-67 所示。

我们匡算一下，其净利润率会下降一个百分点，跌至与红旗连锁一样的水平，但总资产收益率与净资产收益率仍维持原水平（略高于红旗连锁）。

因此，当我们观察盈利能力的时候，不仅要关注利润表中的盈利指标，同时要结合资产负债表来判断盈利能力。有时，企业可以靠各种手段将利润推高，使得净利率远超同行，但是虚增的利润往往伴随着虚增的资产，一旦结合资产负债表盈利能力指标就会降下来。

表 4-67　永辉超市调整后盈利指标

（单位：元）

实际摊销	390 000 000.00
加速摊销	468 000 000.00
差额	78 000 000.00
调整后利润总额	1 478 489 962.67
实际税率	22%
调整后所得税费用	325 587 629.08
调整后净利润	1 152 902 333.59
净利润率	2%
2016 年总资产	29 438 214 640.20
调整后 2016 年总资产	28 480 747 013.83
2015 年总资产	20 304 104 052.86
调整后 2015 年总资产	19 416 392 995.52
总资产收益率	5%
权益乘数	1.74
净资产收益率	8%

因此，毛利率和净利率比较容易受到会计政策、会计方法变更的影响。而总资产收益率和净资产收益率比较不受会计方法、会计政策的影响，更有利于我们在公司之间比较业绩。

我们可以辅助看一下永辉超市和红旗连锁经营活动现金流量的各项指标，如图 4-53 和图 4-54 所示。

我们可以看到，永辉超市经营活动现金流量代表的赚钱能力在 2012 年之后就没有太大的变化了。该数字在 2012 年之后有起有伏，但已经基本停止增长了。净利润的现金含量在 2012 年之后也基本逐年走低。总资产现金收益率同样走低，降至 8%。

与红旗连锁比较，原本永辉超市的赚钱能力无论从绝对数上还是相对数上都远超红旗，但是到 2016 年，除了规模比红旗大之外，其赚钱能力相对数指标已经降至与红旗持平。

综上，栗子老师对永辉超市的总体印象是，生鲜引领下的永辉超市经过前几年的快速扩张增长期，现在进入一个瓶颈期。尽管从报表的盈利能力来看，它比同行红旗连锁稍高一些，但经过缩短长期待摊费用的摊销年限之后，其盈利能力与同行持平或略高，现金流指标代表的赚钱能力也与同行持平。

我认为永辉超市未来应当积极拓展线上渠道，加快消费升级，尝试新兴业态。

4.9　资产负债表里的护城河：华为的无形资产分析

股神巴菲特的护城河理论，大家应该是熟知的。所谓护城河通俗来说就是企业拥有别人难以获得的资源或者难以模仿的优势，形成自己独特的核心竞争力，从而带来优秀的业绩表现。栗子老师这次以华为为例来看一看财务报表里的护城河。

2017 年 6 月 15 日栗子老师看新闻，国外权威机构 Dell Oro 最新研究报告显示，2017 年第一季度，在服务供应商路由器和电信级以太网交换机市场中，华为首次超越长期霸占核心路由器市场全球首位的思科，成为全球市场第一。华为的三连跳，令全球震惊：第一跳翻越了爱立信，成为全球第一的通信设备运营商；第二跳翻越了美国高通，打破了高通在无线通信技术领域的垄断地位；第三跳超越思科，占据核心路由器市场全球份额第一。华为无疑是中国最优秀的民营企业之一。

华为作为一家很有个性的员工持股公司和非上市公司，我一直对它都很感兴趣。幸运的是，从 2009 年开始，华为在公司官网开始披露包含财务报表在内的报告（华为从 2006 年开始发布年报，但那个时候的年报主要是利益相关者报告或者

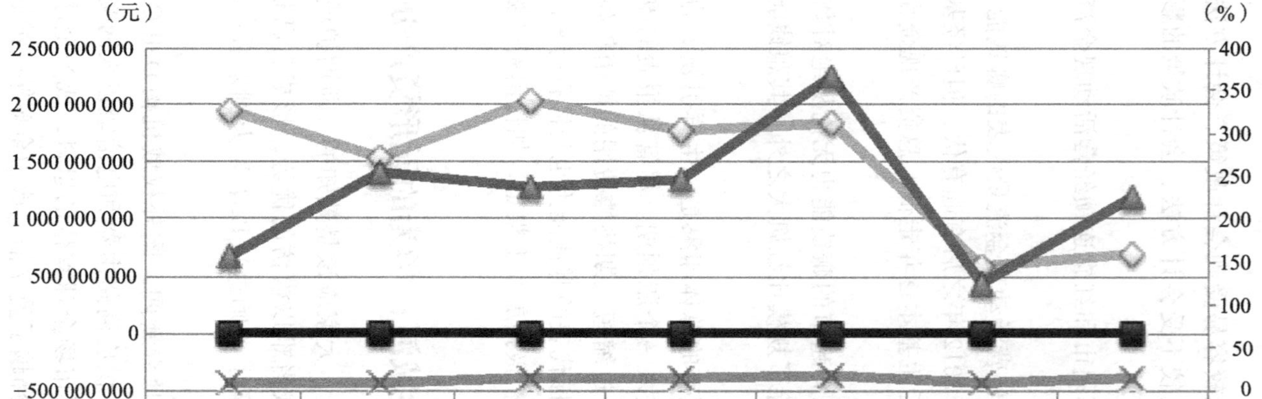

	2016	2015	2014	2013	2012	2011	2010
经营活动产生的现金流量净额	1 928 186 576	1 538 355 678	2 016 093 844	1 769 278 122	1 832 405 302	579 115 896	682 609 645
环比增长率（%）	25	−24	14	−3	216	−15	232
经营活动现金流量/净利润	1.55	2.54	2.37	2.46	3.65	1.24	2.23
经营活动现金流量/总资产（%）	8	9	14	15	18	7	14

图 4-53　永辉超市现金流状况

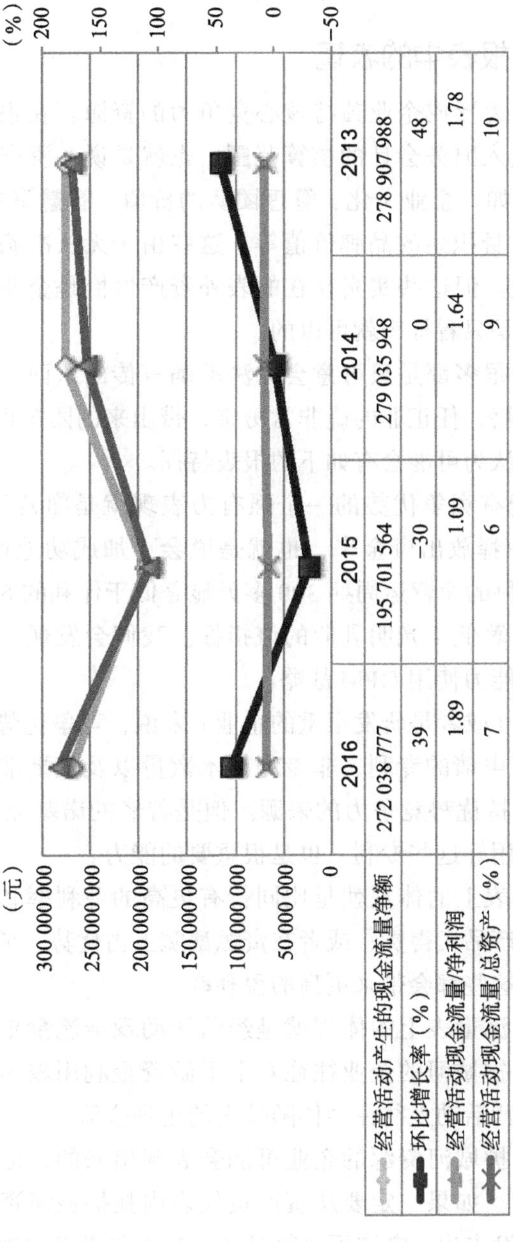

	2016	2015	2014	2013
经营活动产生的现金流量净额	272 038 777	195 701 564	279 035 948	278 907 988
环比增长率（%）	39	−30	0	48
经营活动现金流量/净利润	1.89	1.09	1.64	1.78
经营活动现金流量/总资产（%）	7	6	9	10

图 4-54 红旗连锁现金流状况

社会责任报告，没有完整的财务报表）。华为的财报编报是按照国际会计准则来列报的，与国内上市公司统一的列报格式有一定区别。栗子老师手工整理了华为在官网上披露的相关数据，本节主要谈一谈财务报表中的护城河。

4.9.1 护城河在财务报表中的表现

护城河可以简单理解为形成企业独特核心竞争力的资源。在很多情况下，这种核心资源可能并不能进入财务会计的核算范围，也就是说在资产负债表中很可能无法直接表现出来。例如，企业文化、管理团队的价值、智慧资本、员工士气、多年积累的营销渠道和自身积累的品牌价值等。这些由于无法准确计量成本，因此无法作为表内资产反映。但这些实实在在的表外资产恰恰是企业核心竞争力的源泉，所以财务分析绝不是只看报表就可以的。

上面所说的表外资产很多都是只可意会无法准确言传的东西。市面上有很多介绍华为的企业文化的书籍，任正非的确非常厉害，带出来的团队也很厉害。

拥有护城河的企业我认为可能会有如下的报表特征。

（1）资产负债表上拥有竞争优势的一个强有力表现就是净营运周期会较短，即会更快地从经营活动中释放出资金来，也就是说会更加成功地运用 OPM 战略（与同行比较）。例如，万科的净营运周期 300 多天显著低于保利的 600 多天；伊利的净营运周期是负数，显著低于光明乳业的该指标。我们会发现行业龙头老大相比于其他公司更有底气和能力使用 OPM 战略。

（2）对于高科技企业（或者是研发很重的企业）来说，竞争优势的一个报表体现就在无形资产中。每年申请的专利、非专利技术数量以及获批准数量，都可以成为该企业在未来持续保持优势竞争力的来源。但是曾经的诺基亚（Nokia）在专利上也并不弱，所以如何用好这些专利，也是很重要的能力。

（3）竞争优势在利润表上的体现就是比同行有更高的毛利率和净利率。企业拥有定价权，可以比同类产品卖得贵；或者在资源禀赋上占优势、成本低；规模效应导致期间费用率低等。这些都会带来更高的盈利率。

（4）竞争优势在现金流量表上的体现就是经营活动现金流量更充沛、利润质量更高。如前所述，拥有护城河的企业往往对上下游资金利用较为充分，节约了对自有资金的占用，在经营活动上往往会伴随较大的正现金流。

这些报表特征是拥有护城河资源的企业可能会表现出来的，但这些核心资源本身就有可能是表外资产。如果一定要从资产负债表内找护城河资源的具体体现的话，那么无形资产（开发支出）应该可以算是了（对于非研发驱动的企业则这个特征又不明显了，所以我们才说财报分析更多的功夫可能是在表外）。

4.9.2 华为的财务表现

1. 华为的规模

如图 4-55 和图 4-56 所示，思科从资产规模上超过华为（由原来的 3 倍多，下降至 1.8 倍），但是思科的收入规模从 2015 年开始就低于华为（由原来的 1.7 倍下降至华为的 65%）。我们可以推断出近两年华为在资产利用效率上应该远高于思科，它用更少的资产创造了更多的收入。

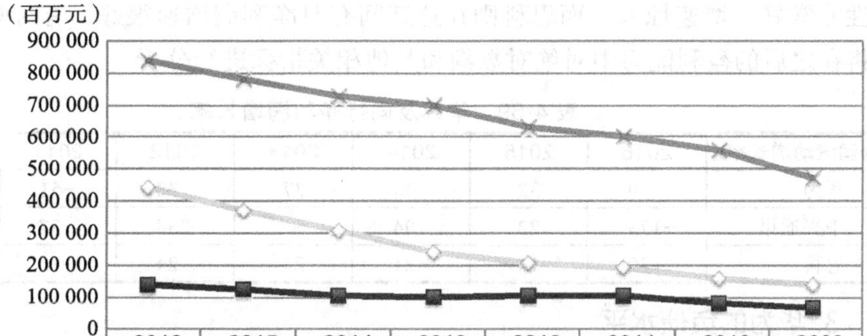

	2016	2015	2014	2013	2012	2011	2010	2009
华为	443 634	372 155	309 773	244 091	210 006	193 849	160 841	139 653
中兴通讯	141 641	124 832	106 214	100 079	107 446	105 368	84 152	68 342
思科	839 399	782 274	725 425	698 218	633 137	600 956	559 797	470 083

图 4-55　华为及同行资产规模

注：华为和中兴通讯的资产负债表日是 12 月 31 日，思科的资产负债表日是 7 月底。栗子老师将思科报表上的总资产金额简单地乘以 6.9，折合成人民币金额，以便与另外两家公司比较。

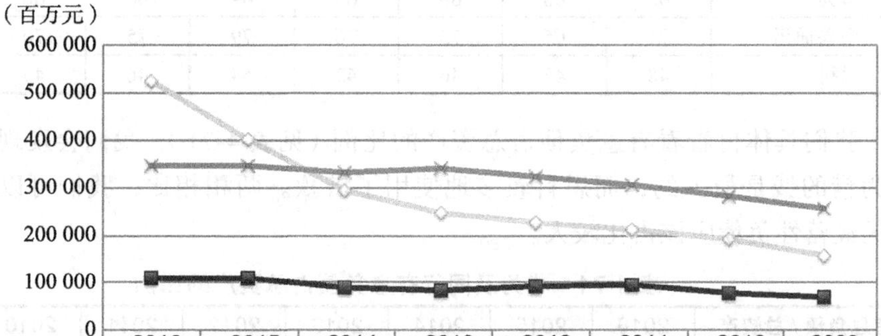

	2016	2015	2014	2013	2012	2011	2010	2009
华为	521 574	395 009	288 197	239 025	220 198	203 929	185 176	149 059
中兴通讯	101 233	100 186	81 471	75 234	84 119	86 254	69 907	60 273
思科	339 804	339 211	325 280	335 388	317 821	298 204	276 276	249 207

图 4-56　华为及同行收入规模

2. 华为的成长性

如表 4-68 所示，华为的收入增速非常快，尤其是近三年收入的增速。而思科在近几年的收入增速放缓，甚至在个别年份收入出现下降。

表 4-68 华为及同行收入增长率 (%)

收入滚动增长率	2016	2015	2014	2013	2012	2011	2010
华为	32	37	21	9	8	10	24
中兴通讯	1	23	8	−11	−2	23	16
思科	0	4	−3	6	7	8	11

如表 4-69 所示，从净利润的成长性上来看，华为 2012 ～ 2015 年的净利润成长性非常好，增速惊人。而思科则在这期间有时净利润增速很好，有时则负增长。我将在之后的盈利能力中对绝对数额和其他相关指标进行分析。

表 4-69 华为及同行净利润增长率 (%)

利润滚动增长率	2016	2015	2014	2013	2012	2011	2010
华为	0	32	33	37	32	−51	30
中兴通讯	−173	22	94	—	−238	−37	32
思科	20	14	−21	24	24	−16	27

3. 华为的负债水平

如表 4-70 所示，从资产负债率上看，华为更多地使用了杠杆，其资产负债率比较稳定保持在 68% 的水平上；而思科的资产负债率是 48%。中兴通讯无论从规模上还是盈利能力上都与这两个老大差距很大，但其资产负债率却是最高的。

表 4-70 华为及同行资产负债率 (%)

资产负债率	2016	2015	2014	2013	2012	2011	2010	2009
华为	68	68	68	65	64	66	66	69
中兴通讯	71	65	75	76	79	75	70	74
思科	48	47	46	42	44	46	45	43

我们具体再看看有息负债占总资产的比例（见表 4-71），我们会发现相对来说华为借的钱是最少的，而思科较多地使用了借款。两相相比，我们可以推测出华为的经营性负债应该占比较大。

表 4-71 华为及同行有息负债占总资产的比例 (%)

有息负债 / 总资产	2016	2015	2014	2013	2012	2011	2010	2009
华为	10	8	9	9	10	10	7	12
中兴通讯	14	11	20	24	23	21	14	16
思科	24	22	20	16	18	19	19	15

4. 华为的营运能力

如表 4-72、表 4-73 和表 4-74 所示，我们看到思科作为路由器市场上多年的老大，在对上下游资金占用能力上是最强的。最关键的是，思科的存货周转率特别快。华为未来应该在加强存货管理、缩短存货周转天数上再加把劲儿。

表 4-72　华为的净营运周期

华为	2016	2015	2014	2013	2012	2011	2010	2009
应收款项周转天数	76	86	101	119	99	99	136	155
存货周转天数	52	57	59	38	37	47	54	61
应付款项周转天数	50	56	58	49	67	68	158	171
其他负债周转天数	102	124	138	123	95	97		
净营运周期	−24	−37	−36	−14	−26	−19	32	45

注：华为报表应收票据和应收账款、应付票据和应付账款是合并列报的，所以这里就合并一起计算。在华为报表流动负债中的其他负债经查附注，主要是预收账款、预提费用和应付设备款等，大体上算作经营性负债。因此被栗子老师计入了节约资金的项目。所有计算使用的资产负债表数据均采用期末值，而利润表数据采用的是每天的营业收入。后面两家公司计算公式一致，不过由于在报表列报时项目分类不同，所以纳入计算净营运周期的指标也不尽相同。

表 4-73　中兴通讯的净营运周期

中兴通讯	2016	2015	2014	2013	2012	2011	2010	2009
应收票据周转天数	7	13	9	17	19	14	7	5
应收账款周转天数	94	92	113	104	96	101	92	93
预付账款周转天数	6	2	3	4	3	2	2	2
存货周转天数	97	72	88	60	50	63	63	56
应付票据周转天数	42	36	47	41	50	47	53	51
应付账款周转天数	91	84	86	80	79	91	81	79
预收账款周转天数	29	15	15	13	13	10	14	14
应交税费周转天数	4	6	−13	−6	−5	−4	−2	0
应付职工薪酬周转天数	19	13	13	12	10	10	16	15
净营运周期	19	25	65	44	20	25	2	−3

表 4-74　思科的净营运周期

思科	2016	2015	2014	2013	2012	2011	2010	2009
应收账款周转天数	43	40	40	41	35	40	45	32
金融应收款周转天数	31	29	30	29	28	29	—	—
存货周转天数	9	12	12	11	13	13	12	11
应付账款周转天数	8	8	8	8	7	7	8	7
应付所得税周转天数	4	0	1	1	2	1	1	2
应付工资周转天数	22	23	25	24	23	27	29	26
预收账款周转天数	75	73	73	70	70	68	70	65
其他负债周转天数	45	41	42	38	38	40	40	39
净营运周期	−71	−93	−97	−88	−92	−91	−90	−95
不考虑其他负债的净营运周期	−26	−52	−55	−50	−54	−51	−50	−56

注：由于栗子老师没有查到思科其他负债的具体内容，因此这里净营运周期为了与华为保持一致，选择了两个口径。但不论哪个口径，都比华为要多占用别人的资金。

如表 4-75 所示，在利用固定资产产生收益的能力上，思科的表现同样是最好的。也就是说从经营性资产的营运能力上思科的表现都是优于华为的，但是为什么在总资产周转率上，华为表现那么出色，而思科则一下子变成了周转率最低的呢？

表 4-75 华为及同行 2009 ～ 2010 年的固定资产周转率和总资产周转率

年份		2016	2015	2014	2013	2012	2011	2010	2009
固定资产周转率	华为	10.58	11.15	10.58	10.76	10.81	10.95	19.86	17.92
	中兴通讯	10.95	12.02	10.70	9.86	10.62	10.05	9.11	9.97
	思科	14.05	14.75	14.50	14.63	13.54	11.04	10.16	8.93
总资产周转率	华为	1.18	1.06	0.93	0.98	1.05	1.05	1.15	1.07
	中兴通讯	0.71	0.80	0.77	0.75	0.78	0.82	0.83	0.88
	思科	0.40	0.43	0.45	0.48	0.50	0.50	0.49	0.53

这就是钱太多惹的祸。思科在路由器国际市场上当老大的时间很长，钱赚得盆满钵满，于是也进行了相当多的理财。这表现为账上金融资产（投资性资产）很多（见表 4-76）。

表 4-76 华为及同行投资性资产占比 （%）

年份	2016	2015	2014	2013	2012	2011	2010	2009
华为	6	5	9	4	3	3	5	5
中兴通讯	2	2	2	2	2	1	2	1
思科	48	47	43	42	42	42	43	43

我们看到思科报表上将近一半的资产是投资性资产（多年一直赚钱的企业的确可能是这样的报表特征，苹果账上 70% 是投资性资产）。所以思科要想提高周转率也很简单，就是把这些钱都分了，周转率便立刻就上去了。当然，栗子老师只是在此大放厥词罢了。

5. 华为的盈利能力

如图 4-57 所示，从净利润的绝对数额上看，思科仍是老大。前面我们已经在成长性部分里看到了净利润的增长率，近些年总体来看华为净利润的成长性优于思科，但从绝对数额上看，思科仍是盈利额最大的公司。

下面我列出了盈利能力中一些关键的相对指标（见表 4-77）。

我们看到思科的毛利率和净利率都是远高于华为的，但是思科的周转率低，因此两者在总资产收益率上相差不大。华为由于负债总体水平较高，因而其净资产收益率高于思科。华为与思科相比，特点大概就是薄利多销。

6. 华为的盈利质量

如图 4-58 所示，经营现金流与净利润的形态基本一致，思科仍是规模最大的；

华为 2014 年和 2015 年的经营现金流增长不错。

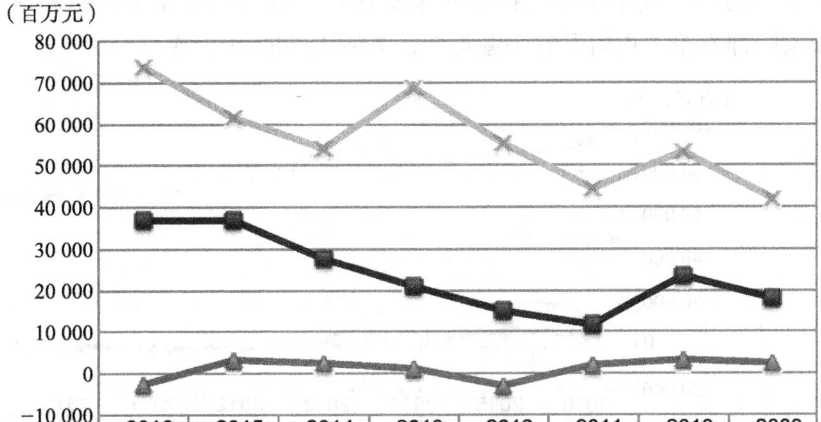

	2016	2015	2014	2013	2012	2011	2010	2009
华为	37 052	36 910	27 866	21 003	15 380	11 647	23 757	18 274
中兴通讯	−2 357	3 208	2 634	1 358	−2 841	2 060	3 250	2 458
思科	74 099	61 969	54 186	68 883	55 483	44 781	53 592	42 325

图 4-57　华为及同行的净利润趋势

表 4-77　华为及同行盈利能力指标　　（%）

年份		2016	2015	2014	2013	2012	2011	2010	2009
毛利率	华为	40	42	44	41	40	37	42	40
	中兴通讯	31	31	32	29	24	30	32	33
	思科	63	60	59	61	61	61	64	64
净利率	华为	7	9	10	9	7	6	13	12
	中兴通讯	−2	3	3	2	−3	2	5	4
	思科	22	18	17	21	17	15	19	17
总资产收益率	华为	8	10	9	9	7	6	15	13
	中兴通讯	−2	3	2	1	−3	2	4	4
	思科	9	8	7	10	9	7	10	9
净资产收益率	华为	26	31	28	24	20	18	43	42
	中兴通讯	−7	8	11	6	−13	9	14	15
	思科	17	15	14	17	16	14	18	16

如表 4-78 所示，从净利润的现金含量（经营活动现金净流量 / 净利润）这个指标来看，华为最高。

总体看下来，华为的产品应该是定价显著低于思科的（这表现在利润率上），如果在产品性能上又不差的话，那么为什么大家不选更便宜的产品呢？我想这就是华为在国际市场上路由器份额上升至第一的原因（此外，净利率的下降与华为的产品结构应该也有关系，做手机可能拉低其净利率）。对于思科来说，我认为它的降价空间是有的（毕竟利润率那么高），而且它事实上在营运资金的利用效率上是远高于华为的。这个市场的拼杀才刚刚开始，思科拥有非常优秀的管理团队，其各项指标都不差，更何况它手握重金，灵活机动能力很强。

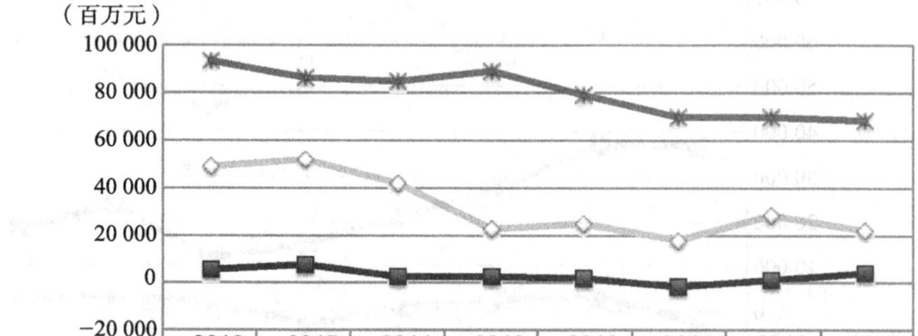

	2016	2015	2014	2013	2012	2011	2010	2009
华为	49 218	52 300	41 755	22 554	24 969	17 826	28 458	21 741
中兴通讯	5 260	7 405	2 513	2 575	1 550	−1 812	942	3 729
思科	93 633	86 609	85 091	88 969	79 288	69 545	70 194	68 289

图 4-58　华为及同行的经营现金流

表 4-78　华为及同行的净利润现金含量

年份	2016	2015	2014	2013	2012	2011	2010	2009
华为	1.33	1.42	1.50	1.07	1.62	1.53	1.20	1.19
中兴通讯	—	2.31	0.95	1.90	—	−0.88	0.29	1.52
思科	1.26	1.17	1.15	1.20	1.07	0.94	0.95	0.92

4.9.3　华为的无形资产以及研发支出

两家优秀的公司碰到了一起。本小节接下来看一看所谓的高科技企业的护城河资产的报表体现，仅以华为和思科为例。

1. 资产负债表中的无形资产

如表 4-79 所示，思科这一行数字是外购的无形资产，而华为这个数字则是商誉和无形资产的合计数。因此并不完全可比。

表 4-79　华为和思科的无形资产　（单位：百万元）

年份	2016	2015	2014	2013	2012	2011	2010	2009
思科	17 257	16 394	22 632	23 481	13 517	17 533	22 591	11 744
华为	4 795	2 725	2 597	5 753	5 078	1 381	647	553

即使这样，如表 4-80 所示，我们看到在占总资产的比例上，思科的无形资产占比是较大的。华为减去商誉之后的比例栗子老师认为得照半砍，还会更低一些。还记得刚才我们看到思科的总资产中将近一半是投资性资产，如果我们算无形资

产占经营性资产的比重的话，那么思科的这个比例会更高。这与思科曾经做过较多的并购也有关系，很多无形资产是并购进来的。但机械僵化地看无形资产占比并没有意义，更有意义的分析必须基于对两家公司无形资产构成及其质量的深入分析上。懂行的读者敬请不吝赐教。

表 4-80　华为与思科的无形资产占比　　（%）

年份	2016	2015	2014	2013	2012	2011	2010	2009
思科	2	2	3	3	2	3	4	2
华为	1	1	1	2	2	1	0	0

2. 利润表中的研发费用

如图 4-59 所示，我们看到在费用化的研发支出中，近两年华为的这个数字已经超越了思科（与收入规模趋势一致）。华为的重研发绝对不是空穴来风。

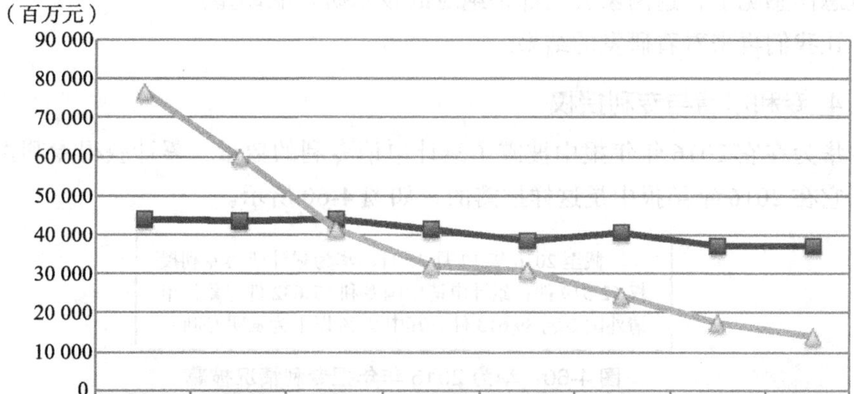

	2016	2015	2014	2013	2012	2011	2010	2009
思科	43 442	42 828	43 429	41 000	37 867	40 179	36 384	36 370
华为	76 391	59 607	40 845	31 563	30 090	23 696	16 556	13 340

图 4-59　华为与思科的研发费用

如表 4-81 所示，我们看到在研发费占收入的百分比上，近两年华为都维持在 15% 的高水平，高于思科。

表 4-81　华为与思科研发费用占收入百分比　　（%）

年份	2016	2015	2014	2013	2012	2011	2010	2009
思科	13	13	13	12	12	13	13	15
华为	15	15	14	13	14	12	9	9

3. 研发人员数量

栗子老师翻看了华为报表上员工的披露情况，将其中研发人员的数量统计了出来，如表 4-82 所示。

表 4-82 华为与思科研发人员数量及占比

年份	2016	2015	2014	2013	2012	2011	2010	2009
华为员工总数（万人）	18	17	17	15	15	14	11	10
华为研发人员（万人）	8	8	8	7	7	6	5	4
研发人员 / 总员工（%）	44	46	45	47	47	44	46	44
思科员工总数（人）	73 700	71 833	74 042	75 049	66 639	71 825	70 700	65 550
思科研发人员（人）	21 250	22 542	25 837	26 416	21 568	21 112	21 250	19 300
研发人员 / 总员工（%）	29	31	35	35	32	29	30	29

从员工总数上看，截至 2016 年年底华为有 18 万名员工，并且历年来这个数字一直是在增长的。而思科的员工总数则是有增有减，最多在 2013 年是 7.5 万人。华为的研发人员占比高达 45% 左右，思科则多数年份在 30% 左右。当然，两家公司有可能在研发人员的划分标准和认定上存在不一致，这个比例也就是看看罢了。不过总体感觉上，这两家公司都是绝对的技术研发驱动型。

让我们再来看看研发的结果。

4. 专利申请与专利授权

华为在它 2016 年年报中披露了累计申请专利的数量，累计获得专利授权的数量。它在 2016 年年报中是这样披露的，如图 4-60 所示。

> 截至 2016 年 12 月 31 日，华为累计获得专利授权 62 519 件；累计申请中国专利 57 632 件，累计申请外国专利 39 613 件。其中 90% 以上为发明专利。

图 4-60 华为 2016 年年报专利情况披露

资料来源：摘自华为在其官网上披露的 2016 年年报。

栗子老师从年报中搜集了相关数据，用今年累计申请数减去上年累计申请数得到当年新增申请数；用今年累计获得专利授权数减去上年累计获得专利授权数得到当年新增获得授权数。（但是由于华为 2014 年年报中没有披露累计申请外国专利的数量，导致这个数据出现不可比。我只好用 2015 年的数字减去 2013 年数字，将这个差异数在两年之间平均。）华为当年新增申请专利数与授权专利数如表 4-83 所示。

表 4-83 华为当年新增申请专利数与授权专利数

年份	2016	2015	2014	2013	2012	2011
当年新增申请专利数（件）	14 082	2 825	2 825	8 619	10 923	8 932
当年新增获得专利授权数（件）	12 142	11 552	2 314	6 271	6 718	5 757
获得授权占比（%）	64	61	—	47	44	41

注：获得授权占比 = 累计获得专利授权数量 / 累计申请专利数量。
思科年报没有披露相关数据，无法比较。

我们可以看到华为获得授权的占比连年攀升，华为在技术研发上非常努力，也很有成果。不过这些成果的质量及其应用前景，就需要行业专家进一步分析了。

我对华为十分有好感，大概是因为好几个朋友都在华为或者曾经在华为工作。前段时间出的闪存门，正面、负面的报道我都看过。太多技术指标我也不懂，不过我认为一开始华为的应对的确失当。但是哪个品牌没有遇到过危机呢？没有遇到危机就说明你还不是什么大品牌。关键是华为内部如何认识这个问题，如何在后续工作中改进。虽然企业是营利性组织，但唯利润导向是无法塑造出伟大的企业的。

我不知道华为在其业务相关领域内掌握多少真正意义上的高端、顶尖技术，望相关行业朋友答疑解惑。

最后，祝福华为越走越好。

Chapter5

第 5 章

资产负债表（下）：投资性资产、金融性负债与所有者权益

在上一章中栗子老师讨论了资产负债表中那些主要与企业经营战略相关联的资产和负债项目。本章则聚焦在资产负债表其他的报表项目上，即企业投资战略形成的投资性资产，以及企业筹资战略形成的金融性负债与所有者权益。同样地，栗子老师将教学中经常使用的一些案例整理出来，本章每一节讨论的案例与对应的报表分析项目总结在表 5-1 中（与长期股权投资有关的分析案例可以参见第 8 章）。

表 5-1　本章小节索引表

小节标题	主要分析的报表项目与主题
5.1 投资性资产与金融资产：傻傻分不清	投资性资产与金融资产的概念界定及报表体现
5.2 投资理财形成的投资性资产：到底卖不卖？福建水泥的可供出售金融资产	可供出售金融资产以及交易的经济实质
5.3 准则修订“四分类”变“三分类”对报表分析的影响	关于 2017 年 4 月金融工具相关准则修订的一点思考
5.4 借的钱终究是要还的：超日债违约与盈余操纵	应付债券与盈余操纵
5.5 报表上的“三（双）高”及其解读：草原兴发的虚假银行存款	短期借款、长期借款、货币资金，“三（双）高”现象
5.6 负债率激增时（上）：辉山乳业做空事件	资产负债率飙升
5.7 负债率激增时（下）：中国宏桥做空事件	资产负债率飙升
5.8 分红策略比较：谁是世界酒王？帝亚吉欧 VS 贵州茅台	现金股利政策

5.1　投资性资产与金融资产：傻傻分不清

《会计研究》在 2017 年第 3 期上发表了我的导师耿建新教授的文章《金融工

具会计的形成与未来发展简说——兼述对相关国际国内会计准则的认识和理解》。这篇文章主要描述了金融工具相关准则的变迁以及金融工具的定义，那么金融工具与栗子老师这里要探讨的投资性资产（第 3 章 3.2 节中已经有所阐述）又是什么关系呢？

5.1.1 美国在早期金融工具相关准则制定上的努力

耿老师的文章对美国早期相关准则进行了回顾，总结如表 5-2 所示。

表 5-2 美国金融工具相关准则演变表

准则发布时间	序号	准则名称	替换更新后准则的发布时间	序号	替换更新后准则名称
1975	12	某些可交易证券的会计处理	1993	115	投资于债务和权益性证券的会计处理
1977	20	期汇合约的会计处理	1981	52	外币折算
1983	76	债务的解除	1996	125	金融资产的转让和服务以及债务解除的会计处理
1983	77	转让者对有追索权的应收项目转让的报告			
1984	80	期货合约的会计处理	1998	133	衍生工具和套期活动的会计处理
1990	105	具有表外风险的金融工具和信用风险集中的金融工具的信息披露			
1991	107	金融工具公允价值的披露			
1994	119	衍生金融工具和金融工具公允价值的披露			
			1999	137	衍生工具和套期活动的会计处理——对 133 号生效日期的推迟

早期金融工具相关准则的制定是以美国为主导进行的。会计是为记录反映经济业务而服务的，而当时美国经济业务的复杂性已经到了需要准则制定者针对相应业务制定规范的程度。

5.1.2 国际和我国金融工具相关准则的制定

国际会计准则委员会在 1995 年发布国际会计准则第 32 号（金融工具：列报和披露）、1999 年发布国际会计准则第 39 号（金融工具：确认和计量），恰逢我入校学会计，至今还记得学习这些准则时那种味同嚼蜡的感觉。那时候，这些准则读起来真的是如同天书，根本与经济业务挂不上钩，也理解不了。

国际会计准则委员会在 2005 年发布了 IFRS 第 7 号——金融工具：披露，并在之后陆陆续续经过 10 次修订。2009 年发布了 IFRS 第 9 号——金融工具，并经过了 8 次修订，最新的一次在 2016 年 9 月。国际会计准则委员会与美国会计准则委员会一起共同研究，相关准则也一直在修订改进中。

我国出现关于金融工具的会计规定是 2006 年 2 月现行准则体系颁布的时候，当时一下子颁布了 38 项具体会计准则。恰逢我毕业工作要教会计，赶紧又学习新准则。其中读到第 22 号——金融工具的确认与计量、第 23 号——金融资产转移、第 24 号——套期保值和第 37 号——金融工具列报时，我隐隐约约觉得能看懂。此时方感悟到为什么老师在上学期间让我们攻克国际会计准则。

我国会计准则与国际会计准则处于一个持续趋同的过程，国际上准则在不断修订，我国相关准则也进行了相应的修订工作。2014 年 6 月，我国先对准则第 37 号进行了修订。2017 年 4 月财政部又发布了新修订的准则第 22 号、第 23 号和第 24 号。

5.1.3 从报表分析角度看金融工具在财报中的列报

耿老师的文章中详细阐述了金融资产、金融负债和权益工具的定义，并且将其在报表上可能体现的报表项目一一列出。栗子老师则对这些报表项目分属经营性资产、投资性资产、经营性负债和金融性负债进行了总结，如表 5-3 所示。

金融资产并不是财报分析中的金融性资产（为了区分，我专门管这类资产叫作投资性资产），而金融负债也并不是财报分析中的金融性负债。

在报表分析中，我们区分经营性资产和投资性资产，主要是从企业业务属性的层面去考虑的，而不是从该资产本身属性层面去考虑的。因此，只要是企业主要的经营活动和业务在报表上表现的项目就被定义为经营性资产，而企业非主营业务（投资、理财等）导致的业务被定义为投资性资产。

如果企业的主营业务就是投资、理财怎么办？那这些活动形成的资产就是经营性资产。所以不能教条僵化地理解经营性和投资性资产的区分。

同样地，经营性负债指的是企业经营活动导致的负债，而金融性负债则指专门的融资活动形成的负债。

我在表 5-3 中，简单地标示了金融资产既有可能是经营性资产也有可能是投资性资产，而金融负债同样既有可能是经营性负债也有可能是金融性负债。

其中有几个“?”表示的项目。关于其他应收、应付，如果本身金额不大，对报表分析就不太重要，但如果金额较大，就需要结合附注判断其到底属于融资性质还是其他经营事项导致的，分别归入不同项目。而长期应收、应付也是一样的道理，金额大的时候就需要结合附注内容来判断其性质。

表 5-3　非金融企业资产负债表中的金融工具

金融资产	货币资金	经营性资产
	以公允价值计量且其变动计入当期损益的金融资产	投资性资产
	应收票据	经营性资产
	应收账款	经营性资产
	应收利息	投资性资产
	应收股利	投资性资产
	其他应收款	?
	可供出售金融资产	投资性资产
	长期应收款	?
金融负债	短期借款	金融性负债
	以公允价值计量且其变动计入当期损益的金融负债	金融性负债
	应付票据	经营性负债
	应付账款	经营性负债
	应交税费	经营性负债
	应付利息	金融性负债
	应付股利	金融性负债
	其他应付款	?
	长期借款	金融性负债
	应付债券	金融性负债
	长期应付款	?
权益工具	实收资本	
	资本公积	
	盈余公积	
	未分配利润	

5.2　投资理财形成的投资性资产：到底卖不卖？福建水泥的可供出售金融资产

关于投资收益与利润的故事，栗子老师这里有好多，其中比较经典的要数福建水泥了。这个案例提醒大家，在对利润进行分析的时候要关注利润的来源结构问题。

5.2.1　利润不好看

福建水泥的主营业务是水泥，但是在国家去产能的宏观调控大背景下，在整个水泥行业不景气的大环境下，福建水泥的利润近几年也是不太好的，如图 5-1 所示。

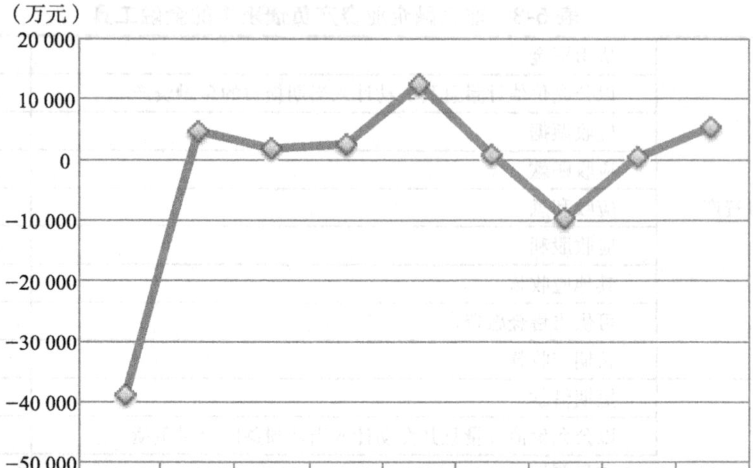

	2015	2014	2013	2012	2011	2010	2009	2008	2007
净利润	−39 043	4 958	1 905	2 736	12 485	814	−9 615	502	5 415

图 5-1　福建水泥净利润趋势图

可见继 2009 年亏损之后，福建水泥在 2015 年又一次迎来了巨额亏损。观察这几年，它其实就是在微利和亏损之间摇摆。

5.2.2　投资收益与经营性利润的关系

栗子老师又进一步区分了福建水泥的投资收益与经营性利润，做了一张对比图，如图 5-2 所示。

	2015	2014	2013	2012	2011	2010	2009	2008	2007
经营性利润	−58 286	−594	−10 223	−23 656	10 723	−5 540	−21 223	−6 012	5 515
投资收益	3 252	7 642	11 191	26 835	1 707	6 451	12 464	5 740	1 411

图 5-2　福建水泥投资收益与经营性利润比较图

这个图很有意思。可以看出在经营性利润特别不好的年份里，福建水泥的投资收益都比较大，从而帮忙将净利润提升上来（类似的情况在第 3 章 3.3 节的雅戈尔案例中也出现过）。如果没有投资收益的提升效果，福建水泥光靠主营业务早就三年连续亏损了。特别典型的就是在 2012 年，它处置可供出售金融资产的投资收益高达 24 620 万元。

5.2.3　投资收益怎么来的

栗子老师下了决心，去翻看了福建水泥 2007 年至今的年报，看看糖果罐里到底有什么糖果，能抛出去就带来甜头。我发现福建水泥的金融资产并不复杂，它并没有进行频繁的投资理财，可供出售金融资产就是持有兴业银行和兴业证券的股票。

栗子老师整理了福建水泥 2007 年以来持有这两家公司股票的情况，如表 5-4 所示。

表 5-4　福建水泥可供出售金融资产构成情况历年统计表　（单位：万股）

	兴业银行	兴业证券
2007 年年报	3 207	231（长投）
2008 年年报	3 207	231（长投）
2009 年年报	3 207（貌似没变）	300.3（长投）
2010 年年报	3 613（卖出 236，买入 641.58）	300.3
2011 年年报	6 504（每 10 股转增 8 股）	300.3
2012 年年报	4 160（卖出 2 344 万股）	300.3
2013 年年报	5 040（2013 年 4 月，兴业银行每 10 股送 5 股，变成 6 240 万股；12 月，出售 1 200 万股，投资收益 8 781.69 万元）	300.3
2014 年年报	5 040	300.6（2014 年 9 月，兴业证券每 10 股转增 10 股，变成 600.6 万股；12 月，出售 300 万股，获得投资收益 4 814 万元）
2015 年年报	5 040	300.6

注：兴业银行是 2007 年上市的，所以从 2007 年起被福建水泥列作可供出售金融资产；兴业证券是 2010 年上市的，所以从 2010 年起被列作可供出售金融资产。

2009 年年底福建水泥持有兴业银行 3 207 万股，栗子老师在表 5-4 的括号中评价为"貌似没变"。这是因为当年发生了很有趣的事情，待我细细说来。

5.2.4　到底想卖不想卖

2009 年 4 月 21 日，福建水泥在披露的 2009 年第一季度报告中，对 2009 年上半年的业绩进行了预测。当时认为公司在主营业务上仍然将继续亏损，预计 2009

年上半年累计亏损将达到 4 500 万～6 000 万元。

2009 年 5 月 20 日，福建水泥发布《2009 年半年度业绩预告修正公告》，披露 2009 年上半年可以扭亏为盈。由原来预计亏损 4 500 万～6 000 万元，修正为预计盈利 1 500 万元以上。

短短一个月过去，为什么福建水泥能够扭转了乾坤？

因为它把兴业银行的股票卖掉了。

福建水泥在 5 月 14、15 日，通过上交所把它持有的兴业银行（601166）的股票卖了 423 万股，因为当初买的时候原始股成本很低，因此这一次实现投资收益约 11 181 万元（平均卖出价在 27.64 元）。

本来这也没有什么可以说道的，栗子老师碰到的这种案例相当多。但是福建水泥被我记住是因为 2009 年 5 月 19 日，该公司又通过上交所交易系统买回了兴业银行 423 万股，平均买入成本 28.91 元。使用资金 12 227.93 万元。

福建水泥到底是想卖还是不想卖？

这一进一出，福建水泥多付出去 500 多万元的资金，但是其他资产没有任何变化。

当年的舆论一片哗然，有财经媒体还专门做了相关的专题讨论，并剑指该公司操纵股价等。栗子老师认为，操纵股价倒未必见得，不过管理层的意图非常明显，就是想要实现账面的盈利。

由于舆论的压力比较大，于是在 2009 年 8 月 18 日，福建水泥对 2009 年半年度业绩预告又发布了第二次修正公告。

这一次它将半年报利润又一次更正为预计亏损 5 988 万元。解释原文为“鉴于上述出售兴业银行股票的行为事先未取得股东大会授权，根据有关规定，尚不能确认投资收益”。所以这部分投资收益又被转回权益里去了。

随后在福建水泥发布的 2009 年半年报中投资收益只有 1 474 万元，果然没有包含这部分出售股票的利得。

但是在其 2009 年的年报中，投资收益高达 12 464 万元。福建水泥将卖出兴业银行股票的这笔投资收益又确认了。福建华兴会计师事务所出具的是标准的无保留意见，对这样的处理也是认可的。

其间，2009 年 10 月 28 日，福建水泥发布 2009 年年度业绩预亏公告，说 2009 年度预计将亏损 11 000 万～13 000 万元，上述预测暂未确认兴业银行股票出售收益。

年报中“公司治理”部分披露了公司完成整改的治理问题。指出“2009 年 5 月，公司未经股东大会事前批准即出售兴业银行股票事宜”，已经于 2009 年 7 月 30 日提请股东大会确认同意。因此，可以做投资收益入表了，因为这是股东都同意的事情了。

2009年年报即便在确认了高额的投资收益之后，其净利润仍然是负的，亏损达到9 615万元。所以这一次媒体没有再起什么轩然大波，这已经够惨的了，加上投资收益还是巨亏。

为避免日后再出现需要卖股票但来不及得到股东同意的情况，2010年的福建水泥临时股东大会授权公司董事会自股东大会批准之日起24个月内，可以根据市场情况和公司发展需要，择机参照二级市场价格，分期分批或者整体出售兴业银行股票不超过1 100万股。

同样地，在福建水泥持有的兴业证券于2010年10月挂牌上市之后，2011年10月的临时股东大会上通过了《关于授权处置所持兴业证券股票的议案》，也算是吸取了前车之鉴。

这个案例让栗子老师记忆犹新，实在是因为福建水泥将兴业银行股票出售后没过两天又全部买了回来。

后来，该公司再没出现过这种情况。但还会时不时通过卖股票，实现投资收益来贡献利润。例如2012年就是非常典型的，24 620万元的处置收益同样也是出售兴业银行的股票带来的，只不过这一回没有立刻再全数买回来了，持有的数量由6 000多万股，下降到4 160万股。

糖果罐里要是永远有掏不尽的糖果自然是好的，但是万一掏空了呢？万一糖果变质了、坏掉了呢？

5.3　准则修订“四分类”变“三分类”对报表分析的影响

2017年3月31日，财政部修订发布了关于金融工具的三个准则（准则第22号——金融工具确认和计量、准则第23号——金融资产转移、准则第24号——套期会计），这是时隔十年之后，对金融工具相关准则的再一次修订，体现了与国际会计准则的持续趋同以及监管层对金融工具相关风险管理和信息披露的重视。在境内外同时上市的企业以及在境外上市并采用国际账务报告准则或企业会计准则编制财务报告的企业从2018年1月1日起采用新准则，其他境内上市企业从2019年1月1日起采用新准则，执行企业会计准则的非上市企业从2021年1月1日起采用新准则，提倡企业提前采用新准则。

纵观此次修订，比较明显的变化有金融资产由目前的“四分类”变成“三分类”，金融资产减值会计由“实际损失法”变成“预期损失法”等。这一节中栗子老师重点谈谈“四分类”变成“三分类”的一些思考。

5.3.1 简单地与原有的“四分类”对比

原来的准则将金融资产划分为四类，修订后准则主要将其划分为三类。栗子老师简单地将二者之间可能的关系画了一下，但这是很粗浅的，如图 5-3 所示。

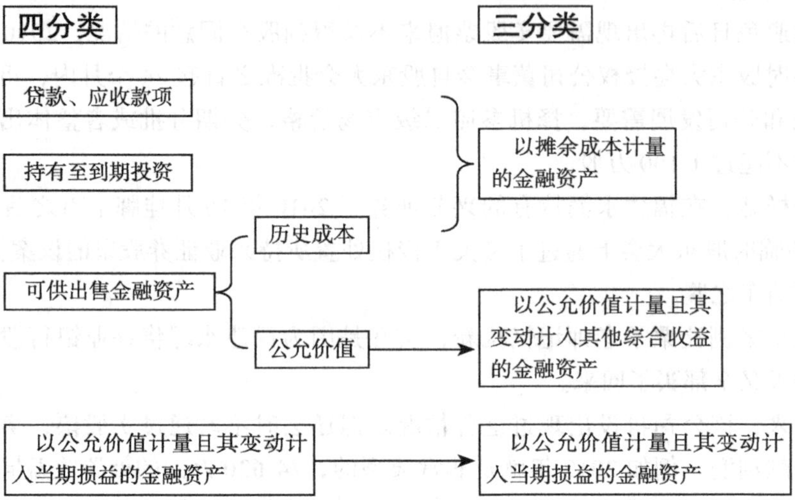

图 5-3 原有“四分类”对应现在“三分类”简单版

5.3.2 修订后准则的分类标准及其判断

事实上，修订后的准则分类，用准则的话说就是应该“考虑企业管理金融资产的业务模式和金融资产的合同现金流量特征”，综合判断应该属于哪一类金融资产。所以栗子老师不建议大家用上图简单的划分方式，而是应当判断业务模式和合同现金流特征。

如图 5-4 所示，如果现金流特征与基本借贷的现金流一致（简单理解就是假设企业买了债券），那么我们需要结合业务模式进一步判断。如果业务模式是持有，就按照历史成本核算（摊余成本法）；如果业务模式是持有或者出售两可，就按照公允价值计量且变动计入其他综合收益核算；如果业务模式就是为了出售，就按照公允价值计量且变动计入损益核算。

如果企业投资的是权益性工具呢（简单理解就是假设企业买了股票）？

5.3.3 对权益性工具的核算处理

按照栗子老师的理解（粗看准则，不一定对，欢迎大家探讨争鸣），对权益性工具的核算处理大概也可以分为以下三种情况。（在图 5-5 中我简单以债券和股票称之，只是为了便于理解，并不是准则准确用语。）

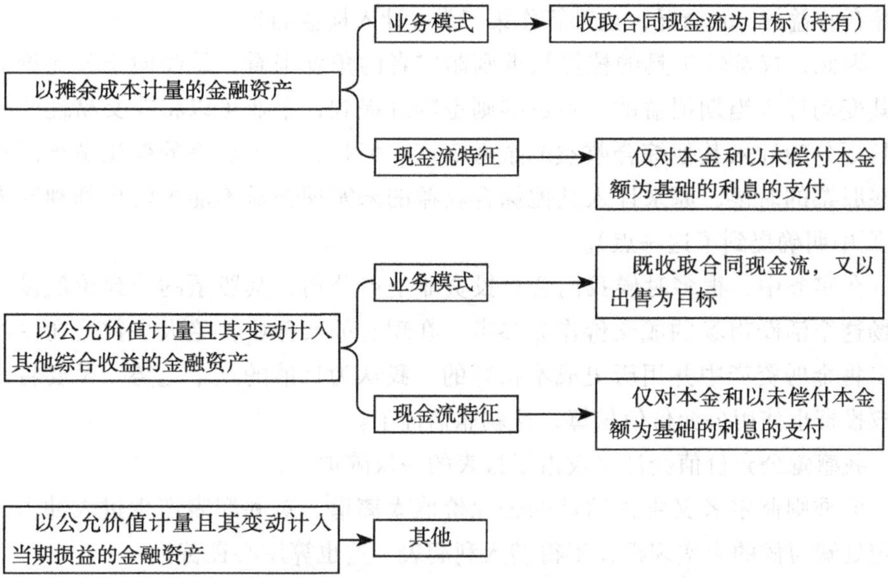

图 5-4　“三分类”的划分标准

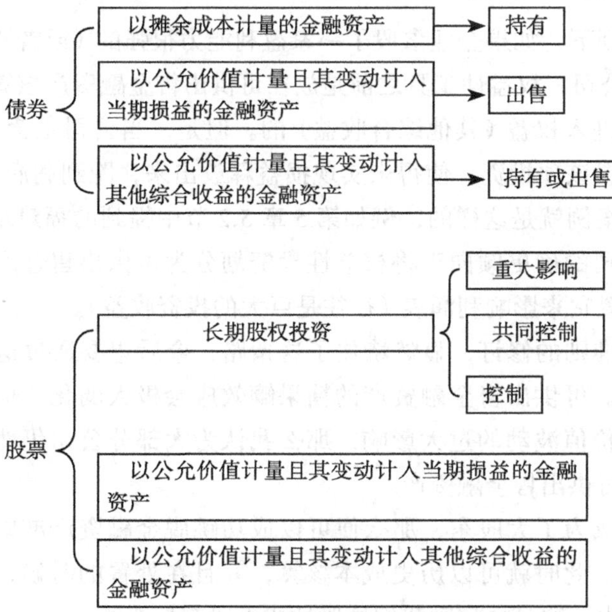

图 5-5　金融工具可能的会计归类

除非企业持股达到重大影响程度以上，才能放在长期股权投资当中核算（即用历史成本核算）。那么持股较少的情况如何核算？从目前准则的倾向来看，就是要用公允价值核算。因为，准则说了，不属于第一类（摊余成本）和第二类（计入其他综合收益的）的情况，全都算作第三类（计入损益的）。

因此，权益性工具的核算从准则制定者的角度来看，是倾向于公允价值计量且其变动计入当期损益的。不过准则也额外提到，企业可以将非交易性的权益性工具划分为计入其他综合收益的金融资产。但是，一个显著的变化是当回头处置这些股票的时候，原来计入其他综合收益的未实现损益不能再转出到利润表中了（准则中明确提到了这一点）。

在实务中，很多时候我们会去投资非上市公司，其股票的公允价值没有二级市场这个活跃市场的成交价作为参考。在现有的实务中，绝大多数公司是放在可供出售金融资产中并用历史成本核算的。我认为目前的这个趋势，是要将这部分股权投资也使用公允价值核算，这就靠估计了。

我感觉公允价值会计又攻占了报表的一块阵地。

但准则制定者又害怕估计的公允价值太离谱，对利润表产生过大冲击，所以规定处置时候的未实现损益不得转入利润表。这也算用心良苦。

5.3.4 权益性工具核算方法的变化对报表的影响

在原有准则下，如果企业参股了一家盈利能力很强的（或者股价与成本价相比上涨的）上市公司，权益性工具之前是放在可供出售金融资产核算的话，其公允价值变动是直接进入权益（其他综合收益）的。但是，当公司主营业务不好的时候，公司就通过处置该项投资，使得未实现损益释放出来，跑到利润表的投资收益中。有很多典型的案例就是这样的，例如第 5 章 5.2 节中提到的福建水泥。数据统计也证明，上市公司的确更倾向于将权益性投资划分为可供出售金融资产，并在恰当的时机通过处置它来影响利润表（往往是巨大的投资收益）。

但是这次准则的修订，显然堵住了这条路，今后想要通过这种方法操纵利润是不太可能了。可供出售金融资产的糖果罐效应会极大弱化。但如果公司不想让利润表受公允价值波动的过大影响，那么我认为大部分公司仍然会倾向于将权益性投资划分为可供出售金融资产。

除非投资成为了大股东，那么便可以成功跳脱金融资产准则的束缚，变成长期股权投资了。此时就可以历史成本核算，并且在处置的时候，释放巨大的投资收益到利润表中。这是在鼓励我们炒股炒成大股东！

如果企业参股了一家盈利能力很强的非上市公司，之前它按照可供出售金融资产的历史成本核算该项投资，假设该项投资盈利能力很强、有很丰沛的分红，那么投资收益也确认较多。

准则变化之后，由于要公允价值计量这部分投资，可能会使得资产变大，但投资收益仍是那么多，这会给总资产收益率等指标带来向下的影响。

如果企业参股了一家盈利能力很差的非上市公司，该公司也不分红，原来按历史成本列示，企业本来应该计提减值损失，那么这样利润和资产会同时减少。

但现在变成公允价值计量且其变动计入其他综合收益，这会使得利润不变，而资产变小，其他情况不变的话，总资产收益率反而会增加。

因此，在进行财务分析时，我们需要去关注隐藏在其他综合收益中的未实现利得和损失。

5.3.5　其他综合收益的信息含量增加

如前所述，随着目前的准则变化以及公允价值的进一步引入，使得其他综合收益中包含的信息更加丰富和有用，很有可能其他综合收益与股价之间的相关性会进一步提升。

另外，鉴于准则第 37 号——金融工具列报，此次并没有再修订（2014 年修订过）。因此，一段时间内财务报表的项目名称应该还是会沿用目前的持有至到期投资、可供出售金融资产、以公允价值计量且其变动计入当期损益的金融资产等说法。我无法想象当报表列报时金融资产的名称变成现在的分类名称，那我讲课一定会变成绕口令。目前有这样一个长名字就已经让我向学生抱怨很久了！

5.4　借的钱终究是要还的：超日债违约与盈余操纵

企业为了配合融资，可能存在向上调增利润的冲动。很多学者的研究表明在 IPO 之前普遍存在向上调增利润的动作，IPO 之后很多企业存在利润下滑的现象。同样地，在债券融资之前，企业也可能出于相同的动机而去粉饰报表。

随后的超日太阳的案例就是这样，它在发行债券之前，看上去业绩不错。但是债券刚一发行，它就追溯调整自己的报表，利润骤降，并且后来也没有能够成功兑付自己承诺的利息。结局是破产重整。

5.4.1　“超日债”债券违约的第一只螃蟹

上海超日太阳能科技股份有限公司（简称超日太阳）是一家研究、开发、利用太阳能资源的高科技民营企业。公司成立于 2003 年 6 月，在 2010 年 11 月上市，IPO 募集资金达 23.76 亿元。

2012 年 3 月 7 日，超日太阳在深交所公开发行 10 亿元公司债，票面利率

8.98%，期限5年，债券评级AA。作为我国公募债券第一个违约案例，让我们走近它的报表看看。

5.4.2 发债之前：一切貌似正常

超日太阳2011年的年报，栗子老师查了一下是2012年4月26日才公布的，也就是说在公司紧锣密鼓地进行债券融资的时候，投资者能够看到的年报是截至2010年的，以及2011年的各期中报和对年报的预期。

如图5-6所示，我们可以看到，2007～2009年超日太阳在上市之前的三年中，盈利能力的指标都是不错的。净资产收益率虽然在下降，但是也在30%以上了，这个水平如果是真的，那是相当不错的。资产负债率也基本保持在55%的水平上。

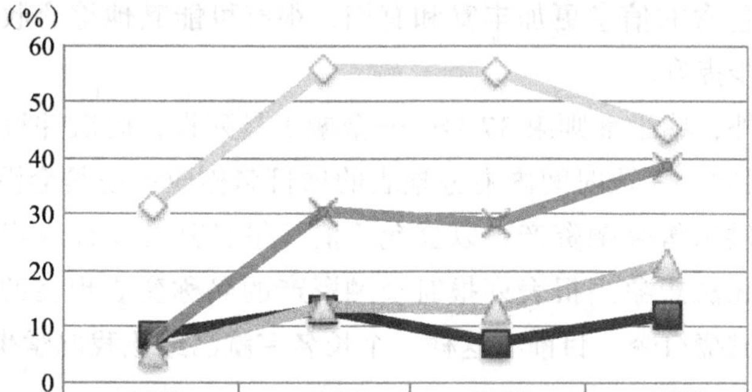

	2010	2009	2008	2007
资产负债率	31	56	55	45
净利润率	8	13	7	11
总资产收益率	5	13	13	21
净资产收益率	7	30	28	38

图5-6 超日太阳2007～2010年盈利能力指标

2010年超日太阳上市之后，资产负债率显著下降是在情理之中的，因为发行股票使得股东权益增大，负债率下降。但是，盈利能力的各项指标均发生了显著下降，这个就比较费思量了。可能的猜测：一是上市之前超日太阳做了比较多的正向盈余操纵，现在不再需要那么做了，或者它需要想办法慢慢将其消化掉；二是受到光伏产业整体疲软的影响，业绩变差。2010年的业绩虽然说不上亮眼，但是也不能说是特别差，这样的盈利水平在整体上市公司中处于中间的位置。

于是，超日太阳进一步融资。在2012年2月29日公司公布的2011年业绩快报中，它披露了以下主要盈利数据（见表5-5）。

按照这样的预报，结合之前年度的报表，超日太阳收入和利润总额的趋势如图5-7所示。

表 5-5　2011 年度业绩快报中披露的信息　（金额单位：元）

项目	本期告期	上年同期	增减变动幅度（%）
营业总收入	3 697 513 866.92	2 686 649 320.86	37.63
营业利润	97 482 548.72	256 274 071.34	−61.96
利润总额	102 193 780.48	263 477 337.97	−61.21
归属于上市公司股东的净利润	83 474 638.62	220 436 259.50	−62.13
基本每股收益	0.16	0.55	−70.91
加权平均净资产收益率（%）	2.75	25.67	−22.92
	本报告期末	本报告期初	增减变动幅度（%）
总资产	7 467 095 867.25	4 466 590 566.08	67.18
归属于上市公司股东的所有者权益	3 046 156 615.52	3 064 582 971.81	−0.60
股本	527 200 000.00	263 600 000.00	100.00
归属于上市公司股东的每股净资产	5.78	11.63	−50.30

注：1. 上述数据按公司合并报表数据填列。

2. 比较所使用的 2010 年同期基本每股收益是根据报告期内进行转增资本后的股数（26 360×2=52 720 万股）相应追溯调整后的结果。

资料来源：摘自超日太阳 2012 年 2 月 29 日公告的 2011 年度业绩快报。

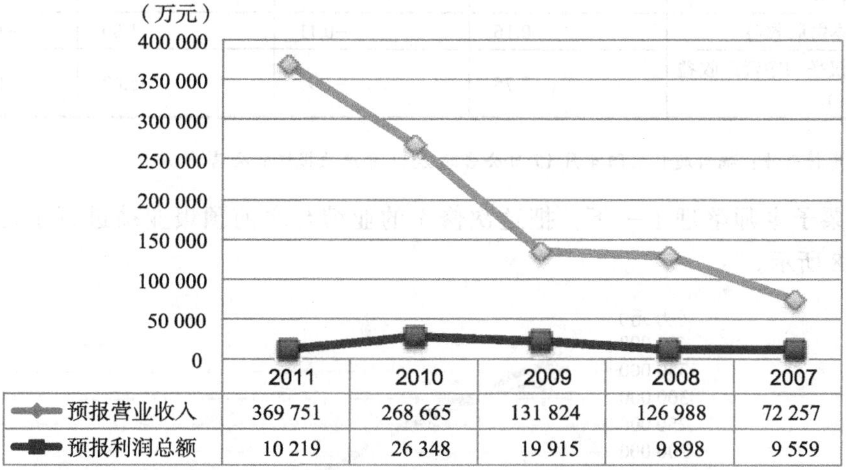

图 5-7　根据预报业绩做出的业绩趋势图

我们可以看到，虽然利润总额骤降（光伏产业经历寒冬），但是超日太阳的收入居然还是增长的，并且增速很快。

根据其 2012 年 3 月 12 日发布的《2011 年公司债券发行结果公告》，公司的发行工作已于 2012 年 3 月 9 日结束，成功融资 10 亿元。此时的债券评级为 AA。

5.4.3 发债之后：企业业绩突变

一个月过去了。在这一个月里，根据超日太阳的公司公告，原定于3月28日要披露的年报难产了。根据公司3月26日的公告，2011年年报推迟到4月26日披露。推迟年报披露日期往往意味着有问题了，也往往意味着审计师觉得审计风险较大，不同意公司目前的报表。其间，公司的两名独立董事也提出辞职，公司公告说是个人原因，具体什么情况我们也的确不太清楚了。（一种可能是，独立董事觉得风险太大，不干了。具体情况不了解，这只是其中一种可能。）

2012年4月17日，超日太阳公布了2011年度业绩快报修正公告。部分数据如表5-6所示。

表5-6 对2011年度业绩快报的修正公告 （单位：元）

项目	本期告期		上年同期	修正后的增减变动幅度（%）
	修正前	修正后		
营业总收入	3 697 513 866.92	3 332 581 037.24	2 686 649 320.86	24.04
营业利润	97 482 548.72	−47 676 287.42	256 274 071.34	−118.60
利润总额	102 193 780.48	−42 965 055.66	263 477 337.97	−116.31
归属于上市公司股东的净利润	83 474 638.62	−58 528 847.66	220 436 259.50	−126.55
基本每股收益	0.16	−0.11	1.09	−110.23
加权平均净资产收益率（%）	2.75	−1.97	25.67	−107.69

资料来源：摘自超日太阳4月17日公告的2011年度快报修正公告。

栗子老师整理了一下，把这次修正的业绩与之前预报业绩进行了比较，如图5-8所示。

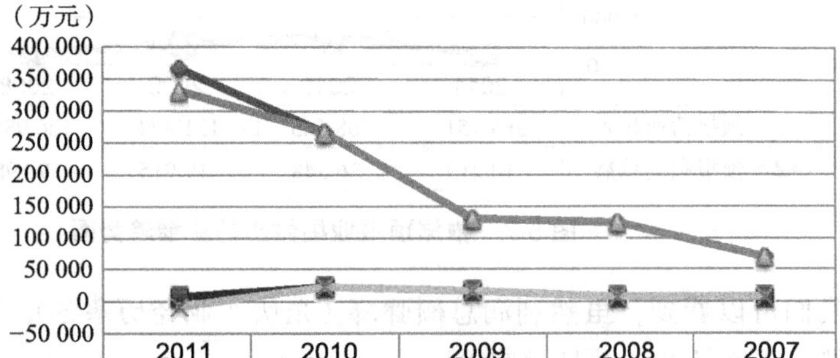

	2011	2010	2009	2008	2007
预报营业收入	369 751	268 665	131 824	126 988	72 257
预报利润总额	10 219	26 348	19 915	9 898	9 559
修正营业收入	333 258	268 665	131 824	126 988	72 257
修正利润总额	−4 297	26 348	19 915	9 898	9 559

图5-8 根据修正后预报业绩做出的业绩趋势图

可见，超日太阳的收入明显往下了，利润总额变成了亏损。

接着，给其审计的天健会计师事务所出具了保留意见的审计意见。根据最终披露的年报上的数字，栗子老师又整理了一份关于收入和利润总额的业绩数据，如图 5-9 所示。

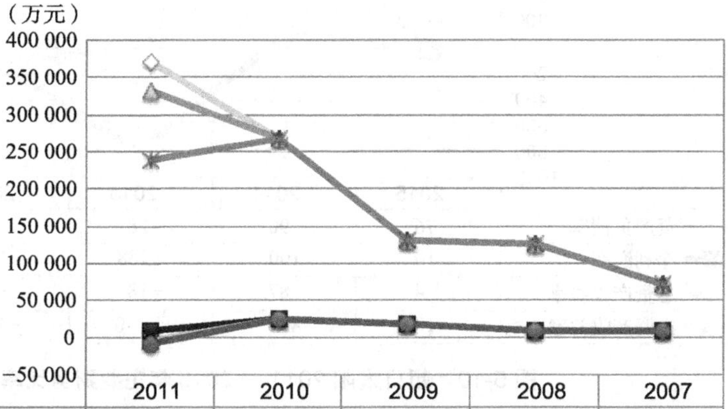

	2011	2010	2009	2008	2007
预报营业收入	369 751	268 665	131 824	126 988	72 257
预报利润总额	10 219	26 348	19 915	9 898	9 559
修正营业收入	333 258	268 665	131 824	126 988	72 257
修正利润总额	−4 297	26 348	19 915	9 898	9 559
年报营业收入	238 741	268 665	131 824	126 988	72 257
年报利润总额	−7 303	26 348	19 915	9 898	9 559

图 5-9　根据实际业绩做出的业绩趋势图

可见，超日太阳在一开始修正调整的时候仍然是犹抱琵琶半遮面的，没有调整到位。最终年报上的收入和利润数字再次大幅缩水。

业绩突变的主要原因是超日太阳之前没有将自己投资的几个境外子公司纳入合并范围，所以母公司对子公司的销售全部算作收入，当将这些子公司纳入合并范围之后，集团内部交易抵销，这样收入规模下降，利润下降。

这跟不久之前为了发债融资营造的报表氛围完全不同，所以超日太阳在《公司债券募集说明书》中存在重大遗漏、虚假陈述、夸大盈利预测等违规行为。

但是直到 2012 年 6 月底，相关债券评级机构对该债券给出的评级仍然是 AA，这个反应是有点慢的。该债券的评级在 2012 年年底被调为 AA^-，2013 年 4 月被调整为 BBB^+，2013 年 5 月被调整为 CCC。

5.4.4　从此变成 *ST

栗子老师整理了超日太阳 2011 年之后的财报数据（见图 5-10），在发债融资之后，超日太阳连续三年亏损，跻身于退市风险警示板块。

超日太阳2013年资不抵债，巨额亏损，净资产收益率是失效的（负的净资产）。

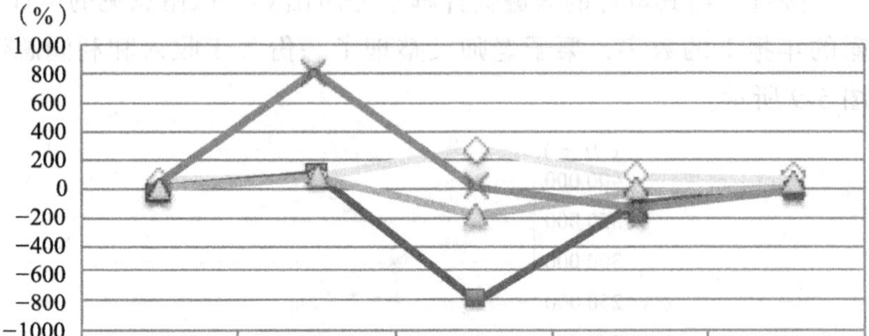

	2015	2014	2013	2012	2011
资产负债率	76	90	284	85	58
净利润率	10	100	−788	−102	−5
总资产收益率	4	87	−188	−21	−2
净资产收益率	18	832	0	−139	−4

图5-10　超日太阳2011～2015年主要财务比率

2013年1月22日，因公司涉嫌未按规定披露信息，超日太阳被证监会立案调查。（最终经过两年调查，2015年5月26日，证监会在[2015]10号决定书中认定其违法行为。大家如果想具体知道怎么罚的，可去看这个决定书。）

2013年，在该债券需要支付利息的时候，超日太阳已经是焦头烂额、资金紧张了，当时在地方政府的帮助和协调下，企业千方百计总算是按额支付了利息。但到了2014年3月又该支付债券利息的时候，它一共欠债权人8 980万元，但*ST超日仅落实付息资金400万元，付息比例仅为4.5%。

因此，超日债也成为国内首例违约的公募债券。

既然已经这样了，就破产重整吧。2014年5月28日，超日太阳被暂停上市。接着，超日太阳一直在忙着破产重整的事，同属于光伏产业的协鑫集团介入。到2014年10月超日太阳完成破产重整，长城资管和上海久阳合计提供了8.8亿元的连带责任担保，超日债的投资人几乎获得了全额赔付。其2014年的报表中利润都属于营业外收入（破产重整，也就是欠的钱不用还了，别人替你还或者是债权人不要欠款了，这里是别人替超日太阳还了）。协鑫集团实现了借壳A股上市。

5.4.5　涅槃重生

2015年8月12日，*ST超日更名为协鑫集成，并重返A股市场。

从2015年年报上来看，其财务业绩表现还是比较正常的。

在之前的重整方案中，协鑫集团承诺：“在符合法律法规规定的前提下，重整后通过恢复生产经营、注入优质资产等各类方式，使公司 2015 年、2016 年实现经审计的归属于母公司所有者的净利润分别不低于 6 亿元、8 亿元。如果实际实现的净利润低于承诺净利润，由协鑫集团以现金方式就未达到利润预测的部分对公司进行补偿。”

2015 年其净利润是 6.3 亿多元，但是经营活动产生的现金净流量却是负的 10 个亿。

5.5 报表上的“三（双）高”及其解读：草原兴发的虚假银行存款

5.5.1 引人深思的“三高现象”

人如果“三高”了，要身体健康就需要把“三高”降下来。同样地，企业的财报如果“三高”了，就也是很不好看的。

所谓“三高”，是指“货币资金高、短期借款高、长期借款高”（也可以说成“双高”，即“货币资金高、某种借款高”）。

道理很简单，如果手中有那么多钱，为什么还要向银行借钱呢？是为了给银行送利息吗？我们直觉上会觉得有问题。

当然，如果是暂时的“三高”，那么可能没问题。例如，某企业刚刚跟银行借了一笔钱，在账上暂时还没有用出去，体现在报表上会出现“三（双）高”。这没有关系，随着资金的使用，这种现象会消失。但如果企业在报表上长期体现“三（双）高”的局面呢？

栗子老师观察，如果长期体现“三（双）高”，可能有以下几种情况。

第一，合并报表上出现“三（双）高”。这可能是由于合并汇总产生的。有些子公司缺钱，所以有大量的借款在账上，而有些子公司不缺钱，货币资金很多。这样合并加总之后，导致合并报表上出现“三（双）高”的局面。虽然这样的“三（双）高”有合理的解释，但这至少表明从集团层面讲，资金的利用是没有效率的。

第二，企业在货币资金中有大量是使用用途受到限制的。这导致虽然貌似账上有很多钱，但是实际可动用的并不多，因此企业需要借款融资。一般来说，使用用途受到限制的货币资金就不应该再列入货币资金，而是应当列作“其他（非）流动资产”，但在实务中，有时我们还是会发现一些不太规范的操作，如不单独列示，甚至根本不告诉大家。

第三，货币资金是假的。本来以栗子老师单纯质朴的心是没有考虑这种可能性的，但事实教育了我（现实有时就是这么残酷）。有朋友可能会说，货币资金都能虚列，这怎么可能？审计师干什么去了？朋友们，我跟你们一样无语。

让我们来看一个例子，栗子老师当年就是被这个例子震惊了，然后补充上了上述第三条。

5.5.2 草原兴发案例简介

曾经的草原兴发（000780）是一家上市公司，不过由于违规而被处罚，000780已经被装入了新的资产，现在叫作平庄能源。我们看看当年草原兴发事发的经过。

1997 年 5 月，草原兴发在深交所上市，主营肉鸡和肉羊。

2006 年 1 月 6 日草原兴发发布公告，说由于禽流感疫情的影响，公司对农户进行赔付将近 3.4 亿元。这明显就是告诉投资者，公司要亏损了，而且是巨额亏损。(为其审计的中天华正会计师事务所给出的是无保留意见。)

事实上，草原兴发在这个时期已经资金难以为继了，再加上记者走访农户和媒体报道，纸包不住火。

于是，2006 年 5 月 19 日，公司发布《关于禽流感赔付及公司存在重大风险事项的提示性公告》，承认并没有实际赔付农户。舆论哗然。

2006 年 6 月 8 日，草原兴发因涉嫌违规被证监会立案稽查。

风口浪尖上，又到了草原兴发出 2006 年半年报的日子。这个报表不好出！

于是，公司数次发布公告推迟半年报的报出日，由原来的 8 月 7 日推迟到 8 月 28 日（法定最后截止日），再推迟到 10 月 30 日。中期报告换了审计师事务所（中信会计师事务所），并且事务所对中期报告进行了审计。

中期报告中陈述了草原兴发各种违法违规事实，并对违规行为导致的报表结果进行了追溯调整。感兴趣的读者可以自行下载草原兴发 2006 年半年报来看。

栗子老师此处只提一点，草原兴发 2006 年中期报告中显示，2005 年 12 月 31 日其货币资金是 1.79 亿元，而在原来公布的 2005 年年报中该数字是 9.5 亿元。这意味着将近 7.7 亿元的货币资金是虚列的！

000780 随后开始紧锣密鼓地进行资产置换，要将平庄能源装进来。为了帮助草原兴发渡过难关，市政府等相关部门给予了草原兴发 3 亿元的财政补贴。

如图 5-11 所示，在草原兴发 2007 年 2 月 10 日发布的 2006 年年报中，这样写道："二〇〇六年是草原兴发发展史上最不平凡的一年。"

这的确是不凡。

2007 年 7 月，平庄能源登上 A 股市场。

5.5.3 草原兴发的"三高"症状

让我们具体看一看违规被发现之前，草原兴发的报表特点。

> **第八章　董事会报告**
>
> 报告期内公司经营情况的讨论与分析：
>
> 二○○六年是草原兴发发展史上最不平凡的一年，报告期内，面对肉食品行业竞争的日益激烈，原材料价格的不断上涨，禽类疫情时有突发，资金短缺等困难，公司管理层竭尽全力化解危机：为止血增效，实施了分公司和基地工厂转制经营，为顺利实施重组赢得了宝贵的时间；公司因涉嫌证券违法违规，受到中国证券监督管理委员会的两次立案调查，管理层正视错误，积极整改；公司在上级党委政府的领导下积极运作与内蒙古平庄煤业（集团）有限责任公司（以下简称“平煤集团”）的战略重组，并已取得阶段性成果。经历了风雨洗礼的草原兴发，正在迎来希望与挑战同在的二○○七年，并期待收获斑斓的彩虹。
>
> 报告期内，公司完成主营业务收入 434 755 876.91 元，较去年同期减少 76.16%；实现主营业务利润 441 385.72 元，较去年同期减少 96.18%；为扶持公司持续经营发展，2006 年 12 月 29 日，赤峰市元宝山区政府下发《关于对内蒙古草原兴发股份有限公司财政补贴的通知》（元政字 [2006]108 号）的文件，给予公司财政补贴 30 000 万元，因此，本年度公司实现净利润 6 508 536.34 元，同比增长 101.38%。

图 5-11　草原兴发 2006 年年报董事会报告截图

资料来源：摘自草原兴发 2006 年年报。

第一，货币资金的规模很大。

如表 5-7 所示，2004 年年底草原兴发有 10 亿元的货币资金，2005 年年底有超过 9 亿元的货币资金，2004 年年底货币资金占总资产的比例也已经高达 25%。

表 5-7　草原兴发货币资金规模

年份	2005	2004	2003	2002	2001	2000
货币资金（万元）	95 076	107 112	44 069	43 941	41 192	26 711
货币资金 / 总资产（%）	24	25	12	17	19	17

同行业的双汇发展从规模上比草原兴发要大很多，如图 5-12 所示。

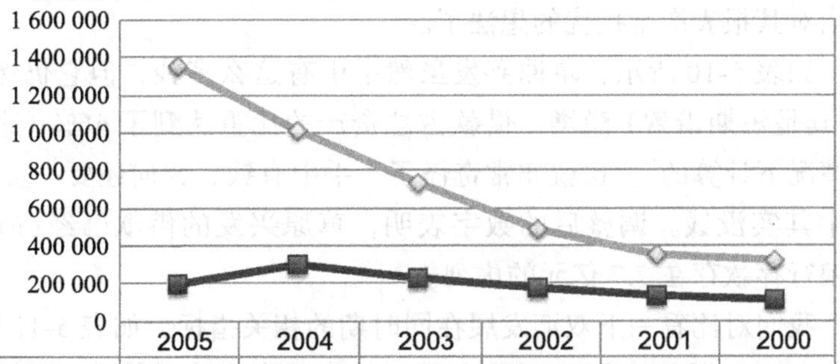

	2005	2004	2003	2002	2001	2000
双汇发展营业收入	1 345 993	1 005 605	717 946	475 970	336 797	310 721
草原兴发营业收入	182 343	287 829	210 415	161 809	119 257	99 433

图 5-12　草原兴发与双汇发展收入规模对比图

可见双汇发展的收入规模是草原兴发的 7 倍多（根据 2005 年数据），那么双汇发展手中货币资金的持有量是多少呢？

如表 5-8 所示，收入规模是草原兴发 7 倍的双汇发展，手中货币资金的持有量只有草原兴发的一半。因此可见，草原兴发手中持有的货币资金的数量可能是十分巨大的。

表 5-8 双汇发展货币资金规模

年份	2005	2004	2003	2002	2001	2000
货币资金（万元）	54 154	43 264	49 074	68 361	13 835	10 797
货币资金 / 总资产（%）	15	13	16	26	9	7

第二，草原兴发的货币资金持有量在 2005 年各个季度间波动不大。

我找来季报中的数据看一看，如表 5-9 所示。

表 5-9 草原兴发货币资金持有量（季报数据）

时间	2005-12-31	2005-09-30	2005-06-30	2005-03-31	2004-12-31	2004-09-30	2004-06-30	2004-03-31	2003-12-31
货币资金（万元）	95 076	120 408	120 054	108 326	107 112	77 587	53 381	53 307	44 069
货币资金 / 总资产（%）	24	28	29	26	25	20	15	15	12

可见在 2005 年草原兴发的货币资金一直高达 10 亿元左右，这样大规模的货币资金持有量与其业务规模并不匹配。我们不禁怀疑，这些货币资金中是不是有使用用途受到限制的？此时，我还没有敢猜，这些数据原来就是假的。

第三，典型的“三高”症状。

再结合栗子老师这里所说的“三高”症状来看一下草原兴发的报表，大家就更应当对其报表产生担忧的想法了。

如表 5-10 所示，草原兴发虽然手中有这么多钱，但它仍然在大肆借钱。借款（尤其是短期借款）激增，借款占总资产的比重达到了 46%（这还是在总资产虚增的情况下计算的）。这就非常奇怪了，手中有钱，为何还要一直借钱？因为事实是，手中其实没钱。调整后的数字表明，草原兴发的借款已经占到了总资产的 71%，而银行存款存在 7.7 亿元的虚列。

我们对比看一下双汇发展在同时期的相关指标，如表 5-11 所示。

双汇发展的比例就顺眼多了。其货币资金占总资产比例也不低了，有 20%，这意味着手中有钱，也就无须借钱（借款金额较小）。这是比较正常的状态。

人暂时“三高”没事，一直“三高”就会危及身体；企业财报暂时“三高”也没事，一直“三高”则要危害发展。

表 5-10 草原兴发的“三高”症状 （单位：万元）

年份	2006	2005	2004	2003	2002	2001	2000
货币资金		95 076	107 112	44 069	43 941	41 192	26 711
货币资金 / 总资产（%）		24	25	12	17	19	17
调整后货币资金	31 901	17 939					
调整后货币资金 / 调整后总资产（%）	11	7					
短期借款	135 931	155 505	146 900	123 653	98 157	51 900	20 230
长期借款	22 600	27 300	40 540	24 000	25 900	14 300	15 500
借款合计	158 531	182 805	187 440	147 653	124 057	66 200	35 730
借款总计 / 总资产（%）		46	45	41	49	31	22
借款总计 / 调整后总资产（%）	54	71					

表 5-11 双汇发展没有“三高”症状 （单位：万元）

年份	2006	2005	2004	2003	2002	2001	2000
货币资金	75 303	54 154	43 264	49 074	68 361	13 835	10 797
货币资金 / 总资产（%）	20	15	13	16	26	9	7
短期借款	800	6 000	3 100	5 700	15 000	5 000	
长期借款	1 262	3 455	1 598	1 409	1 539	1 669	1 797
借款合计	2 062	9 455	4 698	7 109	16 539	6 669	1 797
借款总计 / 总资产（%）	1	3	1	2	6	4	1

如果你发现一家企业的报表呈现“三高”症状，就需要仔细分析一下其合理性了。

5.6 负债率激增时（上）：辉山乳业做空事件

我的朋友圈曾一度被辉山乳业刷屏，2017 年 3 月 24 日上午辉山乳业的股价在半小时内暴跌 85%，随后紧急停牌，目前仍在停牌中，如图 5-13 所示。

这样的图形太悲壮了！

综合各路帖子，主要是说 2016 年年底知名做空机构浑水已经两次发布过做空报告，认为辉山价值接近于零。在其股价下跌之后大股东增持辉山股票，使股价稳住。3 月 24 日突然传闻大股东抽走上市公司资金 30 亿元用于房地产市场，以及中行审计发现了辉山做假单据的问题，辉山股价于是跳水。随后 3 月 28 日，辉山自己发布公告，声明不存在中行审计，不存在做假单据的问题。董事会已经发起对集团财务状况进行内部审查，以确定企业的流动性。

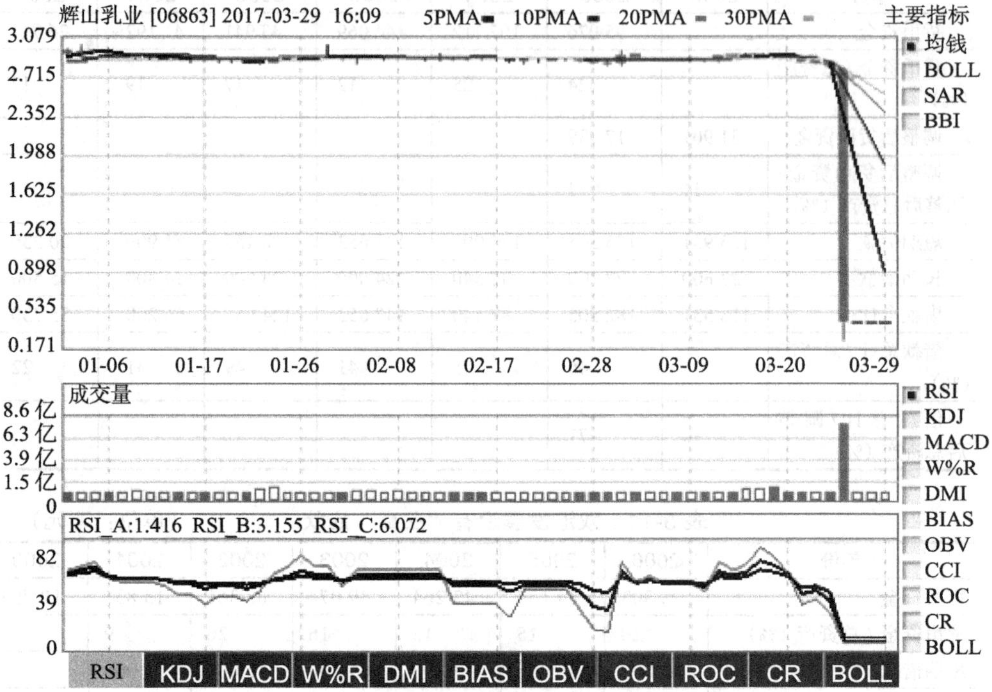

图 5-13　辉山乳业股价图

在我的学生群中，有沈阳的学生在看了那篇“投资不过山海关”的文章后，充满迷茫地问我，老师真的是这样吗？

课下时，那位沈阳的学生双眼湿润地跟我说，他就是喝辉山奶长大的，他们过年走亲戚都拎辉山牛奶。为什么会这样？

栗子老师被学生微红的双眼打动，决定去看看辉山乳业的报表。

5.6.1　辉山乳业简介

辉山乳业是一家品牌历史可以追溯到 1951 年的企业，其总部在沈阳。看辉山乳业报表的管理层讨论与分析，给我印象最深的就是它反复强调企业的特色是“全产业链发展模式”，从种植草料、养殖奶牛、产出原奶，到制成各种液态奶产品和奶粉产品，整个产业链都是在公司业务范围内的，用公司的话说“从源头解决乳制品安全的核心问题”。它在报表中多次提到自己液态奶所用的原奶全部是自产的。

2013 年 9 月，辉山乳业（HK，06863）在香港交易所主板成功挂牌上市，全球发行额 13 亿美元。这样的募集资金规模已经跻身香港历史上消费品行业首次发行企业募集资金的前三甲。

2016 年 9 月，辉山乳业在江苏盐城建设的异地全产业链项目投产，形成“北沈阳、南盐城”的格局。本来是一派欣欣向荣的局面，但在 12 月辉山乳业遭到了做空机构浑水的做空。

5.6.2 做空以及澄清

在浑水的做空报告中主要提到了以下几点问题。

第一，辉山大量从国外进口苜蓿草，这与企业说的奶牛都吃自家草不相符。

澄清：辉山外购的苜蓿草只占全部所需苜蓿草的 4.3% ～ 9.2%。

栗子老师翻看了其年报，其实在年报中，辉山的确没有说过奶牛吃的草全部是自产的，公司说的是制造奶产品的所有原奶都是自产的。公司的原奶在满足自身生产的基础上，还可以供给其他奶制品企业。

第二，辉山高估了其牧场的资本化支出（意思就是虚增了资产），大概有 8.9 亿～ 16 亿元。

澄清：浑水算错了，浑水用“购建固定资产、无形资产等长期资产的现金流出”除以了已经建成的牧场数量。事实上辉山当期发生的相关现金流出有些是以前建成牧场的后付款，还有新建牧场的预付款。

但是辉山没有具体数字的说明，虽然公司说的也有道理，但如果能够给出具体数字的解释会更有说服力。

第三，辉山董事长涉嫌偷窃公司 1.5 亿元甚至更高金额的资产。董事长将公司一家拥有 4 个牧场的子公司私自转移给了关联方，且未披露此事。

澄清：该子公司原本是辉山想要开拓肉牛养殖业务而运营的，但到 2014 年年底肉牛养殖牧场仍然处于在建状态中。由于乳制品行业竞争激烈，辉山决定将该子公司以 2 980 万元的价格卖给独立第三方。该事件未达到披露标准，因此没有披露。董事长随后在征得公司董事会同意之后，个人在肉牛业务上与被卖公司有一些合作。

辉山的解释也说得过去，只不过栗子老师不知道 2 980 万元的转让价款是否公允，以及买受方是否的确是独立第三方。

第四，即使辉山财务没有造假，公司由于负债太高，也会发生财务危机。

澄清：尽管中期报告中短期借款增加了，但是总体来看辉山的负债率是下降的。此处的负债率是用净负债（各种银行借款减去货币资金和银行理财产品金额）除以权益的。

后面咱们再具体看看负债率的情况，这里值得注意的是，辉山选择这样的负债率计算方式也是用心良苦，可以让比率看起来不是那么大。

第五，大股东大额质押了辉山的股票用于借款，如果大股东无法满足保证金的要求，那么会对做多的投资者造成极大的投资风险。

澄清：大股东质押股票用于借款很常见，辉山已经充分披露过此事，并且已与大股东确认了没有任何未满足的保证金要求。

这次辉山股票价格的下跌，会使得保证金头寸剧增，可以想见董事长杨先生的压力。杠杆用起来的确是需要非常谨慎的，真的不希望辉山这个老牌企业就这么被毁掉。

第六，辉山收入造假了，浑水从国家税务总局增值税查询结果倒推出的企业收入与企业报表对不上。

澄清：辉山的收入按照国际会计准则的标准确认，并经过审计师审计，公允地表达了企业业绩。辉山核查了旗下四家子公司报告的收入，与其在税务局和工商行政管理总局报备的都是一致的。

这里辉山给出了四家子公司的收入数字，显得有一定说服力。

第七，辉山奶牛的产奶量是虚高的，浑水还配有破烂的牛棚屋顶等图片。

澄清：浑水做空报告中将辉山的产奶量只与外国乳业比较，而没有跟同在港股上市的其他中国乳企比较，事实上，我们这几家企业报告的产奶量是差不多的。

产奶量的问题真的是需要奶牛专家来解答了。栗子老师咨询了一些朋友，说法是看跟谁比了，并认为辉山的这个数字的确不低。

5.6.3 报表上的一些特点

1. 生物资产的计量模式及给我们分析带来的影响

看辉山的报表，大家可能会注意到一个细节，那就是生物资产。由于有这项资产使得辉山的报表与其他企业有些不一样。

我国的生物资产准则中将生物资产划分为消耗性生物资产、生产性生物资产和公益性生物资产。其中消耗性生物资产报表列示时放在存货项，生产性生物资产和公益性生物资产报表列示时放在生物资产项下。例如，在养牛场中，肉牛算作存货，奶牛、种牛算作生产性生物资产。

我国准则是优先选择成本模式计量生物资产的，因此在国内上市的伊利股份、三元牛奶等都是用历史成本来计量其生物资产的。但在国际会计准则下优先选择用公允价值模式计量，因此在港股上市的辉山乳业和现代牧业等公司都选用了公允价值模式对其生物资产进行计量。

核算方式不同，出来的报表是不可比的。好在公允价值模式下，同时需要给出成本模式下的利润表。因此，我们在将乳制品企业进行业绩比较的时候需要小心一些，如表 5-12 所示。

表 5-12　辉山乳业 2016 年年报利润表　（单位：千元）

项目	截至 2016 年 3 月 31 日			截至 2015 年 3 月 31 日		
	生物公允价值调整之前	生物公允价值调整	总计	生物公允价值调整之前	生物公允价值调整	总计
收入	4 526 533	—	4 526 533	3 923 384	—	3 923 384
成本	（1 993 689）	（1 592 692）	（3 586 381）	（1 662 739）	（1 371 693）	（3 034 432）
毛利	2 532 844	（1 592 692）	940 152	2 260 645	（1 371 693）	888 952
初始确认生物资产公允价值大于收获时出售成本产生的利得	—	1 861 107	1 861 107	—	1 789 708	1 789 708
公允价值与收获时出售成本间差异的变动带来的损失	—	（431 184）	（431 184）	—	（448 628）	（448 628）
处置子公司的净利得	59 214	—	59 214	—	—	—
其他利润	123 122	—	123 122	34 130	—	34 130
销售费用	（696 881）	—	（696 881）	（595 037）	—	（595 037）
管理费用	（434 917）	—	（434 917）	（418 420）	—	（418 420）
营业利润	1 583 382	（162 769）	1 420 613	1 281 318	（30 613）	1 250 705

资料来源：摘自辉山乳业 2016 年年报。

由辉山乳业的年报利润表我们可以看到，第一列数字是成本模式下的利润数字，是在经过公允价值调整之后得到调整后的利润数字。

所以如果要跟国内上市的乳企比较，就需要用第一列的利润数字；如果跟同是公允价值模式计量的乳企比较，就可以用调整后的利润数字。

2. 成本模式下的盈利能力及同行比较

我们先跟国内最大的乳制品企业伊利股份比较一下（见表 5-13）。

我们可以看到，从上述指标来看，辉山的优势是碾压级的，也因此被人诟病财务造假。但其实如果辉山的苜蓿草的确绝大部分是自产的话，“全产业链模式”确实会带来这样的效果，相当于产业链上别家的利润你一家全赚了，这当然利润率会高。

表 5-13 成本模式下的利润率比较：辉山乳业 VS 伊利股份 (%)

年份		2015	2014	2013	2012
毛利率	辉山乳业	56	58	62	54
	伊利股份	36	33	29	30
净利率	辉山乳业	18	23	35	40
	伊利股份	8	8	7	4
收入现金含量	辉山乳业	46	53	33	57
	伊利股份	16	4	11	6

注：伊利股份与辉山乳业资产负债表日不同，辉山是 3 月 31 日，伊利是 12 月 31 日。由于生物资产计量模式不同，会导致总资产收益率和净资产收益率等盈利能力指标不可比，因此栗子老师此处只比较利润率与收入现金含量等可比指标。

当然，辉山乳业的净利润率逐年走低，而且降速极快。栗子老师查看利润表时发现其三大项期间费用都增幅较大，尤其是财务费用。这与资产负债表上借款增加直接相关。

3. 公允价值模式下的盈利能力及同行比较

如表 5-14 所示，辉山乳业与现代牧业的业绩相比，利润表上的指标是碾压现代牧业的，结合现金流来看，辉山乳业也是比现代牧业的收入质量好像要好些。

但是奇怪的是，辉山乳业的总资产收益率却比较低，当然现代牧业也好不到哪里去。2015 年年报上，辉山乳业的总资产收益率已经低至 2%，净资产收益率的表现同样也不出众。

表 5-14 公允价值模式下的盈利指标比较：辉山乳业 VS 现代牧业 (%)

年份		2015	2014	2013	2012
毛利率	辉山乳业	21	23	20	17
	现代牧业	9	4	33	32
净利率	辉山乳业	15	22	35	37
	现代牧业	7	15	13	24
收入现金含量	辉山乳业	46	53	33	57
	现代牧业	30	31	27	32
总资产收益率	辉山乳业	2	4	6	9
	现代牧业	2	5	3	5
净资产收益率	辉山乳业	5	6	9	16
	现代牧业	4	11	6	8

也许我们说辉山乳业于 2013 年 9 月的上市，使其净资产收益率和总资产收益率暂时下降了。但为什么后面没有稳住，反而一路下降呢？

为什么企业利用资产盈利能力的表现很差呢？一种可能的猜测就是辉山乳业的

资产是虚增的，以前年度的利润也是虚增的。以前年度好看的利润表盈利指标有水分，一旦结合资产负债表，其盈利能力指标就降下来了。所以，浑水的做空也并非空穴来风。但是，是不是就像浑水说的那样，公司价值为零，这个还需要再论证。

另外，现代牧业的日子应该也很不好过。毛利率下降得太快了，结合资产规模来看，盈利能力也较低。事实上，现代牧业 2016 年报表上已经是巨额亏损了。电商平台上总能看到现代牧业的促销，栗子老师还买过几次。

4. 负债情况

前面提到在浑水的做空报告中说，辉山乳业负债高企。让我们看看报表上的数字，如图 5-14 所示。

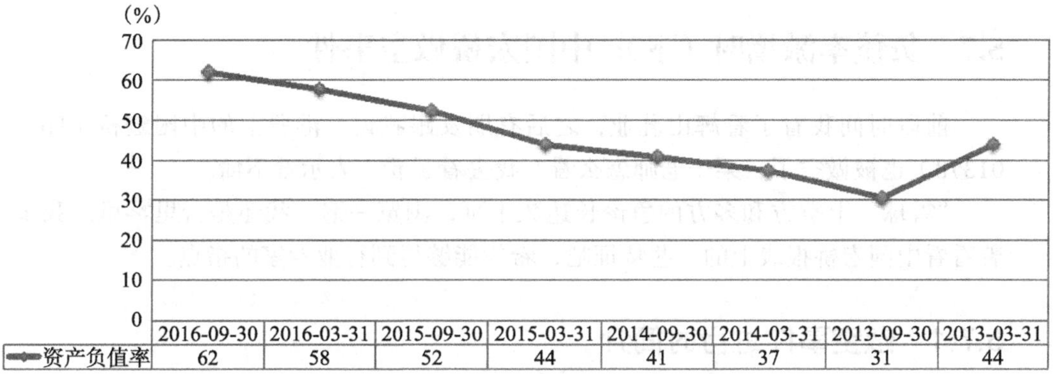

图 5-14　辉山乳业的资产负债率

的确，从上市之后，辉山乳业的资产负债率一路走高，上升到 62%。

栗子老师将负债区分为经营性负债和金融性负债，观察其结构变化，如表 5-15 所示。

表 5-15　辉山乳业金融性负债占比　　　（金额单位：万元）

时间	2016-03-31	2015-03-31	2014-03-31	2013-03-31
经营性负债	422 605	269 097	150 454	161 657
金融性负债	1 286 048	808 701	632 035	301 131
经营性负债 / 总资产（%）	14	11	7	15
金融性负债 / 总资产（%）	44	33	30	29

辉山乳业近两年向银行的借款非常多，在 2016 年 3 月底时总共借款就已经达到了近 129 亿元，后来又继续大额借款，使其资产负债率进一步飙升。这些钱如果并没有被用于企业生产经营，进而带来利润的话，也可以解释为什么辉山乳业的总资产收益率一路下挫。

栗子老师看新闻，各个银行纷纷披露了辉山事件的风险敞口。

平安银行有 21.42 亿港元（合 18.99 亿元人民币），浦发银行有 6.8 亿元人民币，工商银行有 20 亿元人民币，九台农商行有 13.5 亿元人民币，招商银行有 4 040 万美元（合 2.78 亿元人民币），农业银行有 1.1 亿元人民币和 1.5 亿港元（合计 2.43 亿元人民币）。

栗子老师又看新闻，辉山乳业董事会里的 4 名独立董事全部辞职了，董事会剩下的 5 人都是公司高管（其中还有 1 名在此次事发之前留下一封信称工作压力过大要度假而失联至今的高管）。

栗子老师如今只希望辉山董事长挪用上市公司资金的传闻只是愚人节的玩笑，希望这家老牌的乳制品企业能够挺过来。（栗子老师写于愚人节。）

5.7 负债率激增时（下）：中国宏桥做空事件

前段时间我看了看辉山乳业，之后有朋友跟我说，港股上的中国宏桥（HK，01378）也被做空了，栗子老师怎么看？我去看了看，表示看不懂。

“雪球”上空方和多方的争论长达数十页，浏览一遍，我还是云里雾里。我试着看看中国宏桥报表上的一些特征吧，希望能够得到行业专家的指点。

5.7.1 做空事件进行时简介

2011 年 3 月，中国宏桥在港股上市。

2016 年 11 月，一家匿名网站发布对中国宏桥的沽空报告。中国宏桥立即发布澄清公告，并在 12 月 20 日，发布了详细的逐条澄清公告。其股价未受大的影响。

2017 年 1 月 13 日，中国宏桥发布公告预计 2016 年其利润将比 2015 年增长 70% ～ 100%。

2017 年 2 月 28 日，做空机构 Emerson Analytics 发布做空报告，认为中国宏桥财务造假，瞒报成本将近 216 亿元，真实利润率不到对外宣称的一半。中国宏桥股价在半小时内下跌 8%，随后紧急停牌。

2017 年 3 月 4 日，网传山东魏桥集团（集团下包括魏桥纺织——全球最大纺织品生产企业、中国宏桥——全球最大电解铝生产企业）向中国有色金属工业协会提交了《关于应对美国机构做空事件的紧急报告》以及协会向工信部提交的《关于防范和应对以美国为首的西方国家围堵中国铝产业有关建议的函》。关于此函网上也有各种不同的争论声音，感兴趣的朋友可以上“雪球”围观。

2017 年 3 月 6 日，中国宏桥发布公告做了简短澄清。这个澄清公告我认为过于简短，没有对做空机构提出的质疑给予逐条回击。因此，在 3 月 7 日复牌之后，中国宏桥的股价开盘就跌了将近 5%，当天的成交量也急剧放大。3 月 22 日，中国宏桥再次停牌。

2017 年 4 月 2 日，中国宏桥发布“有关 2017 年负面报告及审计师函件的澄清”，要求做空机构公开道歉，不然就起诉。审计师安永面对此次事件，也要求再次就相关事件进行复查，推迟了签发审计报告的日期。但是自被 Emerson Analytics 做空以来，中国宏桥还没有出具一份非常详细的逐条澄清公告。这是让人非常费解和费思量的！

目前中国宏桥仍然在停牌中。

5.7.2　报表上的一些特点

为了方便比较，栗子老师找来一些同行业的公司数据。这些公司规模大小的比较如表 5-16 所示。

表 5-16　2015 年年报相关铝业企业规模比较

项目	中国宏桥（亿元）	南山铝业（亿元）	中国铝业（亿元）	美国铝业（亿美元）
总资产规模	1 064	348	1 920	164
收入规模	441	137	1 235	112

可见，中国宏桥在这个行业中俨然已经跻身大企业的行列，尤其在电解铝的生产上，它是全球最大的一家。

如表 5-17 所示，大家可以看到中国宏桥在行业中是一颗快速上升的耀眼的星星。其收入规模是一直在快速增加的。而同处山东的南山铝业则在 2012 年之后开始出现收入下降的局面。与巨无霸中国铝业和美国铝业相比，这两家巨无霸公司在近几年都处于收入衰退的境地。

难道是“木秀于林，风必摧之”？

1. 明显高于同行的利润率

栗子老师比较了一下这几家公司的毛利率和净利率，如表 5-18 所示。

可见，从 2010 年起，中国宏桥的毛利率和净利率突然提升至碾压行业的水平，之后总体利润率指标是往下走的，但按照 2015 年的数据它仍然是显著高于同行业。

行业中两个老大哥的日子很不好过，美国铝业已经连续多年亏损，而中国铝业也是按照微利、巨亏的规律在走。中国宏桥与这两家企业的可比性并不高。本身国企有可能存在人员冗余和效率等问题，导致这个局面也不是很奇怪。与中国宏桥相对可比的是同在山东的南山铝业。

表 5-17 相关铝业企业 2008 ～ 2015 年收入趋势

年份	2015	2014	2013	2012	2011	2010	2009	2008
中国宏桥（万元）	4 410 993.00	3 608 580.00	2 940 446.20	2 480 474.20	2 362 603.10	1 513 159.10	866 842.80	877 216.20
趋势百分比（%）	503	411	335	283	269	172	99	100
南山铝业（万元）	1 366 989.00	1 405 603.00	1 452 452.00	1 486 960.00	1 332 808.00	917 414.00	727 911.00	723 159.00
趋势百分比（%）	189	194	201	206	184	127	101	100
中国铝业（万元）	12 347 543.00	14 199 983.00	17 303 810.00	14 947 882.00	14 587 443.00	12 099 485.00	7 026 801.00	7 672 815.00
趋势百分比（%）	161	185	226	195	190	158	92	100
美国铝业（百万美元）	11 199.00	13 147.00	12 573.00					
趋势百分比（%）	89	105	100					

表 5-18　相关铝业企业毛利率和净利率比较　（%）

年份	2015	2014	2013	2012	2011	2010	2009	2008
中国宏桥								
毛利率	20	26	28	32	35	38	10	6
净利率	8	15	19	22	25	28	6	5
南山铝业								
毛利率	13	15	15	13	15	16	18	17
净利率	4	6	5	5	8	9	10	9
中国铝业								
毛利率	3	1	2	1	6	6	2	9
净利率	0	−11	1	−6	0	1	−7	0
美国铝业								
毛利率	19	20	12					
净利率	−8	−2	−23					

这几家企业一个共同的特征是利润率在 2015 年是下滑的。（除了中国铝业在 2015 年扭亏为盈，这可能更主要的原因是它 2014 年巨亏了。）

南山铝业 2015 年年报中披露氧化铝的价格走势图（见图 5-15），可以说明其利润率下降的部分原因（用氧化铝制造电解铝）。

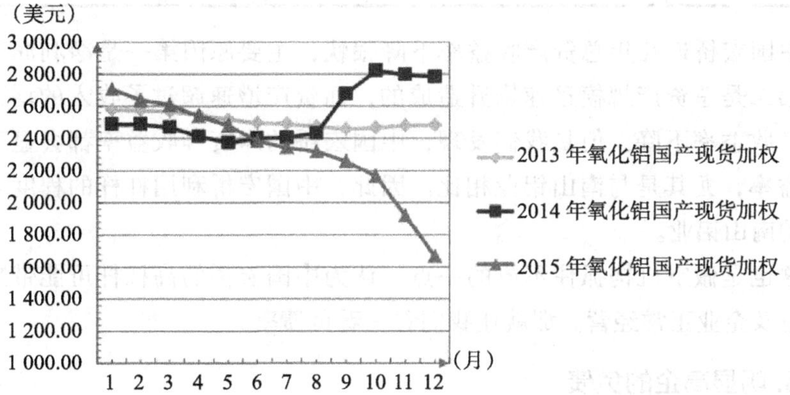

图 5-15　南山铝业 2014 ～ 2015 年氧化铝价格走势对比图

南山铝业在 2015 年年报中的原话说：“以 2015 年 12 月为例，中国电解铝平均含税完全成本约为 11 830 元 / 吨，同期长江现货铝价均价为 10 563 元 / 吨，售价与成本持续倒挂，即便是拥有自备电厂且煤价较低的电解铝企业，也很难保持盈利。”（最后这句话不知是否意有所指。）

电解铝制造最重要的成本是电费，因此，中国宏桥宣传自己高利润率的原因是自建电厂，可以节省各种税费，最终成本较低，利润较高。这也是在“雪球”上引发争论的一个话题。

栗子老师不是电力专家，不懂内情。不过我认为问题的关键是需要审计师去弄清楚中国宏桥用来发电的煤都是从哪里进的，进价多少。进价如果足够低的话，那么达到它所说的发电成本也不是完全没可能的事情。我相信安永正在紧锣密鼓地进行相关工作。

我不愿意相信，优秀的一定是假的。

2. 总资产收益率和净资产收益率

我们再结合资产负债表看一下盈利能力，此处就只用南山铝业与中国宏桥对比了（见表 5-19）。

表 5-19 中国宏桥与南山铝业的总资产收益率和净资产收益率 (%)

年份	2015	2014	2013	2012	2011	2010	2009	2008
中国宏桥								
总资产收益率	3	6	9	12	20	31	5	4
净资产收益率	10	17	21	24	32	57	18	17
南山铝业								
总资产收益率	2	3	3	3	5	4	5	5
净资产收益率	2	5	4	4	6	5	6	7

中国宏桥近几年总资产收益率下降很快，主要原因第一是净利润率下降造成的，第二是总资产规模迅速攀升造成的，而资产增速超过了收入的增速，造成了总资产收益率下降。但是我们发现，中国宏桥的净资产收益率都会显著大于总资产收益率，尤其是与南山铝业相比。因此，中国宏桥利用杠杆的程度要远大于同行业的南山铝业。

这也是做空机构抓住不放的一点，认为中国宏桥的高杠杆可能带来的财务风险会危及企业正常经营。那就让我们看一看负债率。

3. 明显高企的负债

我们比较一下中国宏桥与南山铝业的资产负债率（见表 5-20）。

表 5-20 中国宏桥与南山铝业的资产负债率 (%)

年份	2015	2014	2013	2012	2011	2010	2009	2008
中国宏桥	66	61	59	50	38	45	72	77
南山铝业	27	37	36	34	19	17	18	32

可见这两家企业在运用负债融资上的风格截然不同。中国宏桥的管理层应该

是非常偏好负债融资的，在上市之前资产负债率曾经高达 77%，上市之后降至 38%。但随着经营规模扩张的需要，管理层又频繁使用了负债融资的手段，资产负债率逐渐走高。另外股票交易停牌了，但中国宏桥发行的债券却仍在交易，价格下跌较大，该公司债券投资者也面临较大的风险。

同时从 2016 年半年报上的数据看，中国宏桥的资产负债率继续走高至 67%。而另一家南山铝业在负债融资的运用上就谨慎多了。

“雪球”大 V 岁寒知松柏提出：“宏桥与魏桥纺织合计的有息负债已近 800 亿元，估计整个魏桥集团的有息负债应该达到 1 000 亿元的规模。”他认为魏桥集团的负债如此巨大，产生了巨额的财务费用，同时魏桥纺织和中国宏桥账上还有大量货币资金。他也认为看不懂中国宏桥的报表。

负债融资有利有弊。事实上，企业如果报表没有造假（或者造假程度较轻微），那么负债融资会放大给股东的回报，何乐而不为呢！

4. 现金流相关情况

做空机构提出中国宏桥的自由现金流为负，很可能引发财务危机（见图 5-16）。

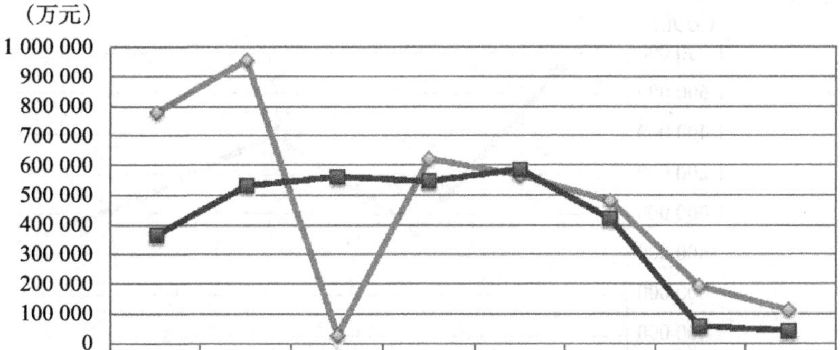

	2015	2014	2013	2012	2011	2010	2009	2008
经营流动现金流量净额	776 975	952 234	25 228	622 077	563 008	477 246	192 358	111 672
归属母公司股东利润	364 879	531 363	559 268	545 259	587 541	419 574	55 629	42 030

图 5-16　中国宏桥的经营活动现金流量净额

我们看到，中国宏桥的经营活动现金流量净额在绝大多数年份中都高于净利润，利润质量是很高的。只有在 2013 年出现一个经营现金流量净额的“异常值”。栗子老师翻看了其 2013 年报表，这主要是存货激增 70 亿元造成的。存货激增又主要是原材料增加 60 多亿元导致的，再结合利润表中其 2014 年收入相比 2013 年又冲上了新台阶（增长 23%），这可以理解为中国宏桥为扩大产能而进行的备货。

如图 5-17 和图 5-18 所示，中国宏桥近些年进行了非常激进的对外扩张，包括在海外建厂布局铝土矿等。

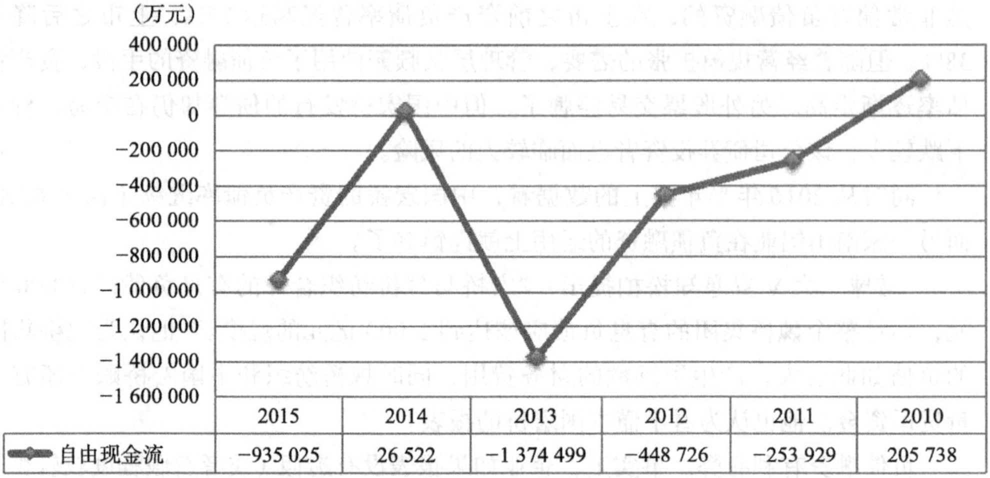

图 5-17 中国宏桥的自由现金流

注：此处用经营活动现金流量净额减去资本性支出计算自由现金流。

可见，企业的自由现金流的确基本呈负数，但是高速成长期企业的特点就是自由现金流为负。所以，自由现金流为负并不一定意味着是坏事。

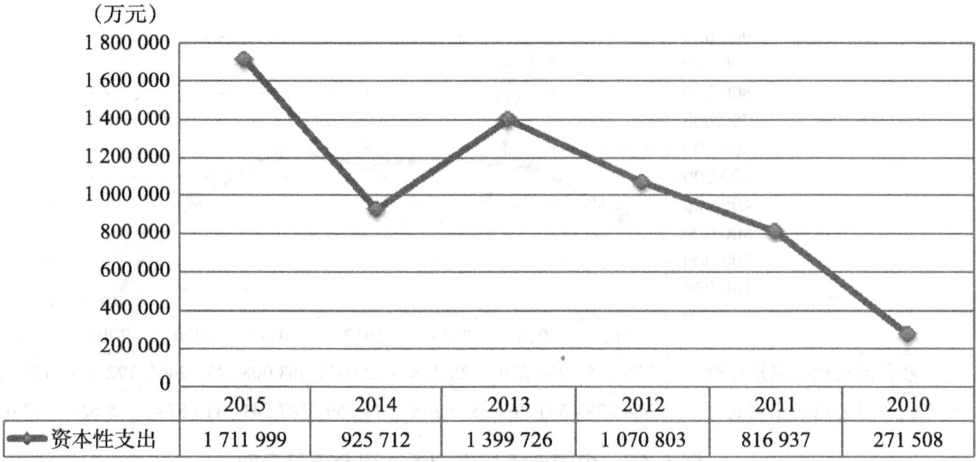

图 5-18 中国宏桥的资本性支出

我们再来看看中国宏桥 2008 ～ 2015 年整体现金流状况（见表 5-21）。

表 5-21 中国宏桥 2008 ～ 2015 年整体现金流状况 （单位：万元）

项目	2008 ～ 2015 年
经营活动现金流量	3 720 796
投资活动现金流量	−6 810 558
筹资活动现金流量	3 931 271

总体来看，中国宏桥在 8 年间的经营活动提供了 372 亿元现金流，但投资活动一共投出了 681 亿元，不够的部分就靠筹资活动顶上了（这期间，公司 IPO、向银行借款以及发债）。

上市之后，中国宏桥也慷慨地给予了股东分红，如图 5-19 所示。

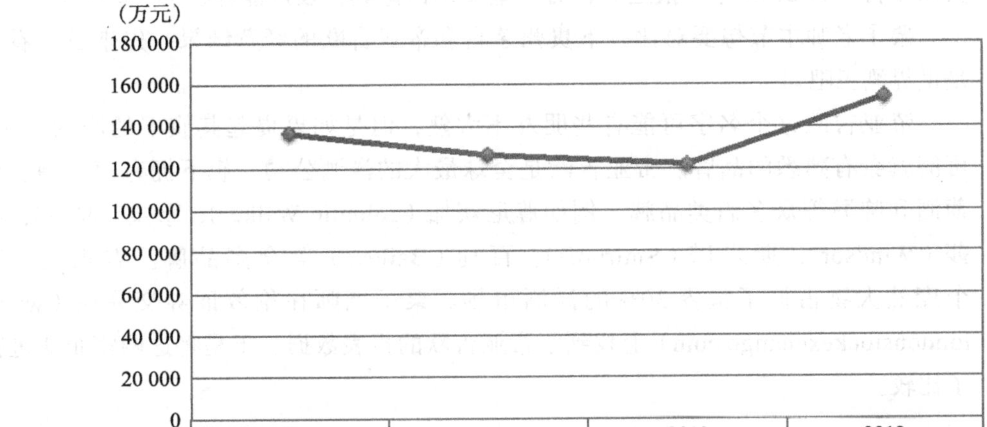

	2015	2014	2013	2012
股利分红	136 796	126 123	121 794	153 637

图 5-19　中国宏桥的现金股利分红

中国宏桥的累计分红数达到 53.8 亿元人民币，当初上市时融资 63.72 亿港币（将近 57 亿元人民币），已经差不多都分回去了。

5.7.3　对中国宏桥的总体评价

我看下来有以下的感觉。

（1）山东首富张老板的确是非常厉害的人物，能够在两个完全不同的领域都做到全球最大，这非常值得人敬佩。

（2）企业业务应该还是比较良好的，经营现金流也比较充沛。

（3）中国宏桥的报表应该是有一些问题的，不然针对这次做空，为何迟迟不出明细的澄清公告？

（4）栗子老师希望中国宏桥的发电成本不要过于虚低，利润不要过于虚高。

（5）企业的确是在大踏步地进行全球布局和扩张，希望还是能稳扎稳打，保持住节奏。

同样祝愿中国宏桥能挺过这道难关。

5.8 分红策略比较：谁是世界酒王？帝亚吉欧 VS 贵州茅台

最近关于贵州茅台的文章不少，其中很醒目的一篇文章是关于茅台市值在 4 月 11 日超越了世界酒王帝亚吉欧（Diageo），成为市值新酒王的，以及 4 月 15 日贵州茅台发布 2016 年年报之后，有一些文章讨论其报表可能存在的一些问题。

栗子老师本节想要对比一下贵州茅台和帝亚吉欧的经营结果，先来看一看谁是世界酒王吧。

帝亚吉欧这个名字可能有些朋友不太熟，但是如果提起其旗下的酒的名字，可能就会有熟悉的品牌。帝亚吉欧是全球最大的洋酒公司，旗下拥有蒸馏酒、葡萄酒和啤酒等众多酒类品牌。例如尊尼获加（Johnnie Walker）、珍宝（J&B）、温莎（Windsor）、斯米诺（Smirnoff）、百利（Baileys）等众多品牌。看报道，这个庞然大物占据了世界 30% 的洋酒市场。栗子老师在伦敦证券交易所（www.londonstockexchange.com）上找到了帝亚吉欧的报表数据。于是将这两家企业进行了比较。

5.8.1 规模比较

1. 资产规模

如图 5-20 所示，帝亚吉欧总资产规模大概是贵州茅台的两倍，但是如果观察资产规模的增长速度的话，那么贵州茅台的增长速度无疑是远超帝亚吉欧的。

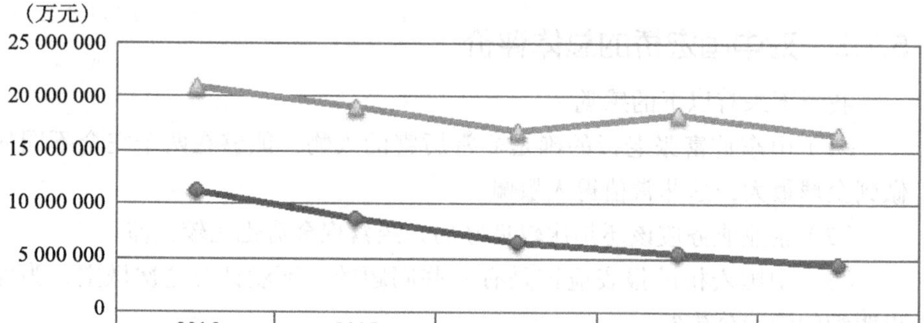

	2016	2015	2014	2013	2012
贵州茅台	11 293 454	8 630 146	6 587 317	5 545 415	4 499 821
帝亚吉欧	20 997 867	19 017 548	16 924 468	18 418 367	16 471 950

图 5-20 贵州茅台和帝亚吉欧资产规模比较

注：帝亚吉欧的资产负债表日是 6 月 30 日。栗子老师将帝亚吉欧的欧元数据乘以 7.37 转换成人民币。

2. 收入规模

如图 5-21 所示，帝亚吉欧的收入规模也是贵州茅台的将近两倍，但是贵州茅台的收入规模一直呈现上升的态势（即使是最近几年经历了国内白酒行业的寒冬期），而帝亚吉欧则是较为平稳，甚至略有下降的趋势。

所以，从资产规模和收入规模上来看，帝亚吉欧仍然是当之无愧的世界酒王。但贵州茅台作为处于成长期的“小弟”，市值已然超过了“老大哥”。那么是不是其盈利性和成长性非常突出导致的呢？

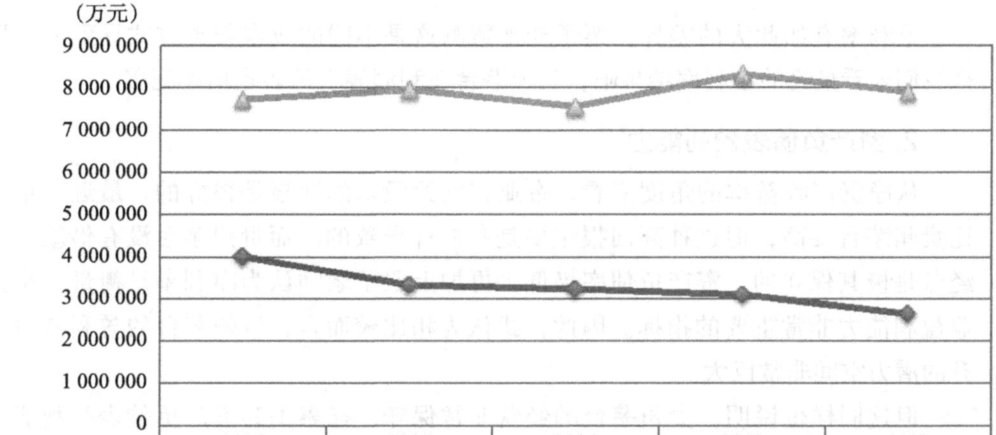

	2016	2015	2014	2013	2012
贵州茅台	4 015 508	3 344 686	3 221 721	3 107 060	2 645 534
帝亚吉欧	7 727 445	7 969 181	7 560 146	8 330 311	7 931 594

图 5-21　贵州茅台和帝亚吉欧收入规模比较

5.8.2　盈利能力

栗子老师计算了这两家公司的一些主要盈利能力指标，如表 5-22 所示。

表 5-22　贵州茅台和帝亚吉欧盈利能力比较

年份		2016	2015	2014	2013	2012
毛利率（%）	贵州茅台	91	92	93	93	92
	帝亚吉欧	59	58	61	—	—
净利率（%）	贵州茅台	42	46	48	49	50
	帝亚吉欧	18	22	23	22	21
总资产周转率	贵州茅台	0.36	0.39	0.49	0.56	0.59
	帝亚吉欧	0.48	0.45	0.45	0.42	0.37
总资产收益率（%）	贵州茅台	15	18	23	27	30
	帝亚吉欧	9	10	10	9	8

（续）

年份		2016	2015	2014	2013	2012
资产负债率（%）	贵州茅台	33	23	16	20	21
	帝亚吉欧	70	68	67	64	64
净资产收益率（%）	贵州茅台	22	23	28	34	38
	帝亚吉欧	29	30	31	26	22

注：栗子老师计算时资产负债表数据选用了期末值。

1. 利润表盈利能力

毛利率有如此大的差异，栗子老师猜测这是不同的成本归类方式导致的。那么我们来看最终的净利率结果吧，贵州茅台在利润表上的表现堪称完美。

2. 资产负债表盈利能力

从净资产收益率的角度来看，帝亚吉欧给股东的回报是很好的，最近三年都比贵州茅台要高，但这种高回报主要是高杠杆导致的。而贵州茅台没有借款，其经营是极其保守的，资产负债率极低。再加上栗子老师认为净利率是衡量一家企业盈利能力非常重要的指标。因此，我认为相比较而言，贵州茅台的盈利能力提升的潜力空间非常巨大。

但这同样也说明，贵州茅台的经营非常保守，拖累了其资产负债表盈利能力指标。

5.8.3 成长性

1. 资产、收入和净利润的增长率

如表 5-23 所述，贵州茅台总资产规模、收入规模和净利润在最近几年间一直都是呈增长态势的。虽然在 2014 年和 2015 年收入和净利润增长放缓，但仍然一直是增长的。这在国内很多中小型酒企纷纷亏损的情况下，能够取得这样的增长已然很不容易。

帝亚吉欧的规模已经比较稳定，资产、收入和净利润呈现出正负相间的态势。

表 5-23 贵州茅台和帝亚吉欧成长能力比较 （%）

年份		2016	2015	2014	2013
总资产增长率	贵州茅台	31	31	19	23
	帝亚吉欧	−11	9	−11	−9
收入增长率	贵州茅台	20	4	4	17
	帝亚吉欧	−5	10	−5	3

（续）

年份		2016	2015	2014	2013
净利润增长率	贵州茅台	8	1	1	14
	帝亚吉欧	−21	5	−2	6
经营活动现金净流量增长率	贵州茅台	115	38	0	6
	帝亚吉欧	0	43	—	—
支付股利增长率	贵州茅台	50	8	−31	72
	帝亚吉欧	8	9	—	—

2. 经营活动现金净流量的增长率

2016 年是贵州茅台业绩爆发的一年，这不仅体现在收入和利润的增速上，更体现在经营活动现金净流量的增长上。这一年企业的预收款上升非常快，如图 5-22 所示。

所以，贵州茅台有它的特殊性，看它的报表不能忽视对预收账款的分析。由于它在行业中的地位和采取的销售模式，导致预收款成为行业景气程度的象征指标。

从这些指标上来看，我的一个感觉是预收款是先行指标，传导到利润上大概需要一年的时间。所以，看到贵州茅台预收款激增，就可以想见其 2017 年的利润是差不了了。

3. 支付股利的增长率

再来看表 5-23 中真金白银付出去的股利增减变化，贵州茅台的变动比较大，在股利政策上可以看出其相对还是比较任性的。而在较为成熟的资本市场上，投资者对待股利的态度可能会更为敏感，因此，帝亚吉欧即使在利润有波动的情况下，依然维持一个股利支付相对稳定的增长率。这也是成熟资本市场的一个特点。

4. 资本性支出的情况

我看相关报告，茅台集团计划要在 2020 年实现“千亿级”企业，收入要突破 1 000 亿元，其中酒类收入占 70%，也就是 700 亿元。贵州茅台 2016 年的收入是 400 亿元，也就是说它需要在 4 年的时间内增至 700 亿元。

如图 5-23 所示，我们需要去分析贵州茅台每年的基酒和成品酒的产量趋势，并结合现有产能、茅台镇的区域规划、厂区扩建能力等因素（据说，出了茅台镇，不用那里的水，不接触那里空气中的微生物，茅台就不是那个味道了）。为什么贵州茅台的资本性支出近些年越来越少了呢？是没地方扩建了吗？那么现有产能能否支撑集团的宏伟计划呢？当然，观察茅台集团的构架，除了茅台酒，它还有习酒、葡萄酒和保健酒，也许总体来看能够达成集团的“千亿级”目标。

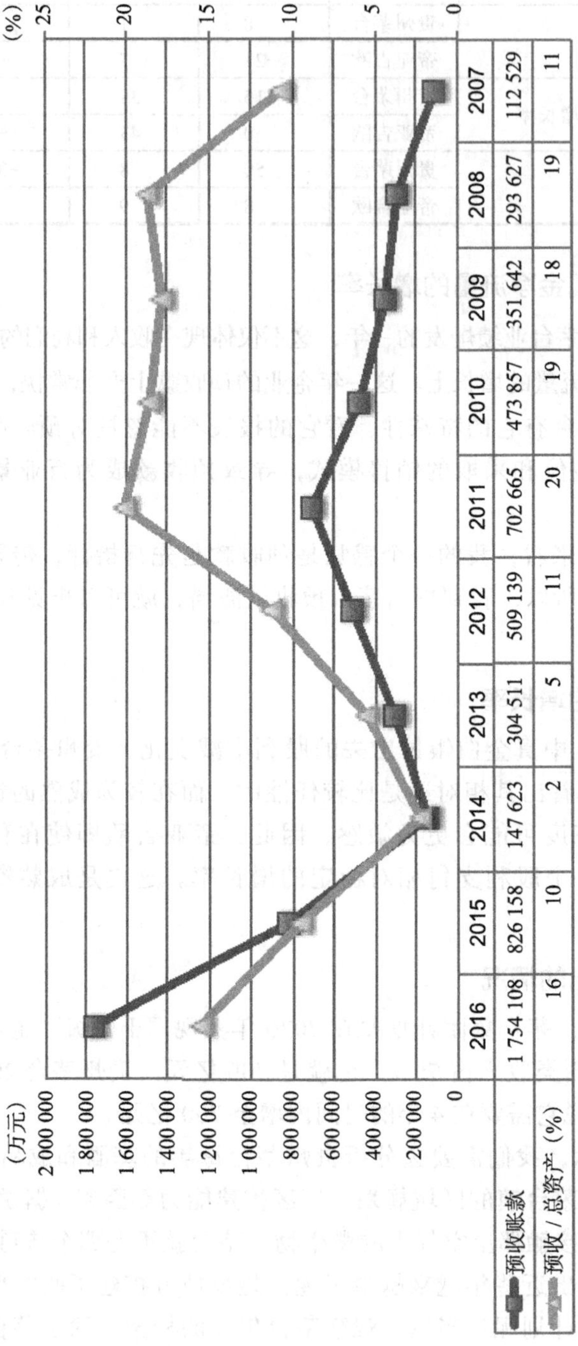

	2016	2015	2014	2013	2012	2011	2010	2009	2008	2007
预收账款	1 754 108	826 158	147 623	304 511	509 139	702 665	473 857	351 642	293 627	112 529
预收 / 总资产（%）	16	10	2	5	11	20	19	18	19	11

图 5-22 贵州茅台的预收款及其占比

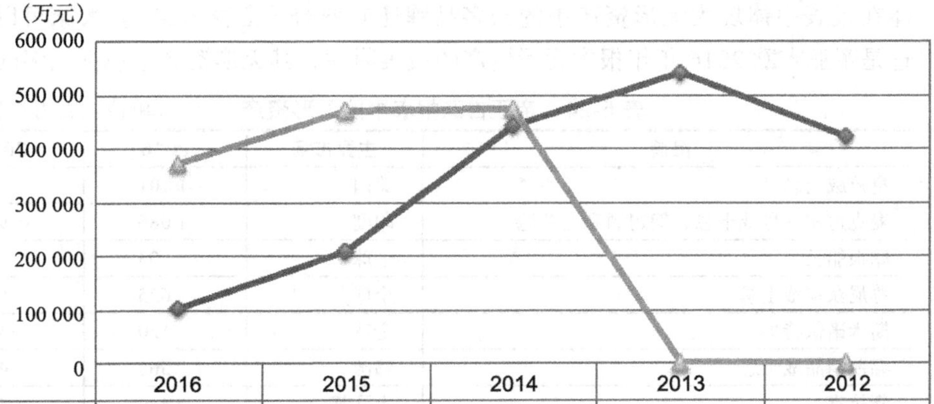

	2016	2015	2014	2013	2012
贵州茅台	101 918	206 147	443 107	540 574	421 190
帝亚吉欧	372 922	470 206	473 154	0	0

图 5-23 贵州茅台和帝亚吉欧资本性支出比较

注：帝亚吉欧 2012 年和 2013 年的数据缺失。

5.8.4 总体印象

与帝亚吉欧比较之后，我对这两家企业的总体印象有以下几点。

第一，贵州茅台距离真正的世界酒王还有较长的路要走。无论是资产规模还是收入规模，帝亚吉欧都是茅台的将近两倍。

第二，茅台在利润表上的盈利能力强于帝亚吉欧。但是茅台的资金周转缓慢，如果能够提高资产的利用效率，就会极大提升最终的回报率。

第三，茅台的经营极其稳健，也可以说是保守。没有借款，这一点也好也不好。毕竟很多企业倒在了盲目负债扩大规模上。而似乎茅台现在账上的钱都不知道该用到哪里去，因而还是别负债了，除非找到很靠谱的好项目。

第四，茅台像是一个青年，而帝亚吉欧已经是中年了。茅台的成长性还是很不错的，但显然市场已经给了它充分的估值。

5.8.5 贵州茅台和帝亚吉欧各有特点

在我写了关于贵州茅台和帝亚吉欧的报表比较分析之后，有朋友在微信后台跟我继续讨论贵州茅台和帝亚吉欧。其实这两家企业并不是完全可比的，栗子老师又补充分析了几点这两家公司的不同。

1. 多品牌 VS 单品牌

帝亚吉欧是多品牌、广分销，并购的外延式扩张是其成长的主要路径。其具体在报表中体现为无形资产中的众多品牌还有商誉（见表 5-24）。大家可以看到，这是帝亚吉欧 2016 年年报中无形资产的报表附注，其无形资产中包括众多的品牌。

表 5-24　帝亚吉欧报表中的无形资产　（单位：百万英磅）

品牌	主要市场	2016	2015
皇冠威士忌	美国	1 101	933
麦克道尔一号威士忌、朗姆酒和白兰地	印度	1 086	972
摩根船长	全球	903	765
尊尼获加威士忌	全球	625	625
斯米诺伏特加	全球	620	525
温莎精品威士忌	韩国	568	494
新拉克	土耳其	446	403
水井坊	大中华地区	256	232
唐－胡里奥龙舌兰	美国	207	206
Signature 威士忌	印度	204	183
金铃威士忌	英国	179	179
黑狗威士忌	印度	172	154
Antiquity 威士忌	印度	169	151
施格兰七皇冠威士忌	美国	168	142
萨凯帕朗姆酒	全球	144	122
施格兰 VO 威士忌	美国	143	121
哥顿金酒	欧洲	119	119
风笛手威士忌	印度	117	104
老伯威威士忌	全球	106	83
其他品牌		746	807
合计		8 079	7 320

注：截至 2016 年 6 月 30 日，帝亚吉欧公司拥有的主要品牌如表所示（使用寿命无限）。
资料来源：摘自帝亚吉欧截至 2016 年 6 月 30 日的公司年报，笔者翻译。

再来看贵州茅台的无形资产。无形资产合并报表上大约是 35 亿元，母公司报表数字比合并报表数字仅小 54 万元左右，说明这 35 亿元的无形资产基本都在母公司。具体翻看其无形资产的附注，它是由土地使用权和软件开发费两部分组成的（见表 5-25）。

表 5-25　贵州茅台报表中的无形资产　（单位：元）

项目	土地使用权	软件开发费	合计
账面价值			
1. 期末账面价值	3 525 713 118.98	6 027 506.62	3 531 740 625.60
2. 期初账面价值	3 572 540 302.60	9 922 128.44	3 582 462 431.04

资料来源：摘自贵州茅台 2016 年年报。

可见，贵州茅台的无形资产几乎 100% 是由土地使用权构成的。这与帝亚吉欧中无形资产的众多品牌完全不同。

2. 国际范儿 VS 本土范儿

帝亚吉欧是国际公司，它的收入来源地区分布很广，也较为分散（见图 5-24）。

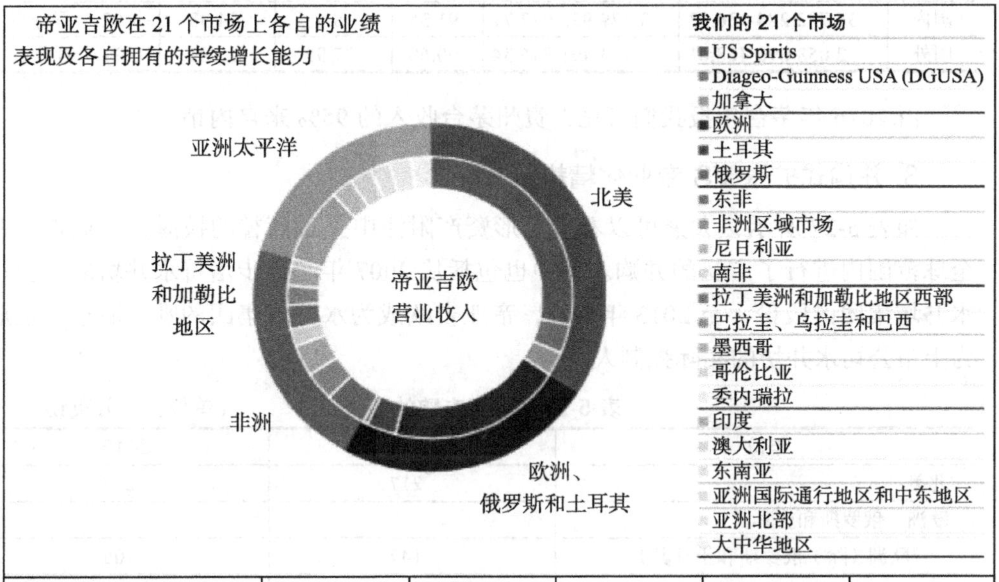

帝亚吉欧收入分布的五大区域	北美	欧洲、俄罗斯和土耳其	非洲	拉丁美洲和加勒比地区	亚洲太平洋区域
区域份额（%）					
销售量	19.1	17.8	12.7	8.4	42.0
营业收入	34.1	24.3	13.4	8.3	19.9
非常事项前的营业利润	49.1	25.4	6.7	6.3	12.5
营业利润	51.8	26.8	7.1	2.7	11.6
理性饮酒方案的数量	21.2	25.4	15.6	15.7	22.1
水回收	10.0	38.2	37.8	1.8	12.2
碳排放	6.7	42.7	37.4	2.3	10.9
员工数量	9.0	33.5	16.5	9.8	31.2

图 5-24　帝亚吉欧的收入分布

注：基于截至 2016 年 6 月 30 日的营业收入；不含 3 600 万英镑的公司收入。

资料来源：摘自帝亚吉欧截至 2016 年 6 月 30 日的公司年报，笔者翻译。

帝亚吉欧 2016 年年报告诉我们，它有 21 个主要市场，又分为 5 大区域列示了相关指标的地区分布，收入的 34% 来自北美。（再次感叹，有国际范儿的报表，做的真漂亮。）

茅台的销售主要还是内销，外销只占很小一部分（见表 5-26）。

表 5-26　贵州茅台的收入分布

分地区	营业收入	营业成本	毛利率（%）	营业收入比上年增减（%）	营业成本比上年增减（%）	毛利率比上年增减
国内	36 782 284 136.93	3 179 925 927.77	91.35	18.48	34.33	−1.02 个百分点
国外	2 058 690 468.61	193 491 896.34	90.60	27.99	15.89	+0.98 个百分点

由 2016 年茅台年报我们可见，贵州茅台收入的 95% 来自内销。

3. 并购式扩张 VS 专业化精耕

如表 5-27 所示，大家可以看看无形资产附注中关于商誉的披露，帝亚吉欧在全球范围内进行了广泛的并购。其中也包括从 2007 年起逐步增持水井坊的母公司水井坊集团的股份，至 2013 年 7 月，帝亚吉欧成为水井坊集团的唯一股东，也成为上市公司水井坊的实际控制人。

表 5-27　帝亚吉欧的商誉　　（单位：百万英镑）

年份	2016	2015
北美	217	217
欧洲、俄罗斯和土耳其		
– 欧洲（除了俄罗斯和土耳其）	147	106
– 土耳其	452	409
非洲 – 非洲区域市场	96	86
拉丁美洲和加勒比地区 – 墨西哥	99	98
亚洲太平洋地区		
– 大中华地区	130	117
– 印度	1 475	1 320
其他现金产生单元	83	168
	2 699	2 521

贵州茅台则是在茅台及其系列酒上精耕细作，直至目前没有在上市公司这个平台上进行过任何并购扩张的举动。

大家可以看到在其合并资产负债表上商誉为 0，说明没有对外的并购事项发生。

综上，茅台与帝亚吉欧是非常不同的。

多品牌 VS 单品牌。

国际范儿 VS 本土范儿。

并购式扩张 VS 专业化精耕。

这个难说好坏，但我还是喜欢国酒茅台。我猜测将来的茅台有可能在茅台集团这个层面上走多元化和国际范儿道路，这样也好。

Chapter6

第 6 章

利润表：权责发生制下的经营结果

在本章中栗子老师主要讨论了与利润表相关的盈利能力分析，介绍了三个用经典的杜邦分析法做的案例分析（见表 6-1）。在实践中，管理层除了净利润这个口径外，有时还会披露其他口径的利润，对此该如何理解？我在 6.4 节中探讨了这个问题。

表 6-1　本章小节索引表

小节标题	主要分析的报表项目和主题
6.1 盈利能力分析（上）：暴力赶人的美联航业绩怎么样	经典杜邦分析、毛利率
6.2 盈利能力分析（中）：你更爱喝哪一个？可口可乐 VS 百事可乐	经典杜邦分析
6.3 盈利能力分析（下）：学而思“烈火烹油”的培优班	经典杜邦分析
6.4 其他口径的净利润数字：京东是真的盈利了吗	non-GAAP 利润

6.1　盈利能力分析（上）：暴力赶人的美联航业绩怎么样

我最先看到关于美联航的消息，是在我的朋友圈中。一位正在美国出差的朋友发了一条信息，说“自己赶紧看了一下机票，不是美联航的，松了一口气”。我当时还不知道她说的什么，后来才看到相关的新闻报道。确实是骇人听闻呀！美联航将已经登机的乘客赶下飞机，而且还是暴力拖拽。乘客受伤，血流满面。而且因为被拖拽乘客是亚裔，这又挑动了有关种族歧视的敏感神经，已经有亚裔人群在网上发起了好几起联名抗议行动。

美联航本来是没有纳入过我教学案例的，不是这次打人出名，我也不会想到去看看它的报表。我平日里用得比较多的是西南航空公司的案例，因为在我上学的时候，特别清楚地记得战略管理课上西南航空作为低成本战略的经典案例被老师一再提到。后来，我自己教学之后，也时不时地会用它作为教学案例。

这次，我就比较一下美联航、西南航空和我国国航。

6.1.1 美联航事件中提到的一些概念

1. 票价管理

航空公司的票价管理系统是一套非常复杂的系统，需要用到大数据来统计并不停修正。对顾客来说，我们能够感知到的就是在同一个航班上同样的座位价格是不一样的。越是提前订票票价越便宜，越是临到起飞前，票价就越贵。旅行社做机票生意也是源于此，旅行社可以根据自己的历史经验，提前订下便宜的机票，回头再卖给需要的顾客，赚取中间的差价，但是需要管理好头寸。大家应该在学经济学的时候，学过相关的概念。

2. 超售（超卖）

对于航空公司来说，还有一个问题就是订了票的顾客如果临时有事需要改签或者退票，虽然会有改签费、退票费，但这不足以弥补航空公司的损失，而且空下的座位总是一种浪费。于是就产生了超售（overbooking）这种现象，本身这也是航空公司积极管理自己盈利的一种行为。航空公司会有一套计算系统来计算调整它每个航班可以出售的机票总数（大于座位数），这套计算系统需要平衡有空座带来的损失和超售补偿客户带来的损失，达到收益最大化。

3. 无法登机及其补偿程序

乘客由于超售而无法登机，这显然是航空公司违约，需要赔偿。一般程序是，先寻找自愿推迟登机的志愿者，公司会给予一定补偿；如果没有，就会由系统自动随机抽取顾客名单，告知其无法登机，并给予一定补偿。

在美联航的事件中，公司一开始在机上寻找志愿者，没有人愿意自愿放弃乘坐飞机。后来美联航提出将补偿金额从400美元提高到800美元，还是没有志愿者。于是公司随机抽取了四名乘客（三名亚裔），要求其下机，遭到其中一位亚裔男子的拒绝，而后引发暴力事件。

4. 美联航事件的问题

美联航的问题在于，顾客已经登机，所以根本不适用于之前超售无法登机这种情况。而且美联航最终也承认是为了给自己的员工让位导致的强行暴力驱赶下机，造成了极其恶劣的影响。

当事件刚出来时，美联航发言人的应对大失水准，说“公司并未超售机票，强迫乘客下机只是为了安排公司机务人员”（还不如说是超售）。其 CEO 更是在两次声明中都没有直接对被打当事人道歉，而是表扬员工保证了航班的正常运转。直到白宫发言人批评美联航的做法，称总统已经看到相关视频，认为“没有人应当被如此对待”时，其 CEO 才终于出面发表声明“对不得不重新安排这些乘客表示道歉”。

6.1.2　美联航的行业地位

1. 资产规模

栗子老师看新闻时注意到，美联航是全球第三大航空公司，并且在美国与中国的航线中 20% 是属于美联航的，是在中国有最多航线的美国航空公司，如表 6-2 所示。

表 6-2　三家航空公司资产规模比较　（单位：百万美元）

时间	2016-12-31	2015-12-31
美联航	40 140	40 861
西南航空	23 286	21 312
中国国航	32 482	30 972

注：中国国航将人民币金额除以 6.9 转化成美元金额，下同。

可见，美联航从资产规模上来讲，是这三家公司中最大的。

2. 收入规模

栗子老师对这三家航空公司的收入规模进行了比较（见表 6-3）。

表 6-3　三家航空公司收入规模比较　（单位：百万美元）

年份	2016	2015	2014
美联航	36 556	37 864	38 901
西南航空	20 425	19 820	18 605
中国国航	16 517	15 787	15 201

可见在栗子老师比较的这三家公司中，美联航从资产规模和收入规模上来讲都是最大的。其中美联航的收入规模逐年下降，而西南航空和中国国航却呈增加的趋势。

中国国航的资产规模介于美联航和西南航空之间，但是收入规模却较低，可见其在运营效率上还是有提高空间的。

6.1.3 美联航的盈利能力

1. 毛利率“一率难求”

生产制造业和商业类企业的营业成本通常很好确定，就是存货的成本。但是对服务业来说，营业成本的确定就不是那么清晰明确了。因此，在比较服务业行业各家公司的报表时要特别小心，毛利率有可能会出现不可比的现象。因为，这些公司确定成本与期间费用的分类标准可能并不一致。总之，在对服务类行业计算利润率指标的时候，营业利润率往往比毛利率更加可比和可靠一些。

我们国家由于报表是统一格式的，不论什么企业都套用这个报表格式，因此服务类行业的营业成本是能够从报表中找到的。但在国外报表上大家往往会发现由于很难区分成本和期间费用，企业干脆就不区分了，直接报告营业利润（operating income）。例如，我们今天讨论的航空公司就是这样。美联航和西南航空都是在报告了收入之后，直接报告各项经营费用，然后就得到了营业利润，如表 6-4 所示。

表 6-4 美联航利润表

美联航合并利润表（除了每股数据外，单位百万美元）			
项目	截至 12 月 31 日		
	2016 年	2015 年	2014 年
营业收入			
客运－主线	25 414	26 333	26 785
客运－区域	6 043	6 452	6 977
客运收入合计	31 457	32 785	33 762
货运	876	937	938
其他营业收入	4 223	4 142	4 201
	36 556	37 864	38 901
营业费用			
工资和相关成本	10 275	9 713	8 935
飞机航油	5 813	7 522	11 675
区域运力购买	2 197	2 290	2 344
落地费及其他租赁费用	2 165	2 203	2 274
折旧和摊销	1 977	1 819	1 679
飞机维修保养费用	1 749	1 651	1 779
销售费用	1 303	1 342	1 373
飞机租赁费用	680	754	883
特殊事项	638	326	443
其他营业费用	5 421	5 078	5 143
	32 218	32 698	36 528

（续）

美联航合并利润表（除了每股数据外，单位百万美元）			
项目	截至 12 月 31 日		
	2016 年	2015 年	2014 年
营业利润	4 338	5 166	2 373
非营业利润（费用）			
财务费用	（614）	（669）	（735）
资本化的财务费用	72	49	52
利息收入	42	25	22
杂项	（19）	（352）	（584）
	（519）	（947）	（1 245）
税前利润	3 819	4 219	1 128
所得税费用	1 556	（3 121）	（4）
净利润	2 263	7 340	1 132
基本每股收益	6.86	19.52	3.05
稀释每股收益	6.85	19.47	2.93

资料来源：摘自美联航截至 2016 年 12 月 31 日的公司年报，笔者翻译。

我们看到，在航空公司经营中很重要的一块费用是航油的费用（见图 6-1）。

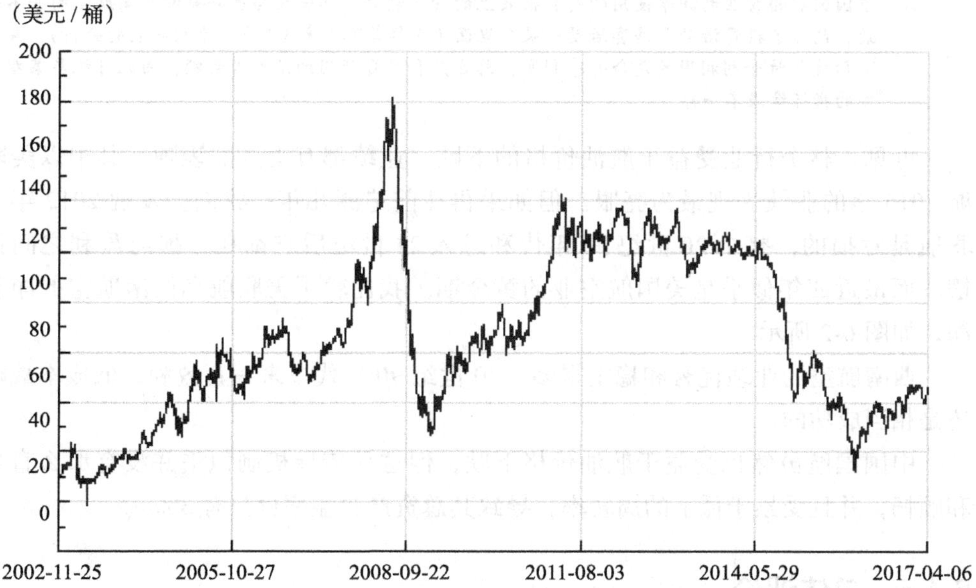

图 6-1　航空煤油普氏现货报价

资料来源：凤凰网财经频道。

这部分费用由于油价这两年的持续走低而走低，使得航空公司的业绩表现非常亮眼。

2. 盈利能力指标比较

栗子老师对这三家航空公司的盈利能力指标进行了比较（见表 6-5）。

表 6-5 三家航空公司盈利能力指标比较 （%）

年份		2016	2015	2014
营业利润率	美联航	12	14	6
	西南航空	18	21	12
	中国国航	8	8	4
净利率	美联航	6	19	3
	西南航空	11	11	6
	中国国航	6	6	4
总资产收益率	美联航	6	18	
	西南航空	10	10	
	中国国航	3	3	
净资产收益率	美联航	26	82	
	西南航空	27	30	
	中国国航	9	10	

注：中国国航的营业利润率使用的是其报表上的营业利润，其含义与美联航和西南航空的并不一致，包含了投资活动和筹资活动结果在里面（可参考第 3 章 3.3 节关于利润表的分析）。栗子老师计算时净利润用的是合并净利润，总资产和净资产用的是期末余额，因此可能与某些地方的指标结果不一样。

可见，整个行业受益于航油价格的下跌，业绩都有上升的表现，其中以美联航 2015 年的业绩表现最为亮眼。但如果再往前追溯几年，我们会发现 2012 年美联航是亏损的，整个 20 世纪 90 年代和进入 21 世纪后它都在亏损与盈利之间摇摆。而最近四年似乎是美国航空业的黄金期。我比较了美联航和西南航空的净利润，如图 6-2 所示。

西南航空的业绩优秀和稳定得多，20 世纪 90 年代以来一直盈利，低成本战略还是相当成功的。

中国国航虽然也受益于航油价格下跌，但这种传导机制似乎并没有那么直接和顺畅，并且受累于低下的周转率，导致其总资产收益率也只有 3%。

6.1.4 总体评价

第一，打人不对。我感觉此事会给美联航带来比较坏的影响，甚至引发航空业监管制度的调整。

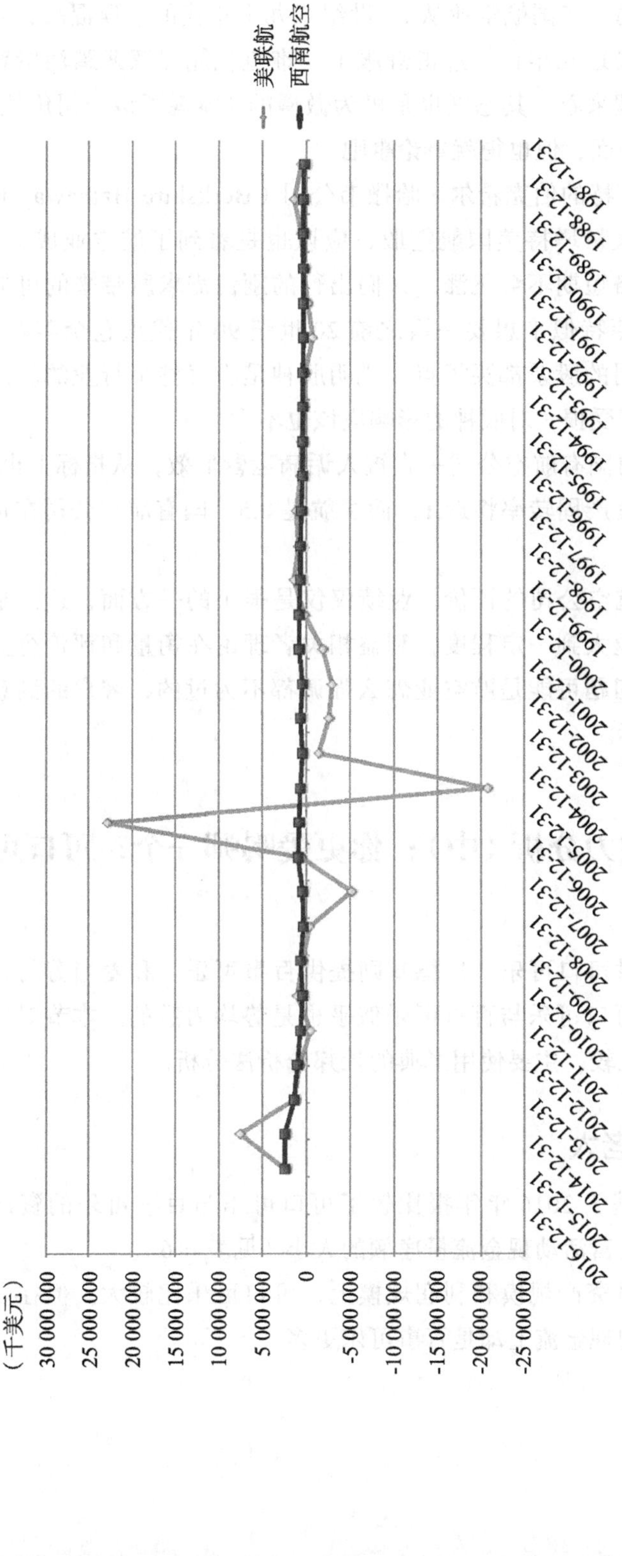

图 6-2　美联航和西南航空净利润趋势图

第二，一些研究行业竞争的文献指出，最优的行业格局可能是有着几个寡头垄断的行业格局。美国航空业从20世纪八九十年代的诸侯混战，到现在的寡头垄断局面形成。最近几年日子过得舒服了，难道就能肆意践踏消费者利益？从美联航对此事的处理来看，其态度也是极为傲慢的（体现了该公司价值观）。虽然维护自家员工是一方面，但也得就事论事吧。

第三，巴菲特的伯克希尔·哈撒韦公司（Berkshire Hathaway Inc.）从2016年第3季度开始大量增持美国航空股，应该也是看到了航空业成为寡头垄断之后，考虑到航油价格短期不会飞涨，人们出行的刚性需求所带来的可能的业绩转好和行情提升。巴菲特似乎想要一雪之前20世纪90年代重仓全美航空大亏的前耻，他各个航空公司的股票都买了点，说明股神是看好整个行业的。即使美联航受到事件影响而业绩受损，对股神的影响应该也不大。

第四，国内国有航空公司一直被人诟病运营低效，从指标上也是有所体现的。西南航空的总资产周转率将近1，而国航是0.5。国有航空公司在运营效率上还有较大提升空间。

第五，对航空公司的评价，业绩仅仅是很小的一方面，这只是从股东角度去看。当一家企业大到一定程度，利益相关者理论在衡量和评价企业时就会更加占据上风。安全问题可能是航空业怎么强调都不为过的，客户的满意度也是考核服务业的重要指标。

6.2 盈利能力分析（中）：你更爱喝哪一个？可口可乐VS百事可乐

麦当劳提供可口可乐，肯德基则提供百事可乐。和麦当劳与肯德基给中国人的感觉类似，可口可乐与百事可乐似乎也是势均力敌的。本节对这两家公司的财务报表进行了比较，主要使用经典的杜邦分析法分析。

6.2.1 谁是老大

栗子老师基于2016年年报比较了可口可乐与百事可乐的资产规模、收入规模、净利润和经营活动现金流量净额的大小（见表6-6）。

可见，在总资产规模和利润规模上，可口可乐比较大。但在营业收入规模和经营活动产生的现金流上却是百事可乐更多。

表 6-6　两家公司资产、收入、利润和经营现金流的比较　（单位：百万美元）

项目	可口可乐	百事可乐
总资产	87 270	74 129
营业收入	41 863	62 799
净利润	6 550	6 379
经营活动现金流量净额	8 796	10 404

从规模上看，两者真的是势均力敌，各有所长，难分伯仲。

6.2.2　短期偿债能力

我计算了两家公司短期偿债能力的相关指标，如表 6-7 所示。

表 6-7　两家公司短期偿债能力指标比较

	可口可乐			百事可乐		
项目	2016 年	2015 年	2014 年	2016 年	2015 年	2014 年
流动比率	1.28	1.24	1.02	1.28	1.31	1.14
速动比率	0.98	0.89	0.81	1.08	1.05	0.85
经营活动现金流量 / 流动负债	0.33	0.39	0.33	0.49	0.60	0.58
应收账款周转天数	33.99	34.64	37.05	38.16	37.88	37.23
存货周转天数	61.82	62.66	65.06	35.21	37.24	38.28
预付款项周转天数	58.00	60.74	60.72	22.07	25.46	25.15
应付账款周转天数	212.26	197.24	191.91	179.53	168.47	149.26
净营运周期	−58.45	−39.21	−29.07	−84.08	−67.89	−48.60

在短期偿债能力比率上，两家公司的流动比率相差不多。速动比率百事更高一些，这是因为百事的存货周转更有效率，存货金额在流动资产中占比相对较少导致的。经营活动现金流量 / 流动负债则由于百事经营活动现金流量相对较多，而使得百事的该比率较大。

相比较而言，可口可乐更多地进行了预付，并且在存货上占用较多资金，尽管它更长地占用了供应商的资金（应付账款周转天数更长），但总体下来，百事可乐的 OPM 战略占用上下游资金天数更长。

总体来说，这两家饮料界的巨无霸都是 OPM 战略的实施者，在占用上下游资金为自己赚钱的能力上似乎百事可乐更胜一筹。

在第 4 章 4.3 节和 4.4 节中，栗子老师探讨过对 OPM 战略的分析。我们讲过当 OPM 运用得很成功的时候，企业往往流动资产的资金占用会较少，从而导致流动比率或速动比率不会太高，但这一般是企业竞争优势的体现，不能得出企业短期偿债能力差的结论。可口可乐和百事可乐都适用于这种情形。

6.2.3 营运能力

两家公司的固定资产周转率和总资产周转率如表 6-8 所示。

表 6-8 两家公司营运能力指标比较

	可口可乐			百事可乐		
项目	2016 年	2015 年	2014 年	2016 年	2015 年	2014 年
固定资产周转率	3.61	3.26	3.11	3.82	3.76	3.72
总资产周转率	0.47	0.49	0.51	0.87	0.90	0.90

在短期偿债能力指标中我已经列示了平均收账期和存货持有天数，这里就不再重复列示其周转率了。我们看到百事可乐的应收账款周转率略逊于可口可乐，但是其存货周转率高于可口可乐，再加上固定资产周转率也较高，所以总体下来，百事可乐在资产运营效率上远高于可口可乐。

6.2.4 长期偿债能力

我用三张主要报表中的数据计算了两家公司与长期偿债能力相关的比率（见表 6-9）。

表 6-9 两家公司长期偿债能力指标比较

	可口可乐			百事可乐		
项目	2016 年	2015 年	2014 年	2016 年	2015 年	2014 年
资产负债率（%）	73	71	67	85	83	75
金融性负债 /（金融性负债 + 权益）(%)	66	63	58	77	73	62
利息保障倍数	11.77	10.20	20.10	7.29	8.61	10.54
现金利息保障倍数	16.61	26.02	26.18	11.71	14.01	14.35

这两家企业资产负债率都不低，尤其百事可乐在负债的运用上更加激进。但因为这是两只妥妥的现金牛，所以没关系。我估计不论是可口可乐还是百事可乐都会继续有人喝。

在利息保障倍数和现金利息保障倍数上都是可口可乐表现更强一些。的确，相对而言可口可乐负债运用得没有那么多，并且可口可乐的利润表中显示的盈利能力是更强的。

6.2.5 盈利能力

可口可乐与百事可乐主要的盈利能力指标如表 6-10 所示。

可见，光看利润表中的盈利能力，可口可乐是遥遥领先的。但是如果结合资产规模，百事可乐就胜出了。再加上百事可乐更多地运用了杠杆，因此在净资产收益率上百事可乐远高于可口可乐。

表 6-10　两家公司盈利能力指标比较

项目	可口可乐			百事可乐		
	2016 年	2015 年	2014 年	2016 年	2015 年	2014 年
毛利率（%）	61	61	61	55	54	53
净利率（%）	16	17	15	10	9	10
总资产收益率（%）	7	8	8	9	8	9
权益乘数	3.62	3.23	2.84	6.19	4.74	3.53
净资产收益率（%）	27	26	22	55	37	31

6.2.6　总体评价

我们再结合两家公司的分红情况看看两家公司的表现（见表 6-11）。

表 6-11　两家公司股利相关指标比较

项目	可口可乐			百事可乐		
	2016 年	2015 年	2014 年	2016 年	2015 年	2014 年
股利支付率	0.92	0.78	0.75	0.66	0.73	0.57
（当年股利 + 当年回购股票）/ 经营活动现金净流量	1.11	0.88	0.90	0.69	0.85	0.83

两家公司都非常慷慨地分红，比较来看可口可乐更为大方。分红的现金加上回购股票的现金已经耗掉了它全部的经营活动现金净流量。

栗子老师对两家公司进行了总体评价（见表 6-12）。

表 6-12　两家公司的总体评价

项目	可口可乐	百事可乐	备注
规模	1	1	可口可乐的资产规模和利润规模较大，但百事可乐的收入规模更大，经营活动现金流量更多
短期偿债能力		1	两者非常接近，百事可乐更激进地使用了 OPM 战略
营运能力		1	百事可乐的总资产周转率更高
长期偿债能力	1		两者非常接近，可口可乐的负债率较低，利息保障倍数较大
利润表上的盈利能力	1		可口可乐的毛利率和净利率更高
结合资产负债表的盈利能力		1	百事可乐的总资产收益率和净资产收益率更高
分红力度	1		可口可乐的股利支付率更高
总得分	4	4	

如此看下来，可口可乐与百事可乐真的是势均力敌。

目前，可口可乐大概是 28 倍的市盈率，而百事可乐大概是 25 倍的市盈率。对于二者的成长性来说，这样的估值水平也是不低了。

6.3 盈利能力分析（下）：学而思“烈火烹油”的培优班

最近关于学而思怎么捆绑无数孩子和家长的文章很火，栗子老师的朋友圈前几天都被这些占满了。恰逢好未来（就是学而思，TAL，于2010年10月在纽交所上市）在4月27日公布了截至2017年2月28日的四季度报以及未经审计的年报数据，报表狂人与小学生家长“两职合一”的栗子老师要是不去看它的报表，那就不是栗子老师了。

6.3.1 这是一家快速成长的企业

1. 资产规模的增长

如图6-3所示，好未来的总资产快速增长，截至2017年2月28日，其总资产达18.3亿美元，环比增长率平均值为71%。

2. 收入规模的增长

如图6-4所示，好未来的收入快速增长，截至2017年2月28日其上一年度的收入为10.4亿美元，环比增长率平均值为53%。

3. 净利润的增长

如图6-5所示，好未来的净利润快速增长，截至2017年2月28日其上一年度的净利润为1.1亿美元，环比增长率平均值为77%，即使去掉截至2010年2月28日的增长率为350%，也依然高达38%。

这个图形真的好漂亮！这是一家快速成长的企业。

6.3.2 这是一家盈利的企业

1. 利润表中的盈利能力

如图6-6所示，刚刚过去的2016年似乎对好未来来说是净利率较差的一年，仅为11%。

栗子老师分析了一下其利润表的结构，发现似乎主要是由于在过去一年中（截至2017年2月28日）好未来的销售费用增加较多（由截至2016年2月29日的7 000万美元，上升到1.26亿美元），而且上一年（截至2016年2月29日）还有一个一次性处置资产的收益，将近有5 000万美元。因此与上一年比较起来好未来2016年的净利率就比较差了。

这也表明了教育培训行业竞争态势的加剧。

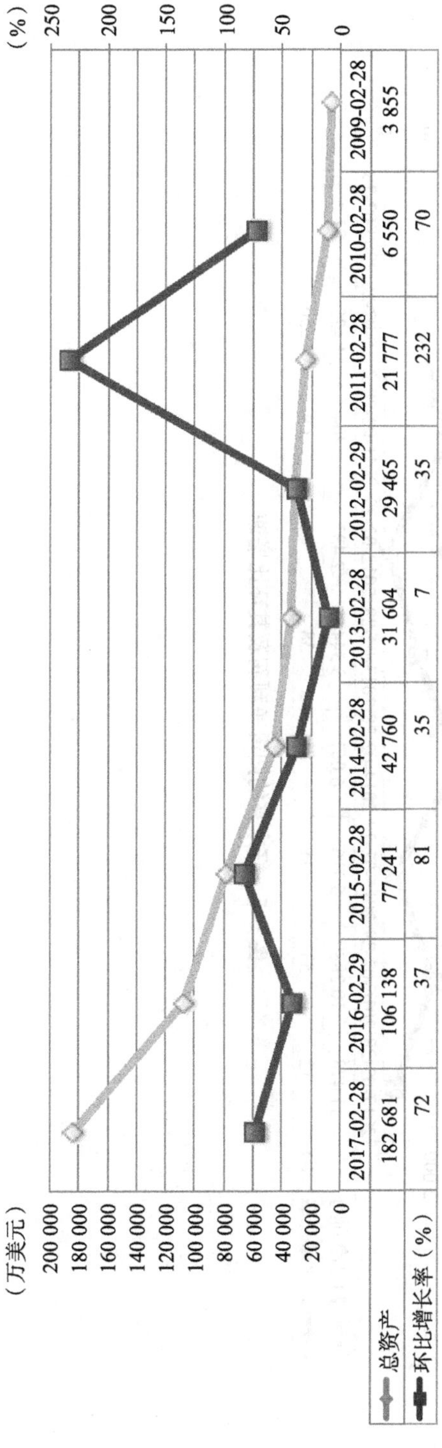

	2017-02-28	2016-02-29	2015-02-28	2014-02-28	2013-02-28	2012-02-29	2011-02-28	2010-02-28	2009-02-28
总资产	182 681	106 138	77 241	42 760	31 604	29 465	21 777	6 550	3 855
环比增长率（%）	72	37	81	35	7	35	232	70	

图 6-3　好未来的总资产及其环比增速

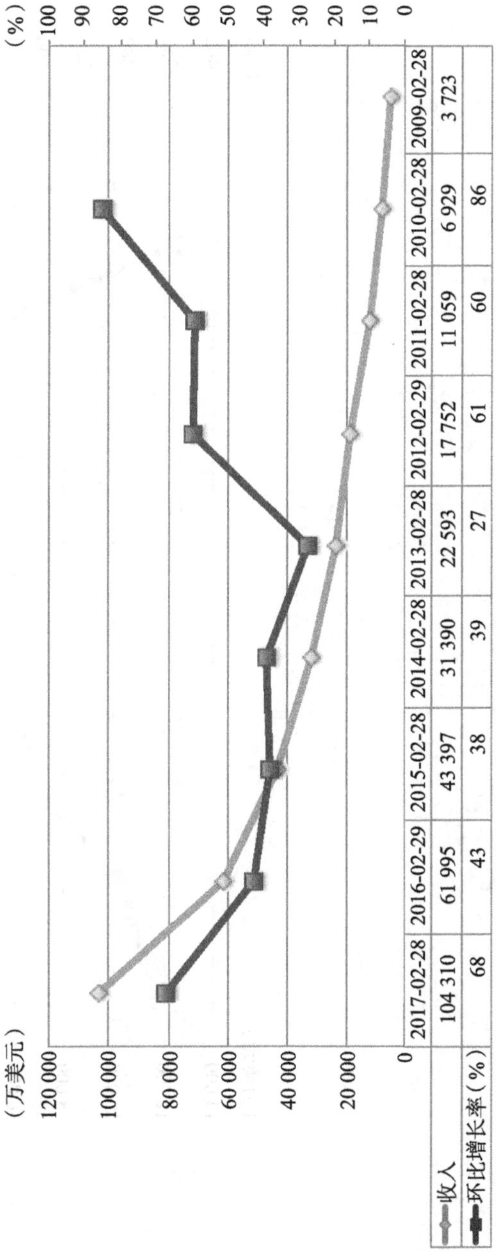

	2017-02-28	2016-02-29	2015-02-28	2014-02-28	2013-02-28	2012-02-29	2011-02-28	2010-02-28	2009-02-28
收入	104 310	61 995	43 397	31 390	22 593	17 752	11 059	6 929	3 723
环比增长率（%）	68	43	38	39	27	61	60	86	

图 6-4　好未来的收入及其环比增速

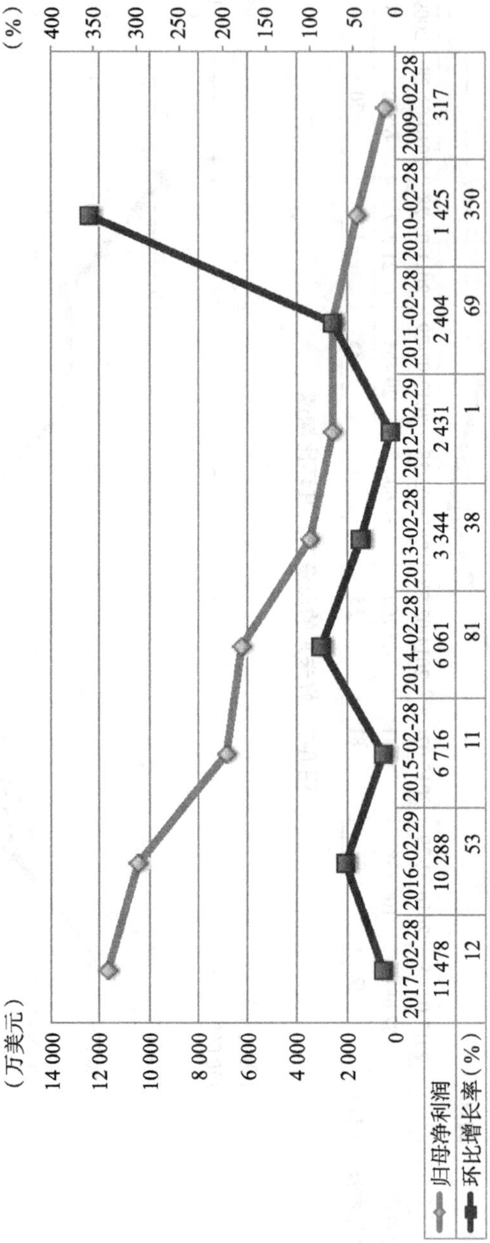

	2017-02-28	2016-02-29	2015-02-28	2014-02-28	2013-02-28	2012-02-29	2011-02-28	2010-02-28	2009-02-28
归母净利润	11 478	10 288	6 716	6 061	3 344	2 431	2 404	1 425	317
环比增长率（%）	12	53	11	81	38	1	69	350	

图 6-5　好未来的归母净利润及其环比增速

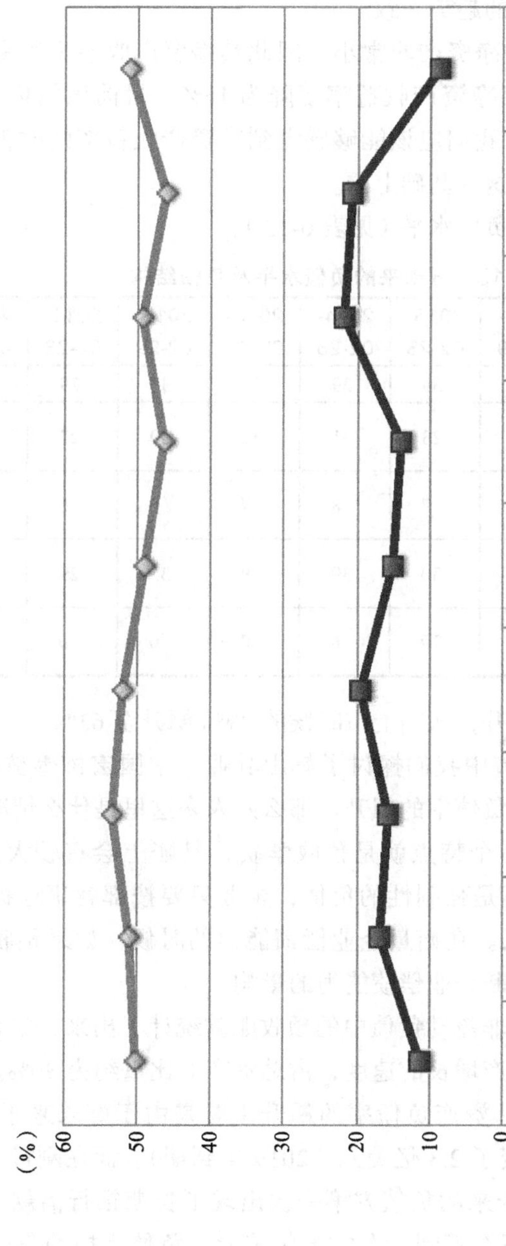

	2017-02-28	2016-02-29	2015-02-28	2014-02-28	2013-02-28	2012-02-29	2011-02-28	2010-02-28	2009-02-28
毛利率	50	51	53	52	49	46	49	46	51
净利率	11	17	15	19	15	14	22	21	9

图 6-6　好未来的毛利率和净利率

2. 结合资产负债表的盈利能力

如图 6-7 所示，从总资产收益率来看，2016 年也是好未来总资产收益率最低的一年，这个趋势与净利率的趋势一致。

上市之前由于好未来的净资产非常小，因此其净资产收益率很高。上市融资之后，其净资产规模扩大，净资产收益率下降为 16%。目前该指标也不能算低，但结合总资产收益率来看，我们应该能够感觉到净资产收益率的改善是建立在企业大量运用负债的杠杆作用这一基础上的。

我们来看一下好未来的负债水平（见表 6-13）。

表 6-13 好未来的负债水平及负债结构 （%）

时间	2017-02-28	2016-02-29	2015-02-28	2014-02-28	2013-02-28	2012-02-29	2011-02-28	2010-02-28	2009-02-28
资产负债率	63	58	59	39	39	35	29	59	68
预收款项 / 总资产	28	27	23	31	32	29	23	45	47
其他经营性负债 / 总资产	10	10	7	8	7	6	6	14	21
经营性负债 / 总资产	38	37	30	39	39	35	29	59	68
金融性负债 / 总资产	25	21	29	0	0	0	0	0	0

好未来的资产负债率飙升，从刚上市时候的 29% 飙升至 63%。

在第 5 章 5.6 节和 5.7 节中我们探讨了辉山乳业、中国宏桥等被做空的企业，其报表中都有一个特点就是负债率的飙升。那么好未来这里是什么情况呢？

教育培训业的报表有一个特点就是预收学费，其账上会有较大的预收账款。虽然列作负债，但其实并不是强制性的负债，企业只要按部就班地提供培训就好了。预收款就是未来的收入。在衡量企业偿债能力的时候，如果预收款金额比较大，就需要考虑它对我们判断企业偿债能力的影响。

栗子老师将流动负债和非流动负债中的预收账款统计了出来，如表 6-13 所示，发现预收款基本跟上了总资产增长的速度，占总资产的比重约为 30%。

从表 6-13 中可以看出，资产负债率的飙升主要是由于好未来于 2014 年 5 月 21 日发行了可转换债，融资了 2.3 亿美元（2019 年到期）。而在刚过去的一年（截至 2017 年 2 月 28 日），好未来的负债方第一次出现了长期银行借款（经审计的年报还没有出来，附注内容还看不到）约 2.25 亿美元。负债规模的急剧增加改善了净资产收益率，但带来的问题是财务风险增加。那么对好未来来说，目前是否构成了足够的风险呢？我们看看好未来的现金流吧。

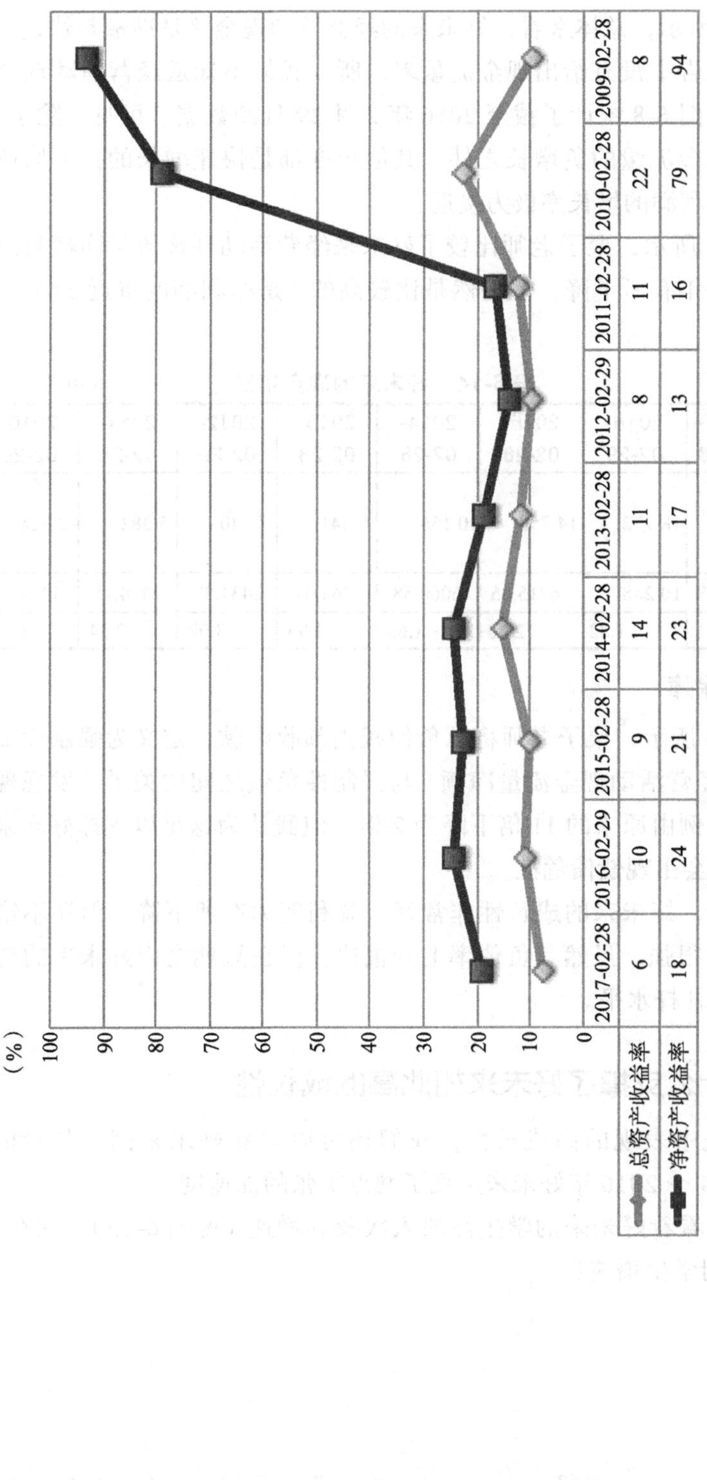

图 6-7　好未来的总资产收益率和净资产收益率

6.3.3 这是一家赚钱的企业

1. 利润质量

如图 6-8 所示，总体来看，好未来的经营活动现金流量净额是快速增长的。由于其四季度报告中没有给出现金流量表，所以我们不知道经营活动现金流量净额的准确数字，图 6-8 统计了截至 2016 年 2 月 29 日的数据。可见，除了 2013 年出现经营活动现金流量的负增长之外，其他年度都是快速增长的，平均环比增长率为 38%，与净利润的增长率极为接近。

如表 6-14 所示，栗子老师比较了好未来经营活动现金流量净额与净利润的比值，虽然近四年有所下降，但仍然是比较高的（是净利润的将近 2 倍），利润质量较好。

表 6-14　好未来的现金指数　（单位：万美元）

时间	2017-02-28	2016-02-29	2015-02-28	2014-02-28	2013-02-28	2012-02-29	2011-02-28	2010-02-28	2009-02-28
经营活动现金流量净额	—	18 772	14 758	10 156	6 541	7 340	5 382	2 718	2 347
净利润	11 478	10 288	6715.66	6060.58	3344.01	2431.37	2404.11	1424.50	316.76
现金指数	—	1.82	2.20	1.68	1.96	3.02	2.24	1.91	7.41

2. 负债保障

如表 6-15 所示，栗子老师将总负债减去预收账款，定义为强制性负债，对比（货币资金 + 经营活动现金流量净额）与强制性负债之间的关系，发现现金负债保障倍数这个比例由原来的 11 倍下降为 2 倍。但我认为这足以支撑好未来还债，并在短期之内不会出现偿债危机。

总体来看，好未来的成长性非常好。盈利能力有所下降，但还不错。其产生现金流的能力很强。虽然其负债率上升很快，但在短期之内好未来的现金流状况足以支撑这个杠杆水平。

6.3.4 是什么支撑了好未来如此高的成长性

除了报表中表现的高成长性，我们还可以看看好未来网点数量的增长（见图 6-9）。2014 ～ 2016 年好未来呈现了网点扩张的加速度。

我们再来看看好未来的学生注册人次及其增速（见图 6-10）。它在 2016 年度有 70% 的注册学生增速！

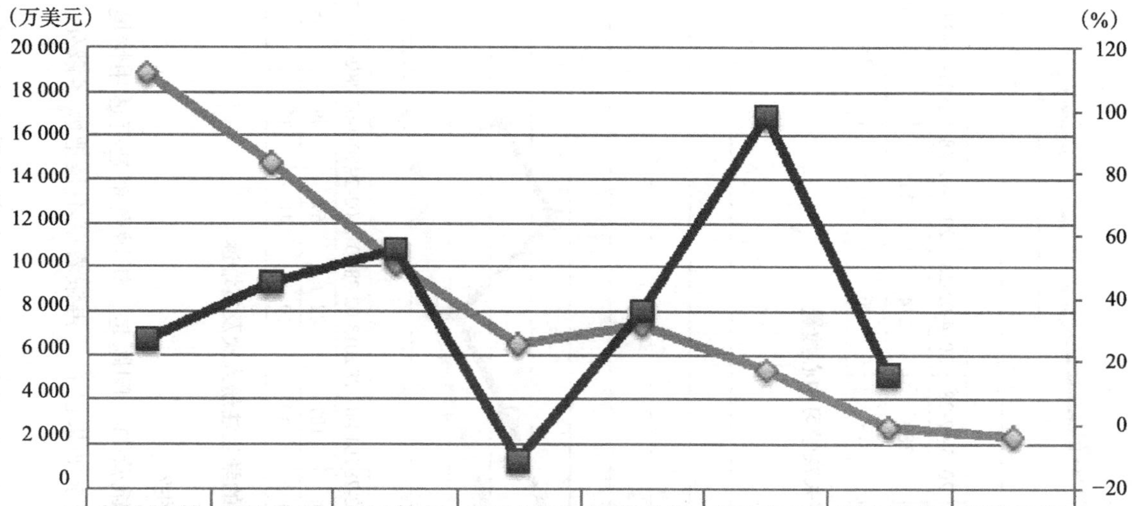

	2016-02-29	2015-02-28	2014-02-28	2013-02-28	2012-02-29	2011-02-28	2010-02-28	2009-02-28
经营活动现金流量净额	18 772	14 758	10 156	6 541	7 340	5 382	2 718	2 347
增长率（%）	27	45	55	−11	36	98	16	

图 6-8　好未来的经营活动现金流量净额及其增长率

表 6-15　好未来现金流与强制性负债的对比关系　（金额单位：万美元）

时间	2017-02-28	2016-02-29	2015-02-28	2014-02-28	2013-02-28	2012-02-29	2011-02-28	2010-02-28	2009-02-28
强制性负债	62 917	33 136	28 120	3 520	2 208	1 894	1 204	917	818
经营活动现金流量净额	—	18 772	14 758	10 156	6 541	7 340	5 382	2 718	2 347
货币资金	47 295	46 151.25	47 092.30	26 993.06	18 548.06	18 894.16	17 363.14	5267.06	3003.33
现金负债保障倍数	—	2	2	11	11	14	19	9	7

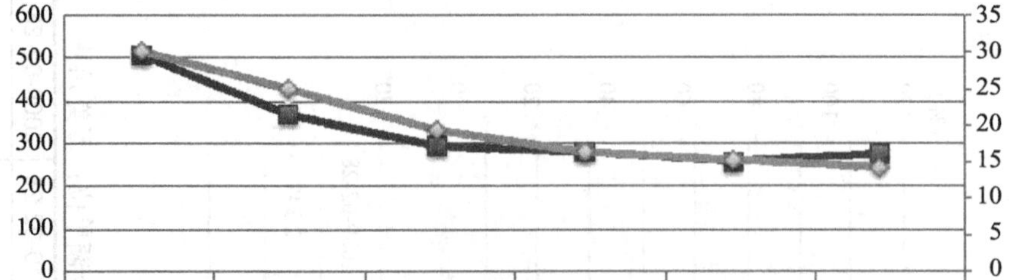

	2017-02-28	2016-02-29	2015-02-28	2014-02-28	2013-02-28	2012-02-29
学习中心数量	507	363	289	274	255	270
城市数量	30	25	19	16	15	14

图 6-9　好未来学习中心数量

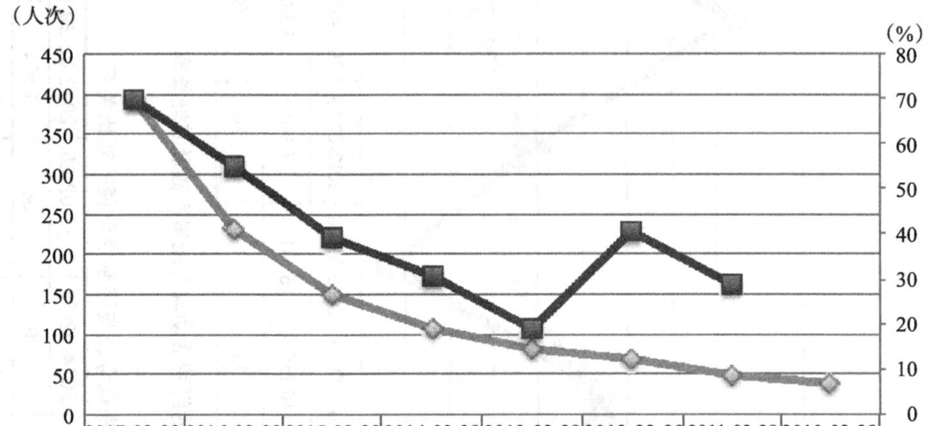

	2017-02-28	2016-02-29	2015-02-28	2014-02-28	2013-02-28	2012-02-29	2011-02-28	2010-02-28
学生注册登记人次	393	231	149	107	82	69	49	38
环比增速（%）	70	55	39	30	19	41	29	

图 6-10　好未来的学生注册人次及其增速

为什么好未来会有如此高的成长性？

有的文章说，学而思搞的就是饥饿营销。问题是，饥饿营销是有适用情境的，需求旺盛才能搞饥饿营销。基本的需求如果没有，再饿着就不是把顾客饿死，而是把自己饿死了。

学而思是做奥数培训起家的，国内一说到奥数培训，大家想到的就是学而思的培优班（好未来虽然现在也有其他业务，但奥数培优是它最核心的一块业务）。那么，为什么大家一窝蜂地要去上奥数培优班（或其他培优班）呢？

1. 宏观层面

全民学奥数，这种现象肯定是有问题的。中国并没有因为奥数的推广而多产生一些数学家，目前中国的数学研究水平在全世界范围内不算一流，中国教育也与美国、芬兰这些教育强国存在差距（这里栗子老师咨询了一些教育界业内人士的说法，栗子老师并不十分确定，但感觉上基本认同这一说法）。

造成“全民学奥数”这一现象并不是学而思一家机构能够做到的，这种现象的出现与中国教育的宏观环境有关。

1）优质教育资源的稀缺性

就栗子老师的了解，如果不能上一所好的高中，基本就决定了不能上一所好的大学。而上一所好的高中的关键是中考成绩，中考成绩优异的关键则是上一所好的初中。

那么如何才能进入好的初中，从而保证孩子的好前程呢？这就需要去了解好的初中是如何招生的。

2）推优

好的中学，其大部分学生既不是靠学区房也不是因为电脑随机大派位，而是靠“推优”来的。由于取消了统一的小升初考试，这些好学校如何才能够挑到“可造之才”呢？如何用“一次考试”就可以挑选出“最聪明”的学生呢？奥数自然就成了一个好的方法。

所以，小升初的奥数考试，便成为北京孩子的“钢锯岭”。

有些好初中，虽然是义务教育，但招生并未公开，一直都在通过奥数考试来招生，这便给奥数培训提供了巨大的市场机会。这里听上去似乎不太符合义务教育与教育公平的原则。

3）分层教学的模式

如果中学真正推行了电脑派位（就像栗子老师家乡所在的小城市那样），从教育的角度就一定公平了吗？

事实上，在一些西方国家很流行采用分层教学的模式，如好学生在一个班里，或者在一所学校里，这是有一定道理的，也在一定程度上符合教育的基础原则。如果在国内要推行真正的电脑大派位，公立初中全部采用随机方式挑选学生，那么可能导致的结果就是给私立初中留下招收优秀学生进行分层教学的空间。这样做仍会给奥数培训留出空间。

然而考虑到教育公平的原则，我们不能出现过分的教育市场化，不能出现“花钱才有好学校上”的现象。

这不是一家教育机构的问题，目前来看，从所谓的宏观架构上，从所谓的优质学校选拔学生的标准上，就给奥数培训留下了这样的商机和可能性。

2. 人性层面

好未来这样的业绩增长，的确充分体现了现在家长的焦虑心态。看《小离别》

中，海清饰演的妈妈就把这种焦虑心态演得活灵活现，这个剧本很接地气。

观点一："好大学就业好、挣钱多，好高中才能上好大学，好初中才能上好高中，奥数成绩好才能上好初中。孩子今后的前程就决定在这奥数考试上了，怎么能不上。"（好工作说）

观点二："整班的孩子都在上奥数了，不能输在起跑线上呀！必须上。"（从众说）

观点三："我这辈子这样了，孩子得青出于蓝而胜于蓝呀，得比我强呀。"（望子成龙说）

以上的观点有没有道理呢？都有道理！这是人性。

父母希望孩子好，这是为人父母的天性。

只不过我们有时需要想一想什么是"好"。

6.3.5 快拿钱去报名

宏观层面上的问题，我不想讨论，也不是我能够讨论的。那么作为家长应该怎么办呢？

优质的教育资源从来都是稀缺的，人性在一定程度上也是没法克服的，所以我认为好未来的业绩成长还有相当的空间。

作为家长我是随波逐流，被时代洪流裹挟，还是我也可以努力驻足观望一下，我到底想去什么地方？

第一，理清让孩子上学习类补习班的原因和目的。

这里我只针对学习类补习班（奥数、国学之类的）。作为家长首先需要理清自己让孩子上或者不上补习班的原因和目的是什么。

选择上的理由可以有很多，但不能是"别的孩子都上"或者"为了孩子比我强"。

在我看来，上补习班的合理理由只有上面列出的观点一，即非常明确地为了某所学校的升学而做的准备。就是为了在国内顺利升学而去上的，就是这个目的。

培优班既然能够帮助家长实现这个目的，它就是有价值的。

不要一边批判，一边去交钱。

第二，如果选择上，就一定要维护好孩子的学习兴趣。

校外的教育培训是一个充分竞争的市场，好未来在这个领域成长得如此之快，主要的原因就是口碑好。好未来在师资培训和教学教研上是很有一套的，我有些朋友的孩子上好未来的培优班欲罢不能，认为老师讲得非常有意思。但一定也有些孩子不喜欢，家长如何引导，以及是不是在必要时允许孩子中止补习班是家长需要根据每家的不同情况做出判断的。

栗子老师我只有在一种情况下会给我家小朋友报奥数班，那就是她自己强烈要求去上。目前她还没有这个要求（大概她压根不知道还有这种班），我也就不管她，让她跟着学校老师的节奏学习吧。未来，如果孩子发现班里其他小朋友都上了奥数班，于是跟风也要上。我就会跟她讲一讲奥数班大概是学什么的，让她自己决定。如果还是想上，那么我也不拦着。在学习了一段时间之后，她如果不喜欢提出来不上，那么我会在帮她分析之后，允许中止。

第三，如果选择不上，就必须明白自然后果，坦然接受，并在其他方面着重培养孩子。

学习还有其他选择，可以是下定决心奔着出国留学去，不走国内高考；也可以是不去上那些顶级的初中，就在一般中学里学习。

其实每个孩子的天赋都不一样，不一定都适合用奥数这个模子去卡。家长可以试着在其他方面培养孩子，如声乐、钢琴、美术、体育等，即使孩子对这些都不感兴趣，也可以做一个内心丰富、幸福安宁的平民百姓呀。

前段时间在北京做家政服务的范阿姨的那篇文章很火，我一点开眼睛就被黏住了，并转发了朋友圈。这篇文章引发了一些讨论和争议，我在此处不说其他，只说其中一个我记得特别清楚的细节。范阿姨的大女儿没有正儿八经地上过学，范阿姨便去废品厂买了 1 000 多斤的书回来，大女儿在看护妹妹的同时，就靠读书打发时光（这其中一定有范阿姨的引导和言传身教）。文中说大女儿现在是一个白领，月入上万元。作为母亲范阿姨一定是很欣慰的！（从文章的字里行间，还是能够看出范阿姨对于女儿能够成功“跃升”白领一族是十分自豪的，虽然栗子老师并不觉得体力工作者就低人一等，我也能够理解她的欣慰之心和自豪之感。）

范阿姨的大女儿一天培优班也没有上过，就成功成为一名白领，这就是阅读的力量。所以上培优班做练习题的同时，也给孩子留出足够多的时间来，让他们自由地在书海中遨游吧。

这说起来容易，但当母亲的都知道，孩子时间就那么多，做了这个那个就没有时间了。所以说白了，这得看家长的取舍。

一个人的教育体现了一个人的价值观。

6.4　其他口径的净利润数字：京东是真的盈利了吗

前几天，有学生给我发来消息说，京东刚宣布 2016 年实现盈利了，问我怎么看。这几天各种相关的新闻中都引用了京东一下子由巨亏近 9 亿元，到盈利 10 亿元的说法。媒体这样做，京东应该是乐见其成的。不过，栗子老师仔细看了京东披露的报告原文，它此时披露的并不是年报。6-K 下的报告一般披露季报数据

（未经审计），而且原文中强调了这是一个非公认会计原则下的净利润（non-GAAP income），而公告中在公认会计原则下的净利润仍然是亏损的，亏损了近 35 亿元。

为什么会这样？净利润是什么？怎么还会有不同的净利润数字？

净利润就是人们“编”出来的一个数字，只不过我们需要按照一定的规则编出来，用它来表示企业的业绩。所以这个“规则”就非常重要了。遵循不同的规则，出来的数字就会不一样。这也是会计准则全球趋同的一个原因，有利于资本的全球流动。

让我们看看京东在它公布的 6-K 文件中是如何解释 non-GAAP income 的。

6.4.1 什么是 non-GAAP income

非公认会计原则净利润（non-GAAP income）即不是按照美国公认会计原则得出的净利润。事实上，这是一个管理层自认为的净利润数字。

在 6-K 报告中，京东管理层对引用这个指标进行了一些说明，总结起来就是提示大家注意以下几点。

第一，请别用这些数字替代公认会计原则下得出的数字。

第二，管理层喜欢这些数字。

第三，管理层相信这些数字对投资者理解企业的实际运营情况有用。

第四，管理层提示投资者别光看一个数字、一个指标，而应该全面了解企业情况。

一般来说，non-GAAP income 会将一些在净利润中扣减的非付现费用加回来，这样利润会显得更好看。

6.4.2 京东 non-GAAP income 和 GAAP income 的区别

在 6-K 文件最后，京东管理层给出了一个表格，解释他们的 non-GAAP income 是如何得到的（见表 6-16）。

左侧框中给出了从公认会计原则下的净损失（GAAP net loss）到非公认会计原则下的净利润（non-GAAP net income）的调整事项。右侧框中有两列分别对应了京东 2015 年和 2016 年的数字。

可见，在 GAAP 下，2015 年京东亏损近 94 亿元，2016 年亏损近 35 亿元。亏损额在缩小。在 non-GAAP 下，2015 年京东亏损近 9 亿元，2016 年盈利 10 亿元。此处就是被各个媒体广泛引用的数字。导致二者差别的主要原因有以下几点（这里主要关注几个调增项）。

第一，股份支付下的工资费用（share based compensation）。这与股份支付准

表 6-16 京东 6-k 第四季度报告

京东公认会计原则与非公认会计原则下利润差异原因解释表

	季度报表				年度报表		
	2015-12-31	2016-9-30	2016-12-31	2016-12-31	2015-12-31	2016-12-31	2016-12-31
	千元	千元	千元	千美元	千元	千元	千美元
净损失	(7 632 068)	(807 941)	(1 666 469)	(240 021)	(9 387 582)	(3 473 748)	(500 324)
加：股份支付下的工资费用	478 086	602 004	736 531	106 083	1 193 945	2 343 785	337 575
加：购买或者并购产生的无形资产摊销	366 204	450 992	450 730	64 920	1 451 347	1 621 377	233 527
加：权益法下确认的投资损失	85 680	157 048	206 974	29 810	174 102	539 325	77 679
加：商誉、无形资产和投资的减值	6 228 484	122 530	1 094 780	157 682	6 228 484	2 178 538	313 775
减：与被投资企业因业务合作协议而产生的收入	(188 050)	(235 791)	(256 073)	(36 882)	(520 351)	(927 905)	(133 646)
减：处置投资和业务产生的利得	—	—	—	—	—	(1 227 760)	(176 834)
减：因竞业禁止协议而产生的收益	—	(19 846)	(20 374)	(2 934)	—	(53 186)	(7 660)
非公认会计原则净利润（损失）	(661 664)	268 996	546 099	78 658	(860 055)	1 000 426	144 092
营业收入	54 607 543	60 725 781	80 253 576	11 558 919	181 286 955	260 185 775	37 474 546
非公认会计原则下的净利率	−1.2%	0.4%	0.7%	0.7%	-0.5%	0.4%	0.4%

资料来源：摘自京东2016年第四季度报告，笔者翻译。

则有关，给员工的股权激励并没有实际的现金流出，但是准则规定需要按照股份价值或者期权价值确认为费用，分期进入利润表。

第二，购买或并购产生的无形资产摊销（amortization of intangible assets resulting from assets and business acquisitions）。无形资产摊销是会计处理，会增加当期费用，这里需要统统加回来。

第三，权益法下确认的投资损失（reconciling items on earning from equity method investments）。京东将联营企业亏损在权益法下给利润表带来的影响抹去了。

第四，商誉、无形资产和投资的减值（impairment of goodwill，intangible assets and investments）。商誉、无形资产和投资计提的减值损失被加了回来。

大家看这些调整项是不是觉得有点眼熟？（不眼熟说明没有学过财务会计，或者都还给老师了。）

这些项目都是在净利润被调整成为经营活动现金净流量的时候，需要考虑的调整项。但是，这些调整项又不完全，所以得到的 non-GAAP income 是一个介于净利润与经营活动现金净流量之间的数字。其实，除了让净利润显得好一点之外，我不知道它还有什么其他用途。

6.4.3 京东的利润趋势

让我们看看京东的利润。京东于 2014 年上市，我们从公开渠道能获得的关于它最早的报表数字从 2012 年开始（见图 6-11）。

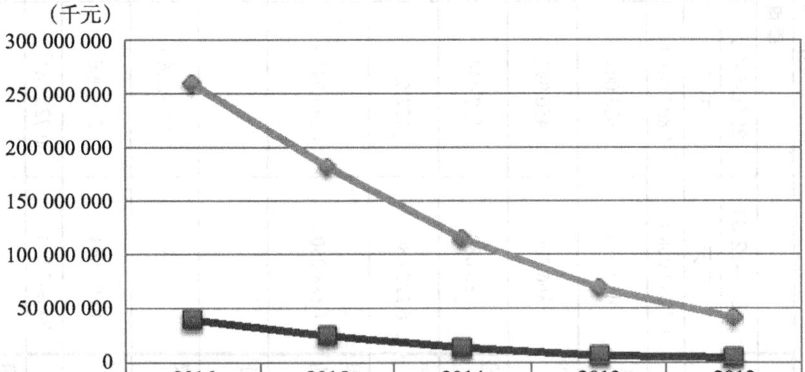

	2016	2015	2014	2013	2012
收入	260 185 775	181 286 955	115 002 317	69 339 812	41 380 521
毛利	39 487 048	24 278 626	13 370 874	6 844 274	3 482 134

图 6-11　京东的收入与毛利

可见，京东的收入与毛利的增长都是非常快的（见表 6-17）。

表 6-17　京东收入与毛利的增长率　　（%）

年份	2016	2015	2014	2013
收入增长率	44	58	66	68
毛利增长率	63	82	95	97

收入与毛利的增长率非常直观地显示了这一点，虽然增速下降，但仍然是一个非常醒目的增长率。这是所有互联网企业的特点，冲收入！不管赚不赚钱，先抢占市场再说，如图 6-12 所示。

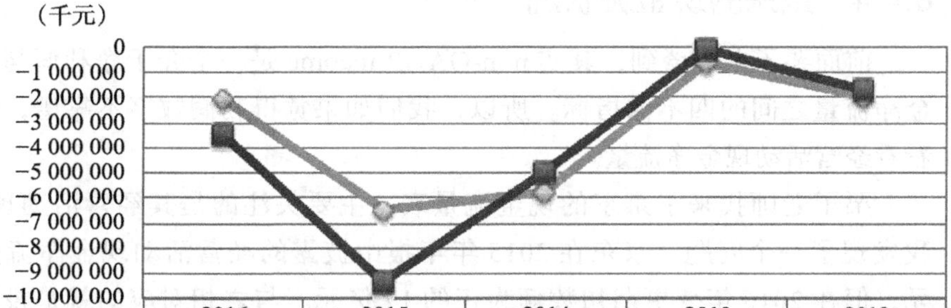

	2016	2015	2014	2013	2012
营业利润	−2 080 767	−6 459 456	−5 802 437	−578 827	−1 951 098
净利润	−3 473 748	−9 387 582	−4 996 358	−49 899	−1 729 473

图 6-12　京东的营业利润与净利润

京东一直是亏损的。2015 年其营业利润与净利润都是最低点。2016 年亏损额减少至近 35 亿元。

栗子老师好奇心起，去翻了京东披露的 6-K 中关于 non-GAAP income 的披露数据，如图 6-13 所示。

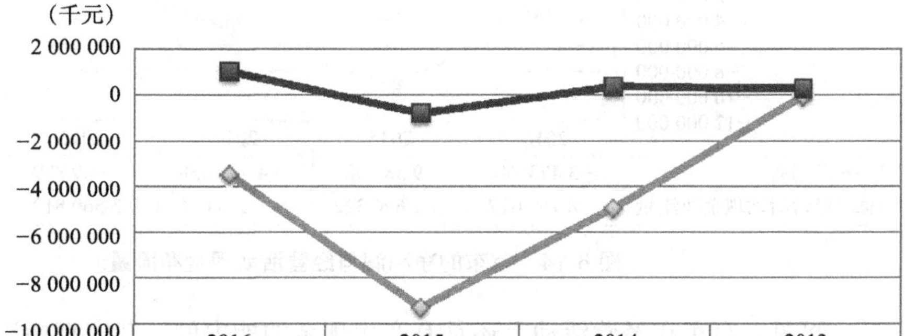

	2016	2015	2014	2013
净利润	−3 473 748	−9 387 582	−4 996 358	−49 899
non-GAAP 净利润	1 000 426	−860 055	362 669	223 874

图 6-13　京东的净利润与 non-GAAP 净利润

可见，在京东的管理层眼中，除了 2015 年，其他年份都是盈利的。

非付现的费用是不是费用呢？答案是肯定的，是费用。不然我们学半天权责发生制干什么，会计这个职业就别存在了。这些支出是之前实实在在发生过的，按照会计准则应当在以后期间摊成费用，如果不摊，难道是假设之前的钱就没有花过吗？

所以这些数字是京东管理层编出来宽慰人心的。大家看看就好了，不用太当真。

6.4.4 京东的现金流状况

前面栗子老师谈到，其实 non-GAAP income 是一个介于净利润与经营活动现金净流量之间的四不像指标。所以，我们如果觉得利润数字不靠谱，就应当直接看看经营活动现金净流量。

栗子老师找来了京东的现金流量表，主要关注的是其经营活动现金净流量。我发现了一个问题，京东在 2015 年年报中披露的经营活动现金净流量是 −18 亿元，但在 2016 年变更期初数额为正的 17 亿元。与之相对应的就是投资活动现金净流量由原来的 −23 亿元，变更成为 −58 亿元，即京东调整了期初的现金流量表，认为原来计入经营活动的现金流出有误，重分类至投资活动现金流出里去了。栗子老师决定用它更正后的数字（见图 6-14）。

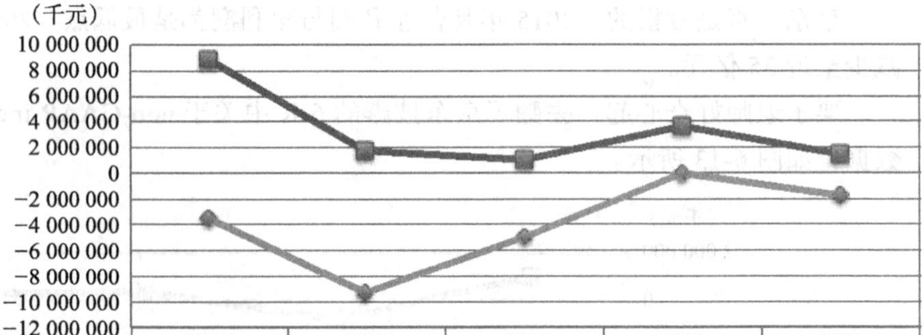

	2016	2015	2014	2013	2012
净利润	−3 473 748	−9 387 582	−4 996 358	−49 899	−1 729 473
经营活动现金净流量	8 767 017	1 696 322	1 015 016	3 569 819	1 403 652

图 6-14 京东的净利润与经营活动现金净流量

可见，京东在经营活动上还是有产生现金的能力的。其实直接让报表阅读者看这个数字不就好了吗？

2015 年京东的巨亏主要是由失败的投资带来的。这从其 2015 年年报中的披露可以看出。

第一，京东终止了经营拍拍网，因此计提损失。

第二，由于易车网股价持续下跌，所以京东计提了减值损失。

我的总体印象是，京东的财报特点是非常明显的成长期企业的特征，没有实现盈利、投资活动现金流出巨大、筹资活动现金流入巨大，好消息是其在经营活动上能够产生正的现金流。

对于媒体的各种报道，大家在看的同时，也要学会自己分辨。

总结一下，non-GAAP income 不用太当真。大家要看就看净利润，以及经营活动现金流量净额。

Chapter7

第 7 章

现金流量表：收付实现制下的经营结果

本章主要从企业生命周期的角度，观察处于生命周期不同阶段的企业报表有哪些显著特征。尤其在现金流量表上，这种特征会体现得非常明显。栗子老师分别以三个国际公司的报表讲解处于不同生命周期的报表特点（见表 7-1）。

表 7-1　本章小节索引表

小节标题	主要分析的报表项目和主题
7.1 高速成长期企业的特点：说说我心爱的钢铁侠	成长期企业现金流特征
7.2 成熟期企业的特点：现金牛沃尔玛	成熟期企业现金流特征
7.3 衰退期企业的特点：凯马特的重组之路	衰退期企业现金流特征

7.1　高速成长期企业的特点：说说我心爱的钢铁侠

栗子老师想跟大家谈一谈处于高速成长期企业的特征，尤其是体现在财务报表上的特征。

7.1.1　成长期企业的财报特征

处于成长期的企业，往往具有这样的特点：其商业模式基本得到验证，或者说投资人认为其商业模式值得进一步验证。企业开始大规模投入，进入花钱如流水的阶段。

体现在财务报表上，处于成长期的企业往往具有下列特点。

特点一：规模迅速扩张。企业的资产规模增长很快，收入增速也非常快。

特点二：企业往往是亏损的，有可能在成长期中后期实现盈利。

特点三：企业的经营活动现金流量净额往往是负数，由于企业规模急速扩张，各种经营性支出激增。可能在成长期后期转为正数。

特点四：企业的投资活动现金流出往往是巨大的负数，跑马圈地，长期资产上的投入激增，推动企业快速发展。

特点五：企业的筹资活动现金流入往往是巨大的正数。不是正数也不行呀，经营活动和投资活动都哗哗地需要钱，筹不来钱企业就等着关门吧。

让我们用特斯拉（Tesla）这家公司的财报来看看高速成长期企业的特点吧。

先来看看其创始人之一马斯克的经历。在看过他的经历介绍后，栗子老师的感慨是强悍的人生不需要解释。

这是一个从小梦想改变人类生存方式的孩子，在参与特斯拉之前他就已经创办了两家互联网公司，赚到了第一桶金。

这是一个一直在仰望星空的孩子，2002 年他就创办了 Space X 开始造火箭，2006 年第一支火箭爆炸了。

这是一个对新技术、新能源充满好奇的孩子，他 2004 年接触到特斯拉的其他创始人，2006 年投资 SolarCity。

这是一个百折不挠的孩子，现实版的钢铁侠，挺过 2008 年他进入了人生的新阶段。

2008 年对马斯克来说，是非常特殊的一年。

3 月，第一辆特斯拉跑车卖出了 10.9 万美元。

6 月，离婚。

8 月，第三次发射火箭失败。

两家公司 Space X 和特斯拉都没钱啦！

9 月，第四次发射火箭成功。成功与 NASA 签订合同，拿到 16 亿美元，Space X 不用破产了。

但特斯拉仍在破产边缘，挺过了 2008 年，2009 年年初特斯拉也拿到了融资。

2010 年 6 月，特斯拉在纳斯达克上市。

栗子老师查阅了特斯拉上市之后的年报，能够搜集到的是从 2009 年至今的数据。这是一家在飞速成长的企业，我们看看上面这些特征在它报表中的体现。

7.1.2　规模迅速扩张

如表 7-2 所示，特斯拉的资产规模迅速膨胀，从 2009 年的 1.3 亿美元膨胀到 2015 年的 80.9 亿美元，年增长率均值达到了 106%。

表 7-2 特斯拉的资产规模

时间	2015-12-31	2014-12-31	2013-12-31	2012-12-31	2011-12-31	2010-12-31	2009-12-31
总资产（千美元）	8 092 460	5 830 667	2 416 930	1 114 190	713 448	386 082	130 424
趋势百分比（%）	6 205	4 471	1 853	854	547	296	100
去年同比增长率（%）	39	141	117	56	85	196	
平均增长率（%）	106						

如表 7-3 所示，特斯拉的收入规模迅速膨胀，从 2009 年的 1.1 亿美元上升到 2015 年的 40.4 亿美元，年增长率均值达到了 109%。其中比较大的增长出现在 2013 年，收入一下子由 2012 年的 4 亿美元上升至 20 亿美元，这应该与 2012 年开始量产售卖的 Model S 有关。

表 7-3 特斯拉的收入规模

年份	2015	2014	2013	2012	2011	2010	2009
总收入（千美元）	4 046 025	3 198 356	2 013 496	413 256	204 242	116 744	111 943
趋势百分比（%）	3 614	2 857	1 799	369	182	104	100
去年同比增长率（%）	27	59	387	102	75	4	
平均增长率（%）	109						

7.1.3 企业往往亏损

如表 7-4 所示，特斯拉越亏越多！栗子老师能告诉你，它 2009 年的净资产都是负的吗？这是一家资不抵债的企业，从 2009 年亏损 5574 万美元，到 2015 年亏损 8.8 亿美元，但它却成功上市了！

表 7-4 特斯拉的净利润

年份	2015	2014	2013	2012	2011	2010	2009
净损失（千美元）	−888 663	−294 040	−74 014	−396 213	−254 411	−154 328	−55 740
趋势百分比（%）	1 594	528	133	711	456	277	100

2013 年从财务业绩上来看算是特斯拉相对亮眼的一年，在表 7-3 中大家看到收入上涨了将近 4 倍，而亏损是在这几年间唯一一次比上一年亏损额减少的一年。

2012 年特斯拉亏损近 4 亿美元，而 2013 年仅亏损 7 000 万美元。特斯拉的股价也正是从 2013 年发力的，从 33.87 美元上涨到最高 265 美元，一年之内上涨近 7 倍。

7.1.4 经营活动现金净流量为负

如表 7-5 所示，特斯拉的经营活动现金净流量仅在 2013 年是正数，这与上小节分析 2013 年是在其经营层面上讲最好的一年一致，这一年它是赚钱的，产生了 2.6 亿美元的现金流。但其他年份无一例外全部是负数，表明该企业在经营活动上的现金投入非常巨大。经营活动上的现金支出有很多种，国外的报表给出的是间接法，没办法看到具体每一项的现金流入和流出。

表 7-5 特斯拉的经营活动现金净流量

年份	2015	2014	2013	2012	2011	2010	2009
经营活动现金净流量（千美元）	−524 499	−57 337	264 804	−266 081	−128 034	−127 817	−80 825
趋势百分比（%）	649	71	−328	329	158	158	100

特斯拉采用了直营店的模式销售，这种销售模式相比于骑在代销商背上的传统汽车销售模式，在早期会带来更多的经营活动现金流出，但是就像直营店模式已经被苹果证明是正确的选择一样，栗子老师也相信这是特斯拉明智的决定。

此外，栗子老师结合利润表中披露的研发费用（R&D expenditure）来看看，如表 7-6 所示。（对于特斯拉来说，研发费用会构成其经营活动现金流出的一部分。另外虽然不一定所有研发都是现金支出，但大体趋势应该一致。）

表 7-6 特斯拉的研发费用

年份	2015	2014	2013	2012	2011	2010	2009
研发费用（千美元）	717 900	464 700	231 976	273 978	208 981	92 996	19 282
研发费用 / 收入（%）	18	15	12	66	102	80	17

2010 年特斯拉上市之后就有钱了，终于可以加大研发的力度，研发费用从原来的 2000 万美元激增到 2010 年的 9 000 万美元、2011 年的 2 亿美元、2012 年的 2.7 亿美元。2013 年研发费用出现下降，如果 2013 年特斯拉继续加大研发支出的话，可能其经营活动现金净流量就不会有 2.6 亿美元了，会更少一些。2014 年和 2015 年特斯拉继续加大了在研发上的投入。但如果从研发费用占收入的比例上来看，2010 ～ 2012 年无疑是研发投入力度最大的三年。Model X 就是在这期间研发问世的，但 Model X 的量产是 2015 年以后的事情了。

7.1.5 投资活动现金净流量为负

如表 7-7 所示，我们可以看到成长期企业的特点一定是跑马圈地、扩大规模，其投资活动现金净流量是负数，并且越来越大。特斯拉在 2014 年和 2015 年表现得特别明显，其投资活动现金净流出量一下子从原来的 2 亿多美元的规模上升到了 10 亿多美元！

对于特斯拉来说，它除了投资建厂之外，还需要铺设充电桩等基础设施，因此投资活动现金流出巨大毫不奇怪。与之相伴的一定是资产负债表中固定资产的激增（见表 7-8）。

表 7-7　特斯拉的投资活动现金净流量　（单位：千美元）

年份	2015	2014	2013	2012	2011	2010	2009
投资活动现金净流量	−1 673 551	−990 444	−249 417	−206 930	−162 258	−180 297	−14 244
趋势百分比（%）	11 749	6 953	1 751	1 453	1 139	1 266	100

表 7-8　特斯拉的固定资产　（单位：千美元）

时间	2015-12-31	2014-12-31	2013-12-31	2012-12-31	2011-12-31	2010-12-31	2009-12-31
固定资产	3 403 334	1 829 267	738 494	552 229	298 414	114 636	23 535
趋势百分比（%）	14 461	7 773	3 138	2 346	1 268	487	100
固定资产／总资产（%）	42	31	31	50	42	30	18

如表 7-8 所示，特斯拉的固定资产增速惊人，从 2009 年的 2300 万美元激增至 2015 年的 34 亿美元。我们观察其固定资产每年的增量，基本对应了当年的投资活动现金净流出。特斯拉固定资产占总资产的比重较高，这绝对是重资产型企业，所处的是需要大资金才能参与的行业。

7.1.6　筹资活动现金净流量为正

正像前面说的，经营活动和投资活动都是纯耗钱的，筹资活动如果跟不上，就只能关门大吉了。因此筹资活动必须跟上！

如表 7-9 所示，特斯拉在 2009 年的时候资不抵债，差点儿关门了，关键时刻可转债被投资人认购了，得到 2 500 万美元，2010 年 IPO 上市融到 1.9 亿美元，之后特斯拉又多次发行可转债和股票融资。

表 7-9　特斯拉的筹资活动现金净流量　（单位：千美元）

年份	2015	2014	2013	2012	2011	2010	2009
筹资活动现金净流量	1 523 523	2 143 130	635 422	419 635	446 000	338 045	155 419
趋势百分比（%）	980	1 379	409	270	287	218	100

总体来看，特斯拉在这几年间经营活动消耗了 9 亿美元，投资活动消耗了 35 亿美元，全靠筹资活动很给力地融资到了 57 亿美元（见表 7-10）。这是经典的高速成长期企业的现金流量特点。

现在很多互联网企业的做法就是这样。不管亏损有多厉害，不管赚钱不赚钱，拼命冲收入，收入冲上去了，和投资人就有故事可讲，下一轮融资只要能谈下来，就能再坚持一阵子。只等其他对手都坚持不住了，以为自己就能盈利了。

这种打法一定是要有“大胆量”“大气魄”的创业者才敢玩，因为不一定熬死的就是别人。

遇到这种企业我们需要判断的是该企业是否掌握某种核心技术或者垄断资源。如果有，那么这么拼拼还有可能前途光明；如果没有也这么拼，就是死路一条。

对于特斯拉来说，栗子老师认为未来一定是电动车的天下，并且是自动驾驶电动车的天下，至于是不是特斯拉的天下，栗子老师不知道。看新闻，特斯拉原来的技术大神自己创立的 Lucid Motors 刚推出了一款新车，Lucid Air，续航里程高达 640 千米。但我想这个市场是足够大的，特斯拉已经占据了先机。我会看好它，大家呢？

表 7-10　特斯拉 2009 ～ 2015 年的总体现金流状况

（单位：亿美元）

项目	2009 ～ 2015 年
经营活动现金净流量合计	−9
投资活动现金净流量合计	−35
筹资活动现金净流量合计	57
小计	13
汇率变动的影响	−2
期初现金及现金等价物	1
期末现金及现金等价物	12

7.2　成熟期企业的特点：现金牛沃尔玛

在 7.1 节中我们以特斯拉为例，谈了谈成长期企业的报表特点。本节让我们看看成熟期企业财报的特点。栗子老师这次用沃尔玛的报表数据来举例。

7.2.1　成熟期企业的财报特征

成熟期企业的财报特征有以下几点。

第一，规模增速开始放缓，甚至停止增长。

第二，利润增速放缓，或者停止增长。

第三，经营活动现金流量非常充沛。

第四，投资活动现金流量需要分类仔细分析。

第五，筹资活动现金流量往往是较大的现金流出。

下面我们用沃尔玛的报表数据来具体看一看。

7.2.2　规模增速开始放缓，甚至停止增长

规模可能体现在存量规模（资产）上，也可能体现在流量规模（收入）上。

我们先来看看沃尔玛的资产规模。栗子老师搜集了沃尔玛 1988 年以来的部分财务数据（见图 7-1）。

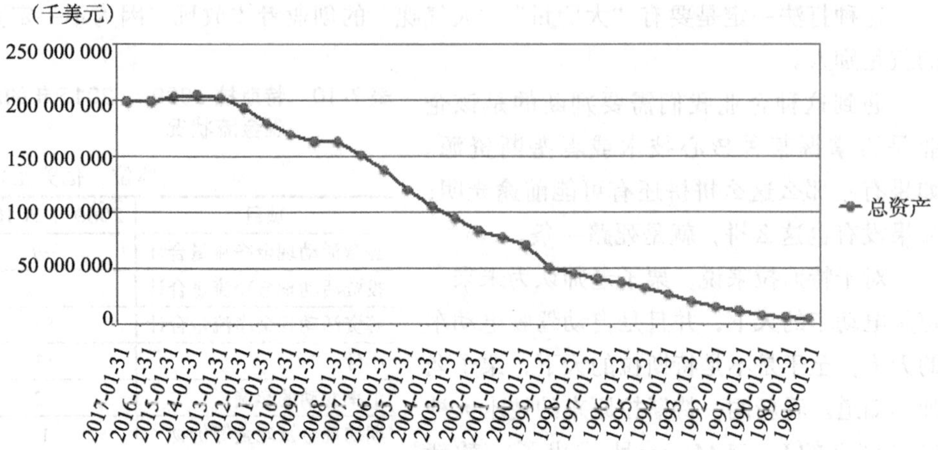

图 7-1　沃尔玛的资产规模

我们可以看到沃尔玛的总资产在 2014 年 1 月 31 日达到最高点 2 047.5 亿美元，之后再也没有超过这一总资产规模，2017 年 1 月 31 日的总资产规模是 1 988.3 亿美元。

如图 7-2 所示，我们从总资产的增速上看会更加明显。在 2006 年之前，沃尔玛的资产基本上是以两位数的速度在增长。2006 年之后其资产增长率都没有超过两位数，并且在最近的三年，沃尔玛每年的资产都是负增长。

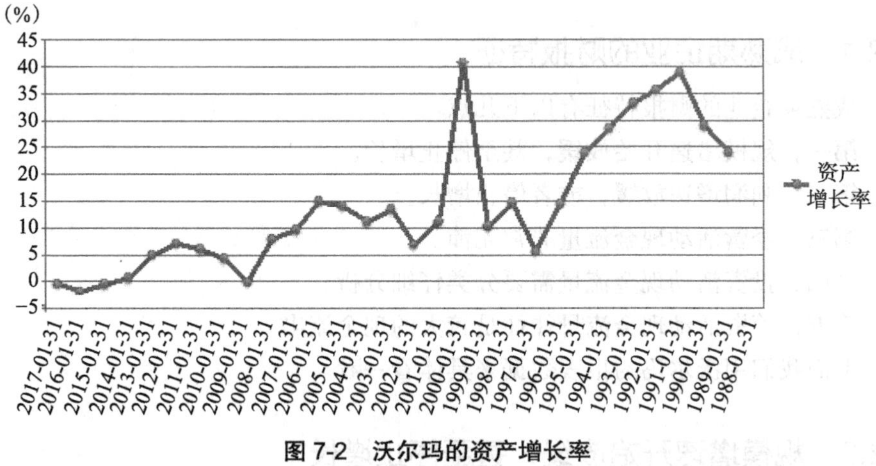

图 7-2　沃尔玛的资产增长率

毕竟资产只是存量规模，我们再参照流量规模来进行判断（见图 7-3）。

沃尔玛的收入规模在 2016 年首次出现下降，从 4 856.5 亿美元下降到 4 821.3 亿美元。

如图 7-4 所示，从收入的增长率上看，在 2007 年之前沃尔玛基本是以两位数的速度在增长，之后收入增速开始下降，2016 年沃尔玛第一次出现收入的负增长。

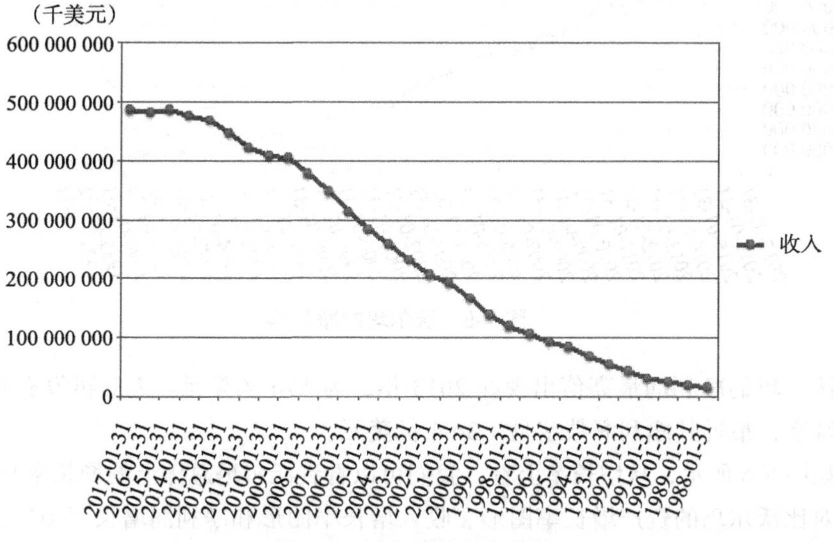

图 7-3　沃尔玛的收入规模

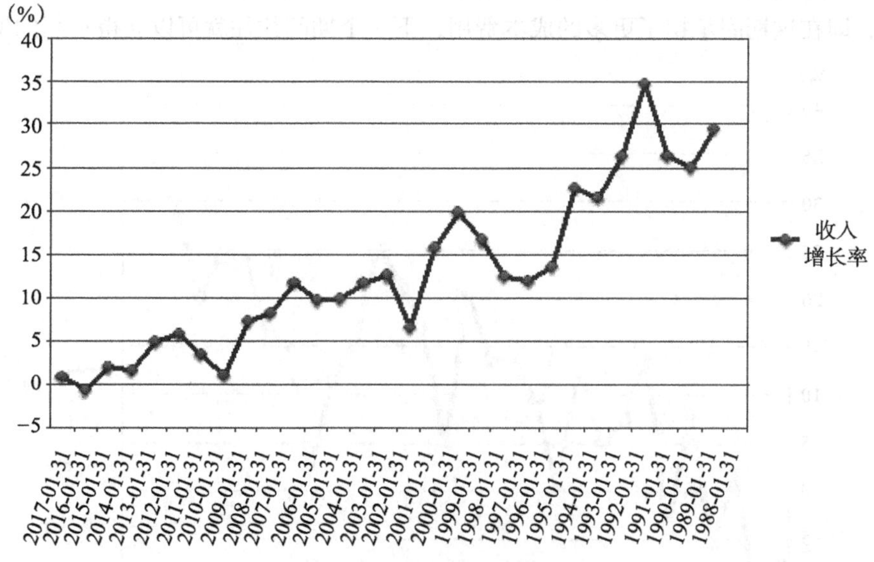

图 7-4　沃尔玛的收入增长率

7.2.3　利润增速放缓，或者停止增长

同样我们看一下从 1988 年以来沃尔玛的利润情况（见图 7-5）。

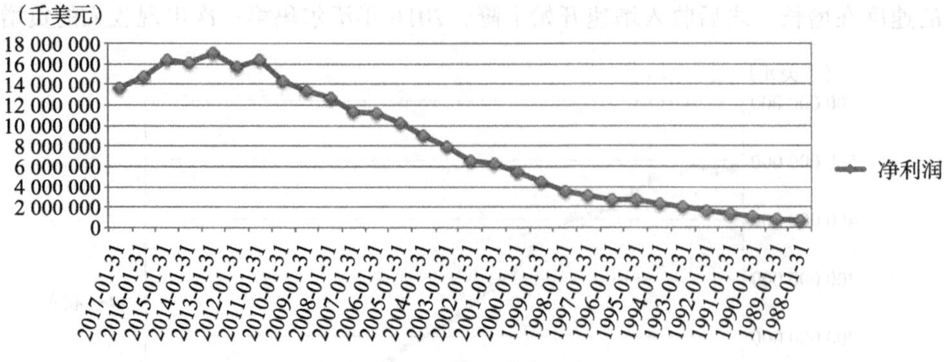

图 7-5　沃尔玛的净利润

沃尔玛的净利润最高值出现在 2013 年，为 170 亿美元。之后再没有超过这个利润数字，最近其净利润数字是 1 36.4 亿美元。

如图 7-6 所示，从增长率上看，我们可以看到沃尔玛总体上的增长率是下行的。但是对比沃尔玛的资产增长率图形、收入增长率图形和净利润增长率图形，我们会发现净利润增长率的图形更加戏剧化，呈现一高一低的犬牙交错的形状。这是因为影响净利润的因素有很多，一般在企业利润不太好的时候（此处是增长率降低的情形），即在这期间承担了更多的成本费用，下一个期间往往就可以获得利润的增长。

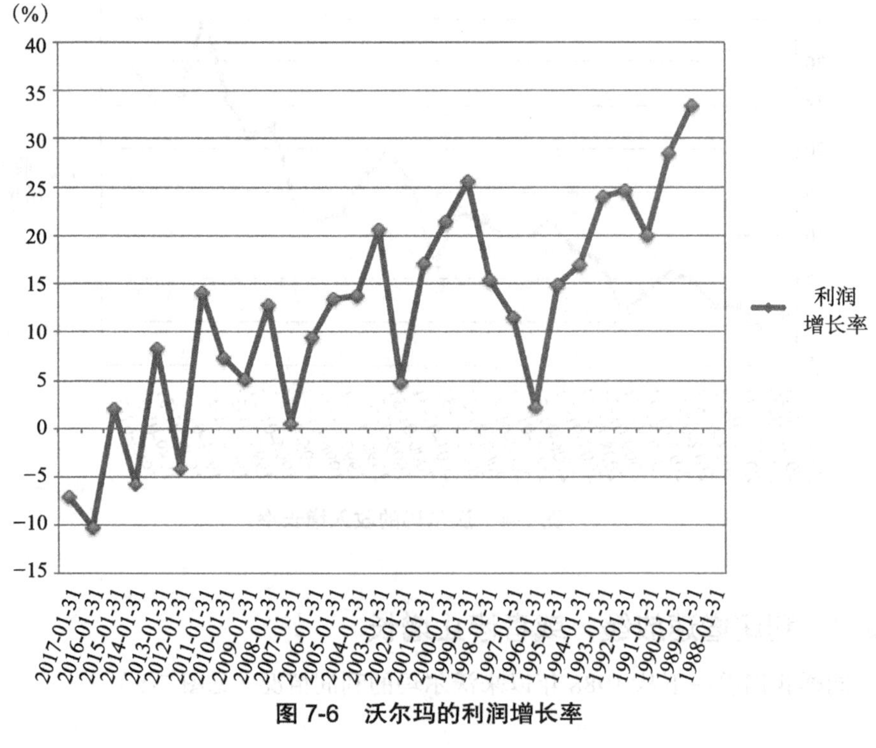

图 7-6　沃尔玛的利润增长率

栗子老师看了一下，沃尔玛 30 年来资产的平均增长率是 14.07%，2007 年起其流动资产增长率再没有超过 14.07%。收入的平均增长率是 12.86%，从 2002 年开始其滚动收入增长率再没有超过 12.86%（其中滚动增长率相对较高的有 2003 年的 12.51%、2007 年的 11.62%）。净利润的平均增长率是 11.74%，在 2006 年之前的滚动增长率基本上都超过了该均值，而从 2006 年之后（含 2006 年）的 12 年间，沃尔玛有 10 年的滚动增长率都低于均值。

因此，2007 ～ 2016 年沃尔玛资产、收入和净利润的增速均放缓，其滚动增长率的平均值如表 7-11 所示。

表 7-11　沃尔玛 2007 ～ 2016 年相关指标增长率　（%）

项目	2007 ～ 2016 年
总资产平均增长率	3.81
收入平均增长率	4.51
净利润平均增长率	3.01

这期间应该来说，沃尔玛处在成熟期内。让我们来看看成熟期企业现金流量表的特点。

7.2.4　经营活动现金流量非常充裕

处于成熟期的企业是现金牛，能够从经营活动中产生足够的现金流量用于经营性长期资产的更新改造，如图 7-7 所示。

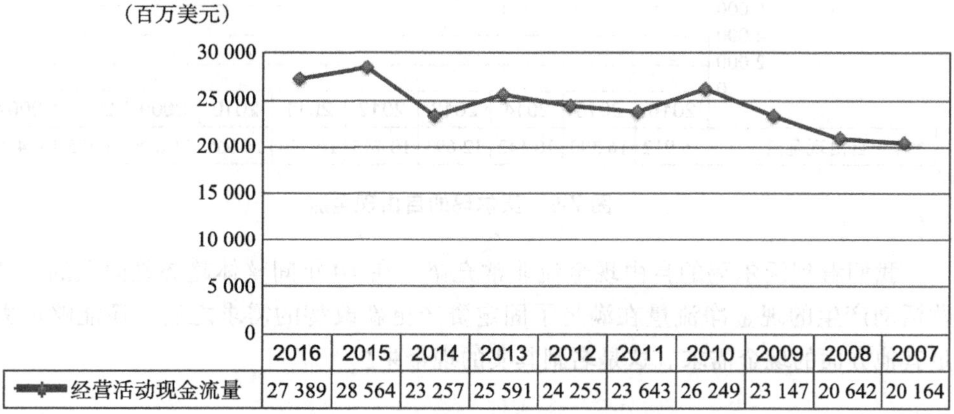

图 7-7　沃尔玛的经营活动现金流量

我们可以看到沃尔玛经营活动产生的现金流量在这 10 年间处于 200 亿美元到 280 亿美元的区间内。

如图 7-8 所示，从滚动增长率来看，沃尔玛的经营活动现金流量的增长率

在 −10% ～ 23% 之间，并呈现了正负交替的局面。

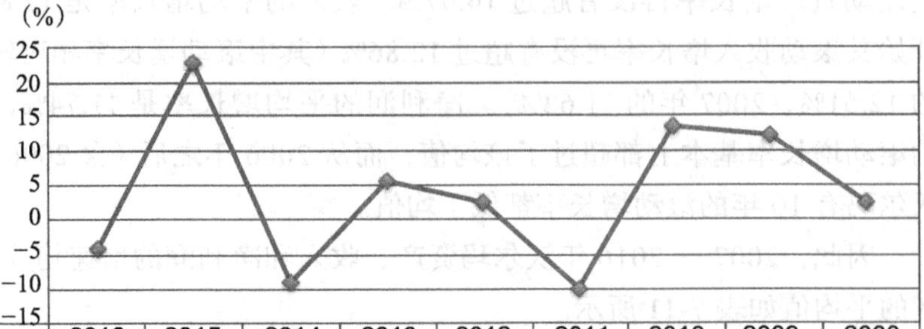

经营活动现金流量增长率	2016	2015	2014	2013	2012	2011	2010	2009	2008
	−4	23	−9	6	3	−10	13	12	2

图 7-8　沃尔玛经营活动现金流量增长率

让我们看看经营活动产生的现金流量是否能够满足企业在更新固定资产方面的现金需要。我从沃尔玛的投资活动现金流出中找到购买固定资产支付的现金（payments for property and equipment），用经营活动产生的现金净流量减去资本性支出，看看还有没有现金剩下来（见图 7-9）。

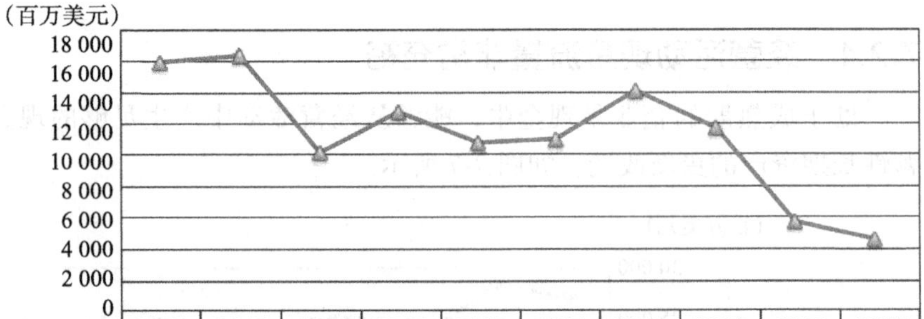

	2016	2015	2014	2013	2012	2011	2010	2009	2008	2007
自由现金流	15 912	16 390	10 142	12 693	10 745	10 944	14 065	11 648	5 705	4 498

图 7-9　沃尔玛的自由现金流

我们看到沃尔玛的自由现金流非常充裕，在 10 年间整体趋势是向上的。其经营活动产生的现金净流量在满足了固定资产更新改替的需求之后，还能够再去满足其他方面的现金需求。这是名副其实的现金牛！

7.2.5　投资活动的现金流量需要分类仔细分析

投资活动的现金流量可以划分为不同的性质。

第一类是为了支撑企业主要的经营活动而与经营性长期资产有关的现金流入和流出，例如购置固定资产、无形资产，处置固定资产、无形资产等。

第二类是用于并购或者参股持股其他企业，与长期股权投资相关的现金流入与流出。

第三类是利用闲置资金进行纯粹的理财行为而导致的现金流入与流出。

栗子老师将沃尔玛的投资活动现金流量进行了三种不同性质的区分，但由于准则变化或者企业会计分类的变更，因此我的划分有可能并不完全准确，此处只是做参考。例如，有些年份当“投资与企业并购”（investments and business acquisitions）的数字非常小的时候，就没有单独列示，而是归类为“其他投资活动”（other investing activities），如表 7-12 所示。

表 7-12　沃尔玛投资活动现金流量的分类分析　（单位：百万美元）

年份	2016	2015	2014	2013	2012	2011	2010	2009	2008	2007
第一类	−10 596	−10 933	−12 388	−12 366	−12 930	−12 210	−11 182	−9 947	−14 237	−14 662
第二类	0	0	0	−316	−3 548	−202	0	−1 576	−1 338	−68
第三类	−79	−192	−138	71	−131	219	−438	781	−95	223
投资活动现金流量	−10 675	−11 125	−12 526	−12 611	−16 609	−12 193	−11 620	−10 742	−15 670	−14 507

我们看到，投资活动在总体上是现金流出。往往处于成熟期的企业是其规模最大、业务最广的时候，此时要维护企业正常运转，在固定资产更新改替上一定是需要大量的资金的。从表 7-12 中我们可以看到，沃尔玛投资活动现金流出的绝大部分是服务于经营活动的长期资产构建上的。而且第一类的现金流出规模较为稳定，说明企业处于成熟期，而不是加速扩张的成长期。

如图 7-10 所示，我们配合着看一下资产负债表上固定资产的存量规模。大家可以发现，沃尔玛的固定资产有所增加，总体平缓。

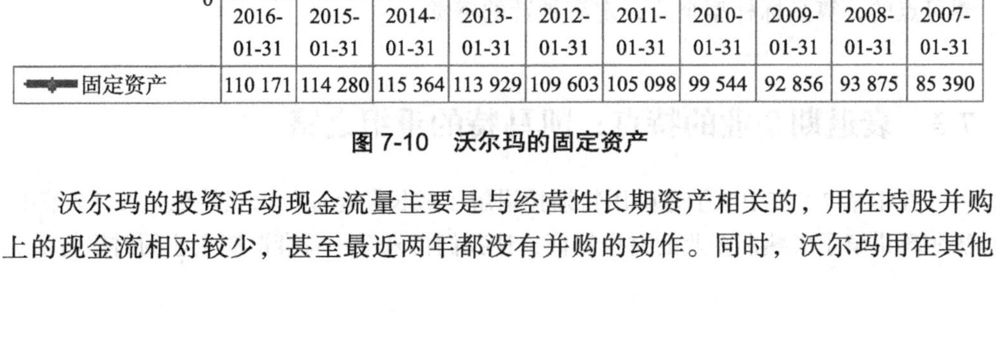

图 7-10　沃尔玛的固定资产

沃尔玛的投资活动现金流量主要是与经营性长期资产相关的，用在持股并购上的现金流相对较少，甚至最近两年都没有并购的动作。同时，沃尔玛用在其他方面（投资理财）的现金也相对很小。（这与苹果的报表特征不太一样。）

7.2.6 筹资活动往往是比较大的现金流出

现金牛企业的特点是在经营活动上产生源源不断的现金，而企业扩张已经放缓，此时不回馈股东更待何时。

栗子老师将筹资活动现金流量按照与债权人相关还是与股东相关，进行了分类，如表 7-13 所示。

表 7-13 沃尔玛筹资活动现金流量的分类分析 （单位：百万美元）

年份	2016	2015	2014	2013	2012	2011	2010	2009	2008	2007
与债权人之间	−3 671	−5 427	2 755	989	2 888	7 185	−2 262	−2 651	3 855	−319
与股东之间	−12 451	−9 644	−13 544	−12 961	−11 346	−19 213	−11 929	−7 267	−11 277	−4 520
筹资活动现金流量	−16 122	−15 071	−10 789	−11 972	−8 458	−12 028	−14 191	−9 918	−7 422	−4 839

我们可以看到在沃尔玛的筹资活动现金流出中，绝大部分是用以给股东回报了，包括分红和回购股票等方式。而在与债权人的关系上总体是一个借借还还的关系。

沃尔玛通过这种借借还还，将资产负债率稳定在 60% 左右（见表 7-14）。这应该是企业认为他们比较合适的一个负债水平。

表 7-14 沃尔玛的资产负债率 （%）

年份	2016	2015	2014	2013	2012	2011	2010	2009	2008	2007
资产负债率	60	60	63	62	63	62	59	60	60	59

以上是栗子老师用沃尔玛为例来讲解成熟期企业的一些报表特征。一般来说，其规模增速变缓，或者停止增长；会有非常好的盈利水平；在经营活动上能产生充足的现金流量；在满足投资活动现金需求的同时（投资活动现金流出的增速也放缓了），给予股东丰厚的分红与回报。

感兴趣的朋友可以再去算算它的一系列财务比率。沃尔玛的财务比率也是可圈可点的，算是标杆型企业，定海神针的感觉。

7.3 衰退期企业的特点：凯马特的重组之路

在本章 7.1 节中栗子老师用特斯拉讲解了成长期企业的财报特征，在 7.2 节中用沃尔玛讲解了成熟期企业的财报特征，让我们再来看一看衰退期企业的财报特征。

7.3.1　衰退期企业的财报特征

衰退期企业的财报可能有以下特征。

第一，规模逐渐萎缩。

第二，盈利状况不佳。

第三，经营活动现金流量告急。

第四，在经营性长期资产上的投资活动现金流量可能变成正数。

第五，给股东回报的筹资活动现金流出会很小。

这里栗子老师用凯马特（Kmart）为例来说明。凯马特是现代超市型零售业的鼻祖，成立于 1962 年，1979 年它的销售额就突破了 10 亿美元。1981 年，凯马特的店铺总数超过了 2 000 家，网点覆盖了全美 50 个州，一时风头无两。但之后，凯马特盲目扩张，导致在竞争中被沃尔玛等对手赶超。2005 年，凯马特并购了西尔斯，两家公司合并后改称西尔斯控股（Sears Holdings），在规模上成为美国第三大零售商。但是并购之后其业绩怎样呢？能够扭转颓势吗？

让我们来看看它的报表吧。（请注意，2005 年之前该公司叫凯马特，2005 年之后就叫西尔斯了。由于重大并购，这会导致报表在这前后并不完全可比。）

7.3.2　规模逐渐萎缩

我们先来看凯马特的资产规模（见图 7-11）。

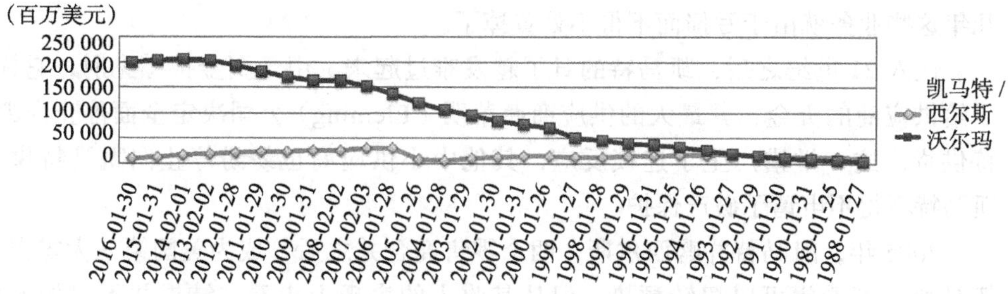

图 7-11　凯马特 / 西尔斯的资产规模

此处，栗子老师拿沃尔玛与凯马特进行对比。

大家看 7.2 节沃尔玛的情况时，也许对它的业绩并没有太大感觉。但事实是，当我们将凯马特的数据跟沃尔玛的放在一起时，我们就能清晰地感觉到沃尔玛的业绩是多么杰出了。

20 世纪 80 年代，还是凯马特当老大的年代，那时候凯马特的总资产是远超沃尔玛的。例如在 1988 年，凯马特的总资产是 111 亿美元，而同期沃尔玛只有 51 亿美元。但沃尔玛在随后的几年间经过了飞速的增长（具体增长率可以参看 7.2

节），1992年两家公司的总资产规模基本持平（凯马特是160亿美元，沃尔玛是154亿美元），1993年沃尔玛的总资产规模就超过了凯马特（凯马特是189亿美元，沃尔玛是206亿美元）。（另外，凯马特和沃尔玛的资产负债表日非常接近，都是在1月底。）

我们再看看凯马特总资产的滚动增长率（见图7-12）。

我们看到与沃尔玛保持增长的总体趋势不同，凯马特的总资产增长率在正负之间摇摆。其中2006年的异常值是与西尔斯合并导致的。事实上，并购完成之后的西尔斯总资产规模是一直在缩水的（负的增长率）。

我们来观察一下凯马特的收入规模（见图7-13）。

凯马特与沃尔玛收入的趋势与总资产的趋势总体是类似的。20世纪80年代，凯马特的收入是超过沃尔玛的。例如在1988年，凯马特的收入为260亿美元，沃尔玛的收入是160亿美元。但是之后，沃尔玛经过了飞速的增长，到1991年沃尔玛的收入（329亿美元）就超过了凯马特的收入规模（326亿美元）。凯马特在20世纪90年代初失去了昔日的霸主地位，被后起之秀赶超。

我们接着来看凯马特的收入增长率（见图7-14）。

可见在20世纪90年代沃尔玛的收入以两位数的速度增长的同时，凯马特的收入在增长与下滑之间摇摆。事实上这期间，凯马特进行了大量的并购，进行了多元化的尝试，涉足了家装、体育用品、图书等不同的领域，还进行了跨国并购，在捷克、斯洛伐克、墨西哥和新加坡等地开展业务。但最终的结果是不成功，没几年这些业务就由于亏损而不得不处置掉了。

进入21世纪之后，凯马特的日子越发难过起来，由于资金捉襟见肘，它拖欠了给供应商的资金，其最大的供应商弗莱明（Fleming）公司决定全面停止向凯马特供货，这一举措产生了连锁反应，其他中小供应商也纷纷停止向凯马特供货。凯马特不得不申请了破产保护。

2005年，凯马特并购西尔斯，两个零售商合并之后，成为美国第三大零售商。凯马特一度希望可以扭转颓势，但从其收入的表现上来看，结果并不尽如人意。从2008年至今，其收入呈一路下滑的趋势。

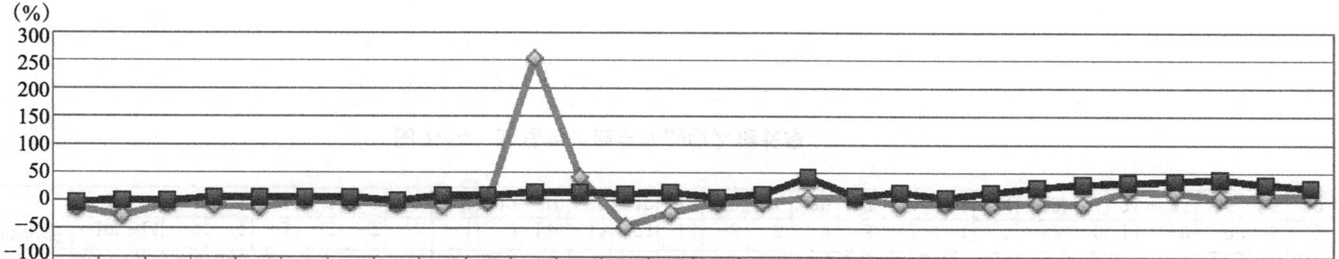

	2016	2015	2014	2013	2012	2011	2010	2009	2008	2007	2006	2005	2004	2003	2002	2001	2000	1999	1998	1997	1996	1995	1994	1993	1992	1991	1990	1989
凯马特 / 西尔斯	−14	−28	−6	−10	−12	−2	−2	−8	−8	−2	253	42	−46	−21	−4	−2	7	4	−5	−5	−10	−5	−8	18	15	6	8	9
沃尔玛	−2	−1	1	5	7	6	4	0	8	10	15	14	11	14	7	11	41	10	15	5	14	24	29	33	36	39	29	24

图 7-12　凯马特 / 西尔斯的资产增长率

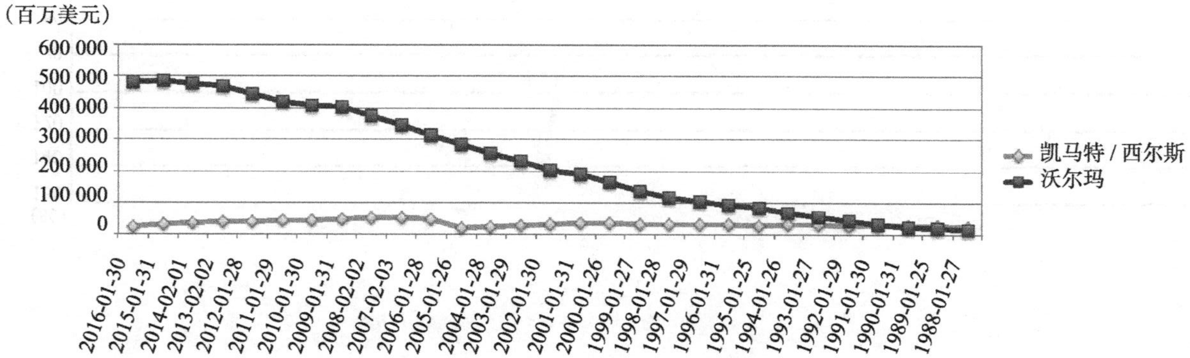

图 7-13　凯马特 / 西尔斯的收入规模

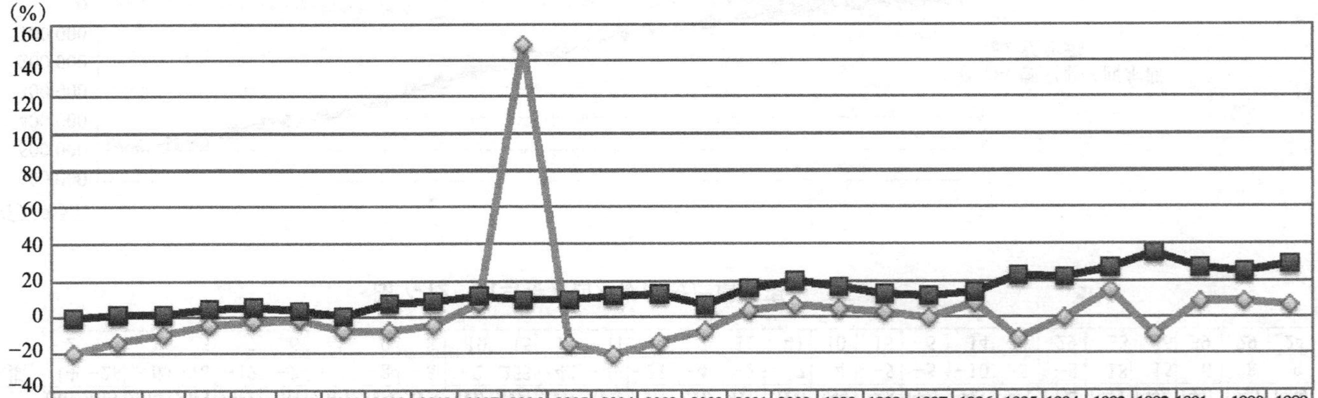

	2016	2015	2014	2013	2012	2011	2010	2009	2008	2007	2006	2005	2004	2003	2002	2001	2000	1999	1998	1997	1996	1995	1994	1993	1992	1991	1990	1989
凯马特 / 西尔斯	−19	−14	−9	−4	−3	−2	−7	−8	−4	7	149	−15	−21	−14	−8	3	7	5	2	−1	7	−12	0	14	−9	9	8	7
沃尔玛	−1	2	2	5	6	3	1	7	8	12	10	10	12	13	7	16	20	17	12	12	14	23	21	26	35	26	25	29

图 7-14　凯马特／西尔斯的收入增长率

7.3.3　盈利状况不佳，经常在微利与亏损之间摇摆

如图 7-15 所示，我们看到 1988 年沃尔玛的净利润（6.28 亿美元）还小于凯马特的净利润（6.92 亿美元）。但 1989 年沃尔玛的净利润（8.37 亿美元）就超过了凯马特的净利润（8.03 亿美元）。自那之后，差距越拉越大。

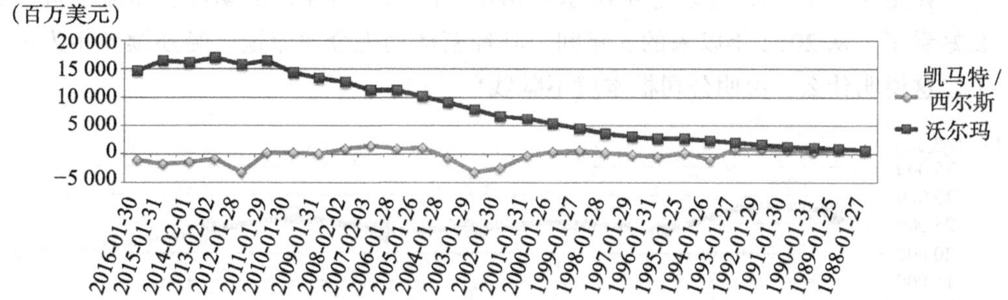

图 7-15　凯马特 / 西尔斯的净利润

可以说在进入 20 世纪 90 年代后，凯马特就迈入了衰退期。（凯马特由于战略制定和执行的失误而进入衰退期，要扭转这种局面，就需要高管层大换血，事实上凯马特后来也是这样做的，但将才难求呀！）

1994 年凯马特首次报告了亏损。从 1994 年到 2005 年并购西尔斯之前的 11 年间，它有 7 年报告了亏损（见表 7-15）。

表 7-15　凯马特 1994 ～ 2004 年的净利润　　（单位：百万美元）

时间	2004-01-28	2003-01-29	2002-01-30	2001-01-31	2000-01-26	1999-01-27	1998-01-28	1997-01-29	1996-01-31	1995-01-25	1994-01-26
凯马特	−628	−3 219	−2 446	−258	364	518	249	−220	−577	287	−983

如果我们简单算一下这 11 年间的平均净利润的话，就会发现平均来看凯马特是不盈利的（−6.28 亿美元）。

在这种局面下，凯马特和西尔斯合并了，并改名叫西尔斯控股。从资产、收入和净利润的统计上看，这次并购在短时间内对报表的改善是非常显著的。

但好景不长。

如表 7-16 所示，从 2012 年开始，西尔斯开始连年亏损。以至于平均来看，这 12 年的平均净利润是亏损的（−2.95 亿美元）。

表 7-16　重组后西尔斯 2005 ～ 2016 年的净利润　　（单位：百万美元）

时间	2016-01-30	2015-01-31	2014-02-01	2013-02-02	2012-01-28	2011-01-29	2010-01-30	2009-01-31	2008-02-02	2007-02-03	2006-01-28	2005-01-26
西尔斯	−1 129	−1 682	−1 365	−930	−3 140	133	235	53	826	1 492	857	1 106

接下来我们看看西尔斯在现金流量方面的特点，与上一节沃尔玛一样，栗子老

师搜集了它 2007 ～ 2016 年的现金流量数据（2016 年的数据其实是以 2016 年 1 月 30 日作为期末资产负债表日的那个期间，在西尔斯披露报表上有时被列作 2015 年的）。

7.3.4 经营活动现金流量告急，出现负数

如图 7-16 所示，与现金牛沃尔玛相比，西尔斯的经营活动现金净流量就不那么好看了。从 2012 年以来的 5 年间，其经营活动现金净流量已经连续 5 年为负数了。这说明什么？说明公司根本就不赚钱！

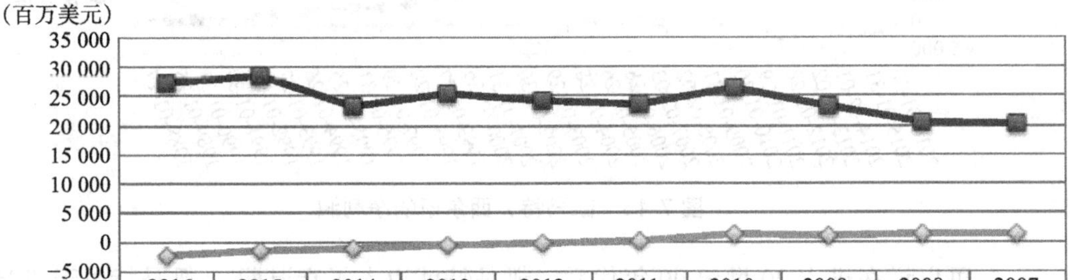

	2016	2015	2014	2013	2012	2011	2010	2009	2008	2007
西尔斯	−2 167	−1 387	−1 109	−303	−275	123	1 507	992	1 547	1 444
沃尔玛	27 389	28 564	23 257	25 591	24 255	23 643	26 249	23 147	20 642	20 164

图 7-16 西尔斯的经营活动现金净流量

凯马特曾经在 20 世纪 90 年代出现过这种情况，它靠与西尔斯合并暂时喘了一口气。这就好像一个病入膏肓的尿毒症患者得到了一个肾脏，但这个肾脏并没有那么强健，导致几年之后，病人再次病入膏肓。而这一次又去哪里再找一个肾脏呢？

7.3.5 企业减少在经营性长期资产上的投资活动现金流出，甚至该类现金流净结果变成正数

栗子老师将西尔斯的投资活动现金流量按照 7.2 节中的分类方法，分为了三类。第一类是与经营性长期资产相关的现金流量，第二类是与企业并购和股权投资有关的现金流量，第三类是对冗余资金的投资理财，如表 7-17 所示。

表 7-17 西尔斯投资活动现金流量的分类分析 （单位：百万美元）

年份	2016	2015	2014	2013	2012	2011	2010	2009	2008	2007
第一类	2 519	154	666	154	−317	−406	−338	−411	−475	−370
第二类	0	173	0	0	0	0	0	−37	0	−283
第三类	0	0	−2	37	8	0	166	−189	38	−10

我们可以看到，西尔斯在近 4 年间对经营性长期资产总体上是处置的做法。我们会发现第一类的现金流开始变成正数，这说明公司正在变卖固定资产，收缩

规模，将那些不盈利、不赚钱的部门关闭，给公司止血（见表 7-18）。

表 7-18 与经营性长期资产相关的投资活动现金流量（单位：百万美元）

第一类	2016	2015	2014	2013	2012	2011	2010	2009	2008	2007
西尔斯	2 519	327	662	419	−653	−797	−6	−826	−399	−673
沃尔玛	−10 596	−10 933	−12 388	−12 366	−12 930	−12 210	−11 182	−9 947	−14 237	−14 662

与沃尔玛的第一类现金流相比，大家就能够看出西尔斯与沃尔玛的处境大不相同。处于衰退期的企业，由于需要将不赚钱的资产处置掉，因此在第一类现金流上往往是很大的正数。这是公司正在收缩规模的明证。

由于西尔斯缺钱，因此它的第二类和第三类金额也都相对很小。

7.3.6 筹资活动现金流量是适应性的，给股东回报的现金流量会几乎停止

由于企业经营活动是赔钱的，除了变卖家当得到的那点儿钱之外，很可能还需要筹资活动融来足够的资金，以支撑企业的经营。但由于企业已经呈现颓势，此时，它的融资也可能进行得并不轻松。我们来看看西尔斯最近几年是如何解决资金问题的（见表 7-19）。

表 7-19 西尔斯的筹资活动现金流量（单位：百万美元）

年份	2016	2015	2014	2013	2012	2011	2010	2009	2008	2007	2006	2005
与债权人之间	−364	−199	1 135	−67	198	971	−533	35	−513	−436	−782	−53
与股东之间	0	484	−233	40	−226	−1 066	−418	−678	−2 926	−816	−1 170	0

我将西尔斯筹资活动的现金流量按照是与债权人有关还是与股东有关，分为了两类。

可见在经营活动现金流量为正的年份里，西尔斯主要是通过回购库存股的方式给股东回报，也是向市场释放信号，即管理层认为公司还是不错的。

但随着经营活动现金流量的恶化，显然打肿脸充胖子的做法已不合适了，于是近 4 年西尔斯不再有股票回购的行为。（2014 年的现金流出额主要是子公司加拿大西尔斯分红给少数股东的数额。）

为了维持企业的经营，西尔斯的筹资决策是配合性的。

我们看到由于企业亏损严重，导致所有者权益急剧减少，使得资产负债率飙升，最近两年西尔斯已经是资不抵债了（见表 7-20）。

表 7-20 西尔斯的资产负债率

时间	2016-01-30	2015-01-31	2014-01-02	2013-02-02	2012-01-28	2011-01-29	2010-01-30	2009-01-31	2008-02-02	2007-02-03
资产负债率	117	107	90	86	80	65	63	63	61	58

西尔斯的危机是迫在眉睫的。

由于电商的兴起和参与市场竞争，所有的零售商都面临业务重组和业态调整的问题。我看到过沃尔玛关闭实体店，调整整家公司业态结构的新闻。2017 年 2 月的时候，我也看到西尔斯的新闻，宣布要进行 10 亿美元的重组计划，准备甩掉包袱，轻装上阵。希望西尔斯能成功，让时间来检验吧。

商业中，变化是唯一不变的准则。

Chapter8

第8章

合并报表与母公司报表：对比看看更有意思

我国上市公司在年报中会同时披露合并报表和母公司报表，通过对这两套报表进行对比研究，可以看出不同集团在集团构架、内部交易和资金往来上的很多特点。本章通过一些案例分析，旨在帮助读者更好地利用两套报表上的信息对比，来更深入细致地了解一家企业集团（见表8-1）。

表 8-1 本章小节索引表

小节标题	主要分析的报表项目和主题
8.1 集团扩张效应的报表体现：以贵州茅台为例	合并报表、母公司报表、长期股权投资、其他应收款等
8.2 合并范围选择与盈余管理：以乐视网为例	合并范围、盈余管理
8.3 集团内资金管控特征及其报表体现：以新希望六和为例	货币资金、其他应收款、其他应付款

8.1 集团扩张效应的报表体现：以贵州茅台为例

在第5章5.8节中栗子老师比较了贵州茅台与帝亚吉欧的报表，在本节中我将先比较国内两大酒业巨头的业绩，然后用贵州茅台的报表重点谈谈如何在合并报表与母公司报表的对比过程中，评价母公司投资的扩张效应。

8.1.1 贵州茅台与五粮液的报表比较分析

1. 规模比较

如图8-1所示，从总资产规模上看，2008年茅台暂时超过五粮液。直到2013

年之后，两者的总资产规模差距开始拉开，茅台的总资产规模扶摇直上。

如图 8-2 所示，两家企业在收入规模上呈现同样的态势。2013 年茅台超过五粮液，成为国内酒业的老大。显然白酒行业的不景气也非常直观地体现在了五粮液的收入趋势上，但是茅台却非常强悍地只是收入增速放缓，并没有停止增长。

2. 盈利能力比较

这里我们看一看这两家公司的毛利率、净利率、收入现金含量、总资产收益率和净资产收益率。

如图 8-3 所示，茅台的毛利率很高，这与其定位为高端酒有关。毛利率的形态基本决定了净利率的形态（见图 8-4）。

从这几个指标的图形可以看出，2011 年和 2012 年是国内白酒业的黄金期，各项指标都各种好看，2013 年和 2014 年则陷入寒冬。但这种寒冬在这两个巨头的报表上只表现为利润率的下降，对很多中小酒企来说就是直接亏损了。

贵州茅台为何在 2016 年行业转暖的情况下，净利率反而降低了？栗子老师查阅了其报表，主要是税金及附加增加得非常多，我再看了一下新闻，发现这是税务局提高了茅台酒的消费税计税价格，导致其 2016 年消费税大增。㊀

如图 8-5 所示，从收入的现金含量来看，茅台在总体上优于五粮液，这种优势从 2013 年之后越发明显起来。2016 年茅台收入的现金含量达到骇人听闻的 93%(主要是预收款激增导致的)，2017 年的利润是不用愁了。这也可以解释为什么茅台的股价冲上新高。

我们再来看看贵州茅台与五粮液的总资产收益率（见图 8-6）。

总资产收益率的形态和净利率的基本一致。如果比较一下茅台与五粮液的总资产周转率，大家会发现多数年份茅台都是低于五粮液的（但差距不是太大）。例如，2016 年茅台的总资产周转率是 0.36，而五粮液是 0.39，两家公司的周转率都比较低。在 5.8 节中我们看到帝亚吉欧的周转率是 0.48。如果让栗子老师说的话，其实这两家公司都是手中的货币资金太多了，拖累了周转率和收益率。发特殊股利，把冗余的钱分了，资产规模变小，资产收益率就上去了。不过这也就是栗子老师天真的想法，真正得看公司如何决策。即使这样，最后的净资产收益率也不算低了。

如图 8-7 所示，茅台和五粮液都没有银行借款（也是，手中那么多货币资金，再向银行借款就太说不过去了），所以两家公司的资产负债率都是较低的。例如，2016 年贵州茅台是 33%，而五粮液是 22%，全部是经营性负债。而茅台由于其经营性负债中的预收款非常巨大，因而负债率高于五粮液，最终净资产收益率高于五粮液。

㊀ 2015 年 12 月，贵州省国税局《关于核定部分白酒产品消费税最低计税价格的通知》（黔国税函［2015］387 号）。

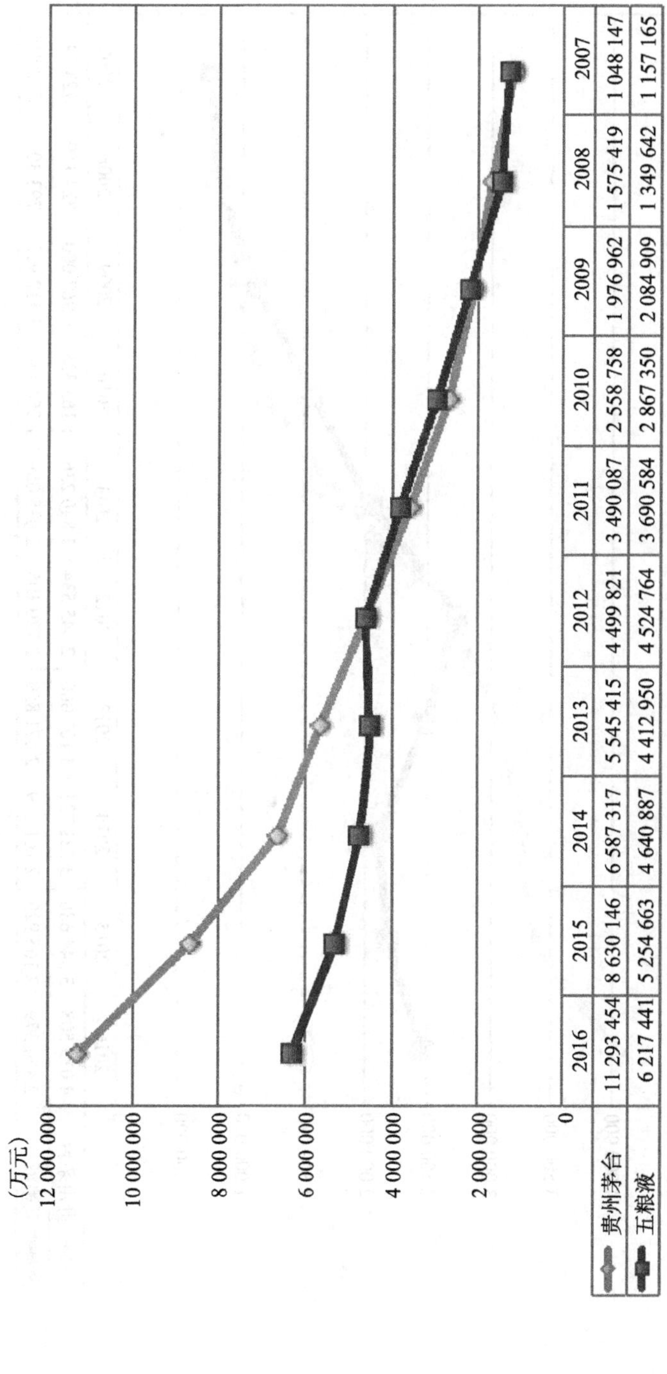

	2016	2015	2014	2013	2012	2011	2010	2009	2008	2007
贵州茅台	11 293 454	8 630 146	6 587 317	5 545 415	4 499 821	3 490 087	2 558 758	1 976 962	1 575 419	1 048 147
五粮液	6 217 441	5 254 663	4 640 887	4 412 950	4 524 764	3 690 584	2 867 350	2 084 909	1 349 642	1 157 165

图 8-1　贵州茅台与五粮液的资产规模

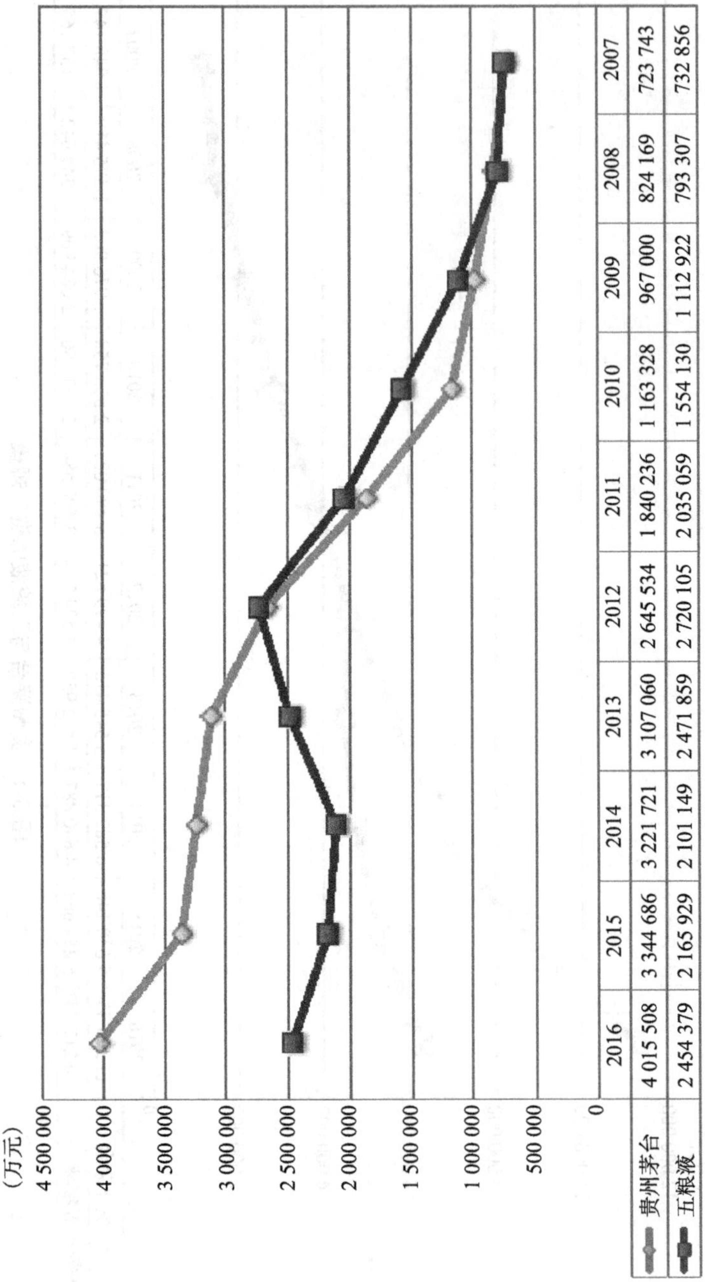

	2016	2015	2014	2013	2012	2011	2010	2009	2008	2007
贵州茅台	4 015 508	3 344 686	3 221 721	3 107 060	2 645 534	1 840 236	1 163 328	967 000	824 169	723 743
五粮液	2 454 379	2 165 929	2 101 149	2 471 859	2 720 105	2 035 059	1 554 130	1 112 922	793 307	732 856

图 8-2 贵州茅台与五粮液的收入规模

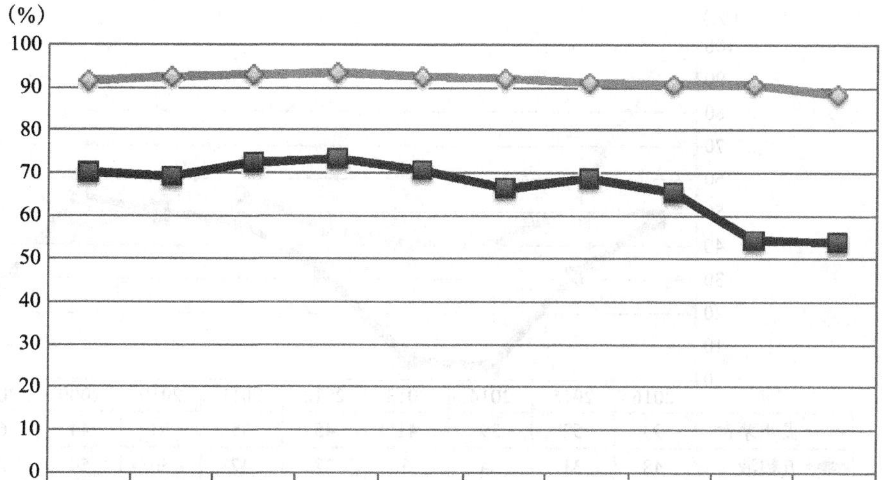

	2016	2015	2014	2013	2012	2011	2010	2009	2008	2007
贵州茅台	91	92	93	93	92	92	91	90	90	88
五粮液	70	69	73	73	71	66	69	65	54	54

图 8-3 贵州茅台与五粮液的毛利率

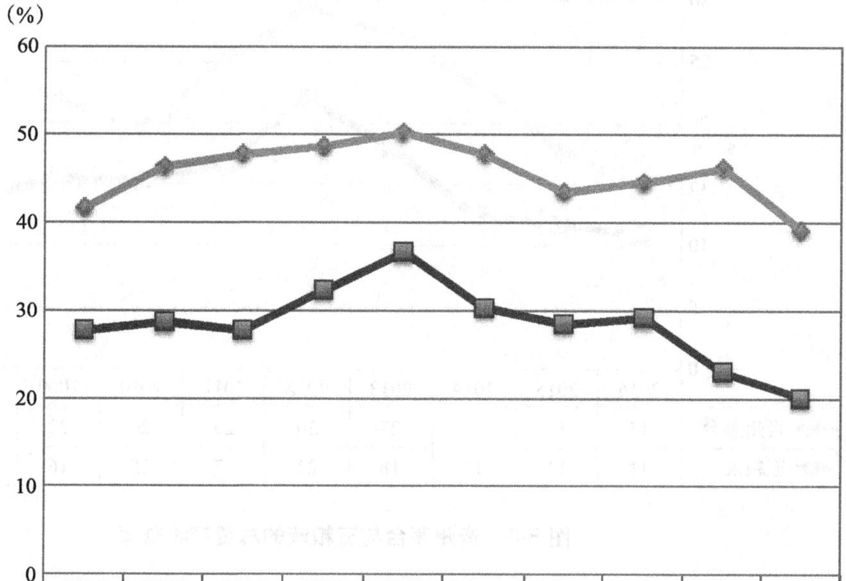

	2016	2015	2014	2013	2012	2011	2010	2009	2008	2007
贵州茅台	42	46	48	49	50	48	43	45	46	39
五粮液	28	29	28	32	37	30	28	29	23	20

图 8-4 贵州茅台与五粮液的净利率

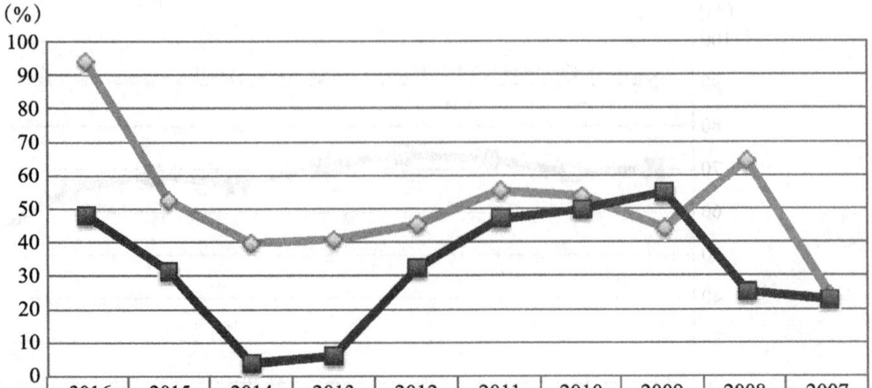

	2016	2015	2014	2013	2012	2011	2010	2009	2008	2007
贵州茅台	93	52	39	41	45	55	53	44	64	24
五粮液	48	31	4	6	32	47	50	54	25	23

图 8-5　贵州茅台与五粮液的收入现金含量

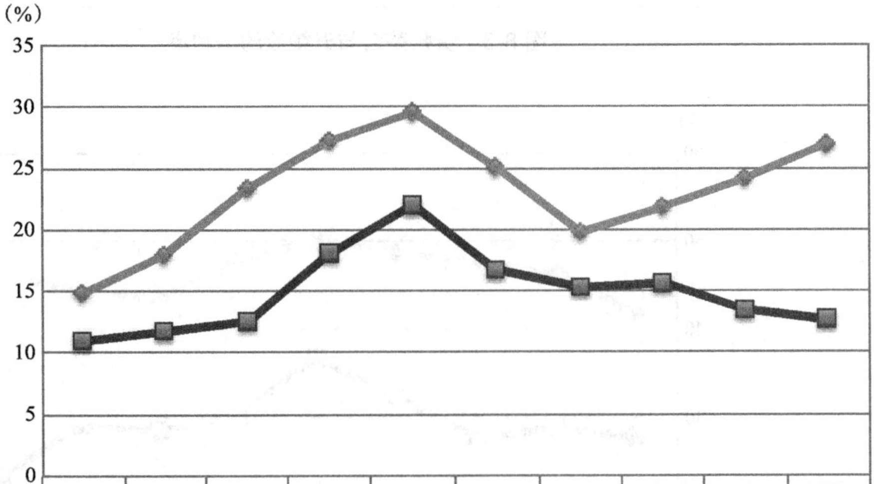

	2016	2015	2014	2013	2012	2011	2010	2009	2008	2007
贵州茅台	15	18	23	27	30	25	20	22	24	27
五粮液	11	12	13	18	22	17	15	16	13	13

图 8-6　贵州茅台与五粮液的总资产收益率

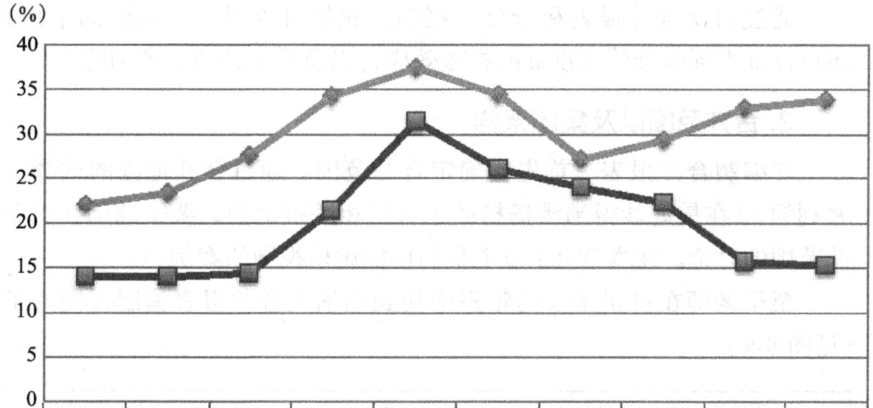

	2016	2015	2014	2013	2012	2011	2010	2009	2008	2007
贵州茅台	22	23	28	34	38	34	27	29	33	34
五粮液	14	14	14	22	32	26	24	22	16	15

图 8-7　贵州茅台与五粮液的净资产收益率

总之，2013 年之后，贵州茅台是国内当之无愧的酒王。

8.1.2　合并报表与母公司报表

当我们看国内上市公司的报表时，上市公司会同时披露合并报表和母公司报表，其实这给我们提供了很多可供挖掘的增量信息。美股上市公司报表一般只披露合并报表，英国上市公司年报中的母公司报表往往也非常简略，有时只有资产负债表和所有者权益变动表。比较之下，我国要求上市公司同时披露母公司报表和合并报表是非常有利于外部投资者进行对比分析，从而了解和猜测集团的内部分工、架构和运行机制的。

1. 合并报表、母公司报表与信息增量

母公司报表是以母公司个体作为会计主体进行报告的，合并报表的会计主体则包含母公司及其控制下的所有子公司（孙公司）。所以，基本上合并报表的过程就是：第一，将母公司报表和子公司报表加总的过程；第二，将集团内部交易事项抵销的过程。

具体合并报表的编制是在高级财务会计这门课程中讲授的，基本要讲半个学期。

合并报表数字和母公司数字进行比较，一般合并数字会大于母公司数字，因为合并报表将子公司的各项资产、负债加进来了。但是如果出现越合并越小的现象，那就说明母公司与子公司之间进行了很多内部交易，子公司对外的交易没有大过抵销的数额，于是就越合并越小了。

通过对比合并报表和母公司报表，我们可以对一家集团的架构有一定了解，还可以基本判断母公司投资的扩张效应，以及母子公司的盈利能力。

2. 合并范围以及集团架构

要编制合并报表，首先要确定合并范围。通过合并范围的选择，可以影响合并利润。（在最近炒得沸沸扬扬的乐视的相关报道中，栗子老师注意到也有关于合并范围的讨论。在本章 8.2 节中我们再探讨乐视网的案例。）

栗子老师在贵州茅台的年报中找到的纳入合并报表编制范围的子公司有这些（见图 8-8）。

> 本年度纳入公司合并报表范围的子公司有贵州茅台酒进出口有限责任公司、贵州茅台酒销售有限公司、贵州茅台集团财务有限公司、国酒茅台定制营销（贵州）有限公司、北京友谊使者商贸有限公司、贵州茅台酒巴黎贸易有限公司、贵州赖茅酒业有限公司、贵州茅台酱香酒营销有限公司共八家。
>
> "贵州茅台酒个性化定制营销有限公司"名称变更为"国酒茅台定制营销（贵州）有限公司"。

图 8-8 贵州茅台 2016 年年报合并范围

资料来源：摘自贵州茅台 2016 年年报。

表 8-2 是贵州茅台长期股权投资的报表附注。贵州茅台没有联营企业和合营企业，长投下的公司都是子公司。报表中没有披露具体的组织架构图和持股比例，不过披露了对最主要的子公司贵州茅台酒销售有限公司的持股比例是 95%。

表 8-2 贵州茅台 2016 年年报长期股权投资附注 （单位：元）

被投资单位	期初余额	本期增加	本期减少	期末余额	本期计提减值准备	减值准备期末余额
贵州茅台酒销售有限公司	9 500 000.00			9 500 000.00		
贵州茅台酒进出口有限责任公司	5 600 000.00			5 600 000.00		
贵州茅台集团财务有限公司	408 000 000.00			408 000 000.00		
国酒茅台定制营销（贵州）有限公司	14 000 000.00			14 000 000.00		
北京友谊使者商贸有限公司	18 000 000.00			18 000 000.00		
贵州茅台酒巴黎贸易有限公司	80 728 429.80			80 728 429.80		
贵州赖茅酒业有限公司	17 200 000.00			17 200 000.00		
贵州茅台酱香酒营销有限公司	200 000 000.00			200 000 000.00		
合计	753 028 429.80			753 028 429.80		

资料来源：摘自贵州茅台 2016 年年报。

通过观察母子公司，我们基本得到一个判断，贵州茅台母公司是生产企业，旗下子公司是销售企业。另外，为了提高资金的使用效率，茅台获批在 2013 年成立财务公司，这是白酒行业的第一家财务公司。

至于公司为何如此架构，这是源于消费税的计缴是针对生产企业的。所以母公司生产出来的酒按照内部价格销售给子公司，并计缴消费税，子公司加价再卖给经销商。

3. 母公司投资的扩张效应：合并资产负债表 VS 母公司资产负债表

母公司可以控制子公司的经营，母公司对子公司的资金支持除了体现在母公司的长期股权投资中外，还有可能体现在母公司的其他应收款等项目上。所以，当我们看报表时，可以关注有哪些报表项目是越合并越小的，从而模糊估计母公司对子公司的资金支持力度。

作为外部人，我们没有办法掌握到非常明细的母公司对子公司提供多少资金支持的数据，只能是从报表的数据上进行估计，这种估计并不准确，只是一个大致估计。

栗子老师统计了贵州茅台的合并报表和母公司报表相关数据（见表 8-3）。

表 8-3　贵州茅台母公司投资扩张效应统计表　　　（单位：万元）

项目		2016 年	2015 年	2014 年	2013 年
长投	合并	0	0	0	0
	母公司	75 303	75 303	48 394	44 260
	合并 – 母公司	−75 303	−75 303	−48 394	−44 260
其他应收款	合并 – 母公司	−388	−4 038	−2 193	0
营运资本					
应收账款	合并 – 母公司	−52 907	−16 197	−14 382	−80
应收利息	合并 – 母公司	−54 859	−35 875	−14 432	0
应付账款	合并 – 母公司	−6 977	−989	0	−215
预收账款	合并 – 母公司	−48 488	−972 672	−1 259 511	−1 186 159
母公司对子公司资金支持估算	不考虑营运资本	75 690	79 341	50 588	44 260
	考虑营运资本	127 992	−842 247	−1 180 108	−1 142 033
总资产	合并 – 母公司	5 327 382	3 117 628	1 924 828	1 500 171
扩张倍数	不考虑营运资本	70	39	38	34
	考虑营运资本	42	—	—	—

注：2013 年其他应收款合并数大于母公司数，这其实并不意味着母公司没有给子公司资金支持。也可能是由于子公司对集团外的其他应收款数额大于母公司对其的其他应收款。所以，我们这种分析只是大致估计，并不准确。这样的情况同样出现在资产负债表的其他项目上，我们作为外部人，能够看到的就是在那些越合并越小的项目中，肯定是存在母子公司的内部交易的。但是越合并越大的项目，并不意味着不存在母子公司间的内部交易。因此，栗子老师此处只是大致估算。

一般我们考虑母公司对子公司的投资力度，最直接的就是长期股权投资。这里由于茅台架构比较简单，子公司没有对外的联营企业和合营企业，所以出现合并报表长投为零，而母公司报表长投有数（即对子公司的投资）的情况。另外，其他应收款也往往是关联方之间资金拆借的通道，栗子老师观察到其他应收款在最近三年的确是越合并越小的，说明母公司通过这个科目给了子公司一定的资金支持。

在2016年，这两部分的资金支持加起来是7.5亿元，撬动了多少合并资产增量呢？ 532.7亿元。这样的撬动倍数是惊人的，说明母公司的投资扩张效应非常好！

如果考虑在营运资本账户上我们外部人能够观察到的内部交易数额（越合并越小的部分），就会发现对于贵州茅台来说，事实上多数年份是子公司给母公司提供资金。至少在栗子老师观察的2013、2014和2015年中，都是子公司给母公司提供了资金。从这种意义上来说，子公司反哺母公司，扩张效应无穷大。

母公司对子公司的投资为什么会产生扩张效应？

其来源可能有这几点：第一，子公司向外部借款，从而扩张了资产规模；第二，子公司吸收少数股东的投入，从而扩张了资产规模；第三，子公司大量运用了经营性负债，从而扩张了资产规模；第四，子公司取得盈利，从而扩张了资产规模。

对于贵州茅台来说，主要是第三种和第四种情况形成了资产增量。

4. 母公司盈利能力的可塑性：合并利润表 VS 母公司利润表

栗子老师搜集了贵州茅台合并利润表和母公司利润表的数据，并比较其差异，如表8-4所示。

表8-4 贵州茅台合并利润表与母公司利润表的比较分析 （单位：万元）

项目	2016年			2015年		
	合并	母公司	差异	合并	母公司	差异
一、营业总收入	4 015 508	1 289 781	2 725 727	3 344 686	884 333	2 460 353
营业收入	3 886 219			3 265 958		
利息收入	129 272			78 655		
手续费及佣金收入	17			73		73
减：营业成本	341 010	401 296	−60 286	253 834	293 871	−40 037
利息支出	12 296			7 416		7 416
手续费及佣金支出	7			6		6
税金及附加	650 893	594 896	55 997	344 917	291 123	53 794
销售费用	168 105	22 940	145 165	148 496	16 875	131 621
管理费用	418 719	343 456	75 263	381 285	327 885	53 400
财务费用	−3 318	−40 525	37 207	−6 727	−35 143	28 416
资产减值损失	1 233	25	1 208	−54	−34	−20

（续）

项目	2016 年			2015 年		
	合并	母公司	差异	合并	母公司	差异
加：公允价值变动收益（损失以“–”号填列）	0	0	0	0	0	0
投资收益（损失以“–”号填列）	0	963 708	−963 708	387	975 420	−975 033
其中：对联营企业和合营企业的投资收益	0	0	0	0	0	0
二、营业利润（亏损以“–”号填列）	2 426 563	931 402	1 495 161	2 215 899	965 178	1 250 721
加：营业外收入	855	365	490	482	17	465
其中：非流动资产处置利得	9	9	0	21	0	21
减：营业外支出	31 630	16 635	14 995	16 210	3 583	12 627
其中：非流动资产处置损失	196	186	10	19	14	5
三、利润总额（亏损总额以“–”号填列）	2 395 788	915 132	1 480 656	2 200 172	961 611	1 238 561
减：所得税费用	602 724	−9 993	612 717	554 672	494	554 178
四、净利润（净亏损以“–”号填列）	1 793 064	925 125	867 939	1 645 500	961 117	684 383
归母净利润	1 671 836			1 550 309		

1）越合并越小的营业成本

贵州茅台 2015 年和 2016 年两年的利润表上都出现了营业成本越合并越小的情况。这只能解释为母公司已经给子公司发货，而子公司还没有给经销商发货。

前几天网上流传一篇文章“茅台财报涉嫌造假：隐藏利润 45 亿元或为方便股权激励”，其中也提到这个现象。文中说茅台预收款激增，说明它收了经销商货款，认为茅台应该是收了钱，并且已经发了货，但就是不确认收入。我个人认为这个推断太武断了。

我们看看 2016 年报表附注中关于存货的附注披露（见表 8-5）。

原材料增加了 5 亿元，在产品增加了 64 亿元，库存商品增加了 8 亿元，自制半成品减少了 52 亿元，总体存货金额增加了 26 亿元。

2016 年贵州茅台的营业成本越合并越小，说明有部分存货留在子公司。库存商品 18 亿元，比去年年底增加了 8 亿元。为什么有货，却不发给经销商呢？我只能说存在以下这几种可能性。

第一，经销商打款太积极了，合并报表上预收款增加了 92 亿元，这预示着企业未来的盈利。

表 8-5　贵州茅台 2016 年年报存货附注

（单位：元）

项目	期末余额			期初余额		
	账面余额	跌价准备	账面价值	账面余额	跌价准备	账面价值
原材料	2 857 055 031.15		2 857 055 031.15	2 340 009 657.53		2 340 009 657.53
在产品	7 305 816 789.70	1 283 984.83	7 304 532 804.87	856 907 044.53	1 283 984.83	855 623 059.70
库存商品	1 850 867 206.05		1 850 867 206.05	968 821 448.29		968 821 448.29
自制半成品	8 609 796 783.48		8 609 796 783.48	13 848 842 857.18		13 848 842 857.18
合计	20 623 535 810.38	1 283 984.83	20 622 251 825.55	18 014 581 007.53	1 283 984.83	18 013 297 022.70

资料来源：摘自贵州茅台 2016 年年报。

第二，企业经营应按部就班地来，也不可能一下子将货全部都发出去。

第三，企业为迎接新年制造的生肖酒，要等到接近新年再销售。

第四，企业可能有意识地控制了 2016 年的发货节奏和利润。我认为存在这种可能性。

2017 年 4 月 20 日，贵州茅台针对网间传言也专门发布了公告，公告中说主要是产能限制，导致供不应求，预收款激增。但是它没有正面回应母公司营业成本高于合并营业成本这一情况。栗子老师这里认为第四种猜测是有可能的。

2）越合并越小的投资收益

还有一个很明显的越合并越小的项目，就是投资收益。

投资收益在合并报表中是零，但母公司账上却有大量的投资收益（96 亿元），这就是子公司给母公司的分红，母公司的利润表会受到子公司分红金额的影响。母公司的利润率指标与子公司的分红息息相关。母公司的盈利能力指标的可塑性是非常强的，可以靠控制发货速度，以及靠控制子公司的分红来达到母公司想要的利润水平（见表 8-6）。

表 8-6　贵州茅台合并报表与母公司报表的盈利能力指标　（%）

项目		2016 年	2015 年	2014 年	2013 年
毛利率	合并	92	92	93	93
	母公司	69	67	67	68
净利率	合并	45	49	50	51
	母公司	72	109	150	179
总资产收益率	合并	16	19	25	29
	母公司	16	17	22	29
净资产收益率	合并	24	25	29	36
	母公司	26	28	35	49

栗子老师计算了合并报表和母公司报表的一些主要盈利能力指标。

母公司毛利率显著的低，说明母公司给子公司的价格要低于子公司对外销售价格。前面提到过，这与消费税的计缴有关。

母公司净利率显著的高，甚至达到了 100% 以上。其主要原因就是子公司的分红，有着巨额投资收益的母公司净利润甚至会超过营业收入。

最后在总资产收益率和净资产收益率上母公司和合并报表的差距不大，栗子老师的猜测是子公司分红以及给母公司打款（母公司账上的预收款）等内部交易，不仅要建立在满足正常生产、销售的需求基础上，还要考虑让母公司的收益率指标与合并报表收益率指标保持一致。

对于子公司的数据，贵州茅台只披露了销售公司的几个最主要的数据，如表 8-7 所示。

表 8-7 贵州茅台 2016 年年报对子公司的分析 （单位：万元）

子公司全称	所处行业	注册资本	总资产	净资产	营业收入	营业利润	净利润
贵州茅台酒销售有限公司	酒、饮料及茶叶批发	1 000.00	6 013 324.66	4 066 707.07	3 558 380.76	2 601 402.92	1 939 415.28

资料来源：摘自贵州茅台 2016 年年报。

据此我们可以计算出，子公司销售公司净利率为 55%，子公司销售公司总资产收益率为 32%，子公司销售公司净资产收益率为 48%。

其他子公司的盈利能力应该没有这么强，不然合并报表上不会是 45% 的净利率，而是会更高。

母子公司间利润表的可塑性是非常大的，因为关联交易的存在，使得母公司的利润成为一件操作起来相对容易的事情。这也是为什么国外的报表一般都只披露详细的合并报表的原因。我国要求企业在信息披露的同时披露合并报表和母公司报表，这其实是非常好的，让我们有机会通过这两者之间的比较，分析集团内部结构、母公司扩张效应以及集团利润的留存结构。

总之，给贵州茅台安上利润造假的帽子，有点太危言耸听了。从报表来看，2017 年贵州茅台的业绩不会差，而一定程度的利润平滑应该是管理层都会考虑的问题。贵州茅台的情况是在短期内利润只会更好，而不会更差。

8.2 合并范围选择与盈余管理：以乐视网为例

在 8.1 节中栗子老师用贵州茅台举例说明母公司投资的撬动效应以及母公司盈利能力的可塑性，此处栗子老师用乐视网为例再补充说明一下投资撬动效应的问题，以及合并范围的选择是如何影响合并利润的。

8.2.1 对投资撬动效应的补充说明

1. 长投合并变小或者变大

长期股权投资越合并越小，正常！

因为母公司给子公司的投资算作集团内部交易，在合并的时候需要抵销。

长期股权投资越合并越大，也正常！

因为合并报表是以上市公司为龙头，包含旗下所有子公司的集团作为会计主体的。如果子公司对外有投资（形成联营企业、合营企业），在合并的时候就会体现在合并报表的长投上。这个数额如果较大，比母公司对子公司投资的数额还大，就会出现长投越合并越大的现象。

上面这些分析，同样适用于其他报表项目。

因此在 8.1 节中我说根据报表上的数字，资产越合并越小，说明这是母公司对子公司的资金支持，就源于此。但是这是不准确的，其不准确的程度取决于子公司对外投资参股的程度。

换言之，我们可以说，这种根据报表上粗略估算出来的母公司对子公司的资金支持力度，只是母公司对子公司支持力度的最小估计。实际的支持力度只可能比这个大而不可能比这个小。据此，算出来的撬动效应是一个最高估计，而不是最低估计。

我这里再用乐视网报表上的几个数字进行说明（见表 8-8）。

表 8-8　乐视网母公司投资扩张效应统计表　（单位：亿元）

项目		2016 年	2015 年
长期股权投资	合并报表	20.7	0.1
	母公司报表	38.5	31.4
	合并 - 母公司	−17.8	−31.3
其他应收款	合并报表	7.0	1.7
	母公司报表	53.0	26.0
	合并 - 母公司	−46.0	−24.3
母公司对子公司支持力度大致估算		63.8	55.7
总资产	合并报表	322.0	170.0
	母公司报表	190.0	134.0
资产增量	合并 - 母公司	132.0	36.0
撬动倍数		2.1	0.6

2. 当子公司对外参股投资时

为了进一步说明，栗子老师去翻看了乐视网 2016 年报的报表附注（见表 8-9）。

在合并报表中关于长期股权投资的附注表明长投之所以激增 20 亿元，是由于当期新增了联营企业 TCL 多媒体。

那这项投资是在乐视网母公司的层面上做的，还是子公司的对外投资呢？

我们继续看一看母公司的报表附注，找到长投的附注内容（见表 8-10）。

我们发现母公司对外的联营企业数字变化不大，还是 1 000 万元多一点。

也就是说，合并报表中的联营企业一定是子公司投资的结果。结合各路新闻，我们可以确定是乐视网的控股子公司乐视致新认购了 TCL 多媒体 20.10% 的股份，耗资将近 20 亿元。请大家注意，这是上市公司的子公司对外的投资行为，在合并报表中构成了集团的联营企业，所以在长投中列示。

表 8-9　乐视网 2016 年年报长期股权投资报表附注　（单位：元）

被投资单位	期初余额	本期增减变动								期末余额	减值准备期末余额
		追加投资	减少投资	权益法下确认的投资损益	其他综合收益调整	其他权益变动	宣告发放现金股利或利润	计提减值准备	其他		
一、合营企业											
二、联营企业											
北京智驿信息技术有限责任公司	10 045 254.04	0.00	0.00	234 174.01	0.00	0.00	0.00	0.00	0.00	10 279 428.05	0.00
TCL 多媒体科技控股有限公司	0.00	2 024 427 953.05	0.00	35 594 734.49	0.00	0.00	0.00	0.00	0.00	2 060 022 687.54	0.00
小计	10 045 254.04	2 024 427 953.05	0.00	35 828 908.50	0.00	0.00	0.00	0.00	0.00	2 070 302 115.59	

资料来源：摘自乐视网 2016 年年报。

表 8-10　乐视网 2016 年年报母公司长期股权投资报表附注　（单位：元）

项目	期末余额			期初余额		
	账面余额	减值准备	账面价值	账面余额	减值准备	账面价值
对子公司投资	3 841 031 113.34	0.00	3 841 031 113.34	3 129 314 897.13	0.00	3 129 314 897.13
对联营、合营企业投资	10 279 428.05	0.00	10 279 428.05	10 045 254.04	0.00	10 045 254.04
合计	3 851 310 541.39		3 851 310 541.39	3 139 360 151.17		3 139 360 151.17

资料来源：摘自乐视网 2016 年年报。

这对我们刚才的分析有什么影响呢？

显然，我们低估了母公司对子公司的投资力度。于是，我根据附注中的信息，调整了一下估算表，如表 8-11 所示。

表 8-11　调整后的乐视网母公司投资扩张效应统计表　（单位：亿元）

项目		2016 年	2015 年
长期股权投资	合并报表	0.1	0.1
	母公司报表	38.5	31.4
	合并 – 母公司	−38.4	−31.3
其他应收款	合并报表	7.0	1.7
	母公司报表	53.0	26.0
	合并 – 母公司	−46.0	−24.3
母公司对子公司支持力度大致估算		84.4	55.7
总资产	合并报表	322.0	170.0
	母公司报表	190.0	134.0
资产增量	合并 – 母公司	132.0	36.0
撬动倍数		1.6	0.6

这是在查找了乐视网母公司长期股权投资的报表附注之后，我尽可能地对测算数据进行了调整。但是这仍然是不准确的估算。

总之，栗子老师想说的是，外部人可以从合并报表和母公司报表的这种关系中模糊估计母公司投资的扩大效应。这种撬动效应越大，表明子公司本身的质量越高（说明其有能力自己融资，或者有能力持续不断地产生利润，扩大自身规模）。8.1 节中贵州茅台的撬动倍数就高达 70 倍（实际可能低于此数字），乐视网的撬动效应显然就差多了。

8.2.2　乐视网由预期盈利变成实际亏损的原因

1. 业绩快报 VS 实际年报

乐视网本来就处于舆论的旋涡之中，按理说，应该战战兢兢地做好信息披露和投资者沟通的工作。但离奇的是，其信息披露工作做得很不严肃。乐视网一开始公布的年报上审计报告的正文是一串的“666666”数字（即使被审计师出具了带解释说明段的无保留意见，乐视网也不能把审计报告给如此处理了吧）。从随后公布的更正版年报可以看出，乐视网的信息披露工作做得非常粗糙，有多达 11 处更正的地方。

我们再来看看业绩预报和实际业绩差异巨大的问题。乐视网曾经在 2016 年业绩快报中披露利润总额是 4 000 万元，但是在公布的 2016 年年报中利润总额却是亏损 3 亿多元，差异非常之大。原因是什么呢？乐视网在 2017 年 4 月 20 日发布的致歉公告中，将经审计师审计后的数字和业绩快报中的数字进行了对比（见表 8-12）。

表 8-12　乐视网 2016 年业绩快报和实际年报的差异比较

项目	本期报告		增减变动幅度（%）
	经审计后数	业绩快报预测数	
营业总收入	21 986 878 491.37	21 832 995 156.46	0.70
营业利润	−337 499 261.08	44 791 429.32	−853.49
利润总额	−328 708 520.87	40 193 590.40	−917.81
归属于上市公司股东的净利润（元）	554 759 227.43	765 548 126.39	−27.53
基本每股收益（元）	0.29	0.39	−26.42
加权平均净资产收益率	0.08	0.16	−48.91
	本期报告		增减变动幅度（%）
	经审计后数	业绩快报预测数	
总资产	32 233 826 009.07	31 845 083 258.07	1.22
归属于上市公司股东的净资产（元）	10 225 568 291.84	10 202 949 036.37	0.22
股本	1 981 680 127.00	1 981 680 127.00	0.00
归属于上市公司股东的每股净资产（元）	5.16	5.15	0.22

资料来源：摘自乐视网 2017 年 4 月 20 日发布的致歉公告。

乐视网营业利润差异的原因有以下几点。

第一，乐视网放弃确认乐视电子商务为权益性交易，因而减少了营业利润 2.2 亿元。

第二，乐视网对关联方应收账款计提了坏账 1.2 亿元。

第三，控股子公司乐视致新计提了破损屏减值准备 2 400 万元。

第四，乐视网对电子商务的长投计提减值了 150 万元。

第五，其他事项支出了 1 200 万元。

2. 乐视电子商务的会计处理

这里我们重点看一看涉及合并范围、合并报表会计处理的乐视电子商务。

2017 年 3 月 10 日，乐视网发布公告称由于乐视电子商务一直亏损，上市公司决定放弃控股权。

一开始乐视网拥有乐视电子商务 30% 的股权，如表 8-13 所示。

表 8-13　乐视电子商务变更前的股权结构

股东	认缴出资（元）	实缴出资（元）	占比（%）
乐荣控股（北京）有限公司	3 000 000	1 500 000	30
乐视网信息技术（北京）股份有限公司	3 000 000	1 500 000	30
乐视控股（北京）有限公司	4 000 000	2 000 000	40
合计	10 000 000	6 500 000	100

注：笔者注意到实缴出资明细加总并不等于其合计数，但乐视网在 2017 年 3 月 10 日发布《放弃子公司控股权暨财务报表合并范围发生变更的公告》中就是如此披露的。笔者没有详细资料也无法修改此表。

资料来源：摘自乐视网 2017 年 3 月 10 日发布的公告。

由于乐视控股将表决权全权委托给乐视网，所以乐视网控制了乐视电子商务，并将其纳入了合并范围。

但是由于乐视电子商务一直亏损，拖累了上市公司的业绩。2016 年年底，乐视电子商务的股权结构进行了变更，如表 8-14 所示。

表 8-14　乐视电子商务变更后的股权结构

股东	认缴出资（元）	实缴出资（元）	占比（%）
乐荣控股（北京）有限公司	8 500 000	5 000 000	85
乐视网信息技术（北京）股份有限公司	1 500 000	1 500 000	15
合计	10 000 000	6 500 000	100

资料来源：摘自乐视网 2017 年 3 月 10 日发布的公告。

乐视网放弃了 15% 的股权，并丧失了控制权。但是大家请注意，所有这些公司的实际控制人都是贾跃亭先生。

在 3 月 10 日的公告中，乐视网是这样披露放弃电子商务对财报的影响的（见图 8-9）。

我们可以看见，乐视网对此说得比较含糊，但其实按照公司的本意是想要将其确认为投资收益的。

如果母公司是将该子公司卖给了一个独立第三方，卖之前的合并报表是将合并亏损并表的。但是现在出售了，相当于原来的亏损不用再承担了，因此在合并报表中就会体现出投资收益来。

早在 2 月 27 日公布的业绩快报中，乐视网显然就是按照这个思路来操作的。

但是审计师提出了异议，认为这都是同一控制下的交易。审计师将交易性质界定为权益性交易（即与股东之间的交易），因此这是不能确认为投资收益的。

乐视网在致歉公告中是这样披露的，如图 8-10 所示。

最终，针对在 2016 年年报中对“合并范围是否发生变动”的问题，乐视网做了说明（见图 8-11）。

> 2015 年，乐视电子商务纳入公司合并报表的营业收入为 3 030.31 万元，净利润为 -2 356.75 万元。经公司财务部门初步核算，截至 2016 年 12 月 31 日，乐视电子商务资产总额约为 7.61 亿元，负债总额约 14.30 亿元，净资产总额约 -6.70 亿元，营业收入约 48.21 亿元，净利润约 -7.50 亿元。2016 年 1～12 月将继续合并乐视电子商务财务情况至乐视网利润表中（对乐视电子商务的会计核算方式的发生变更，合并利润表中净利润将有一定程度增加），资产负债表截至 2016 年 12 月 31 日将不再合并，扣除合并范围合并，扣除合并范围内的抵销数，对乐视网合并报表的影响为资产总额减少约 7.61 亿元，负债总额减少约 14.30 亿元，预计净资产将有所增加。（以上数据未经审计，最终结果将于公司 2016 年年度报告中披露。）
>
> 乐视电子商务成为公司关联方后，出现关联方非经营性资金占用情形，金额约为 4.30 亿元，公司已经按照《深圳证券交易所创业板上市公司规范运作指引（2015 年修订）》等规则对其进行清理，截至本公告披露日，乐视电子商务与乐视网之间不存在关联方非经营性资金占用的情形。

图 8-9　乐视网对放弃电子商务控股权的披露

资料来源：摘自乐视网 2017 年 3 月 10 日发布的公告。

> 2017 年 3 月 10 日，乐视网公告了放弃子公司电子商务（北京）有限公司（以下简称电子商务）控股权暨财务报表合并范围发生变更的公告，简述了电子商务股权变更情况暨放弃控制权的必要性，放弃后对乐视网关联交易及财务报表的影响，可能导致本期合并报表利润增加 221 773 450.28 元。
>
> 根据企业会计准则的规定："企业处置对子公司的投资，处置价款与处置投资对应的账面价值的差额，在母公司个别财务报表中应当确认为当期投资收益；处置价款与处置投资对应的享有该子公司净资产份额的差额，在合并账务报表中应当确认为当期投资收益。"乐视网对电子商务投资 150 万元，2016 年按照权比例承担亏损 2.21 亿元，这些亏损在年底合并层面确认为投资收益。
>
> 审计师认为上市公司对电子商务的上述控制权变化，是在控制人贾跃亭同一控制下完成的，属于同一控制下的股权转让。参考 30 号准则第三十五条关于与所有者的资本交易的定义和证监会《上市公司执行会计准则监管问题解答》2009 年第二期第 1 问的规定，公司放弃电子商务控制权导致合并报表层面利润增加应属于权益性交易。
>
> 考虑当期交易确实是同一控制下的转移，我们原则上尊重审计师的意见，该事项导致预先利润与审定利润差异 221 733 450.28 元。

图 8-10　乐视网对放弃电子商务控股权的再披露

资料来源：摘自乐视网 2017 年 4 月 20 日发布的致歉公告。

> 2015 年本公司持有乐视电子商务（北京）有限公司（以下简称电子商务）30% 的股权，持有 67% 的表决权，将电子商务纳入合并报表范围。2016 年 10 月，本公司将持有电子商务 15% 的股权转让给乐荣控股（北京）有限公司，转让后持有电子商务 15% 的股权，本年合并报表将电子商务利润表及现金流量表纳入合并范围，资产负债表期末不再纳入合并范围，期末将该股权转让对合并报表产生的影响确认为资本公积。

图 8-11　乐视网 2016 年年报"合并范围是否发生变动"截图

资料来源：摘自乐视网 2016 年年报。

对乐视电子商务的处理最终没有确认为投资收益，而是直接计入了资本公积。

3. 对这些会计处理的说明

如果大家在看了这些说明之后还是一头雾水的话，栗子老师再简单说一下。

我们简单地理解合并报表的编制。

第一，先按照完全的权益法核算母公司的长期股权投资。

我们现在是按照成本法核算子公司的。在编制合并报表之前，要先按照完全的权益法来核算子公司的长投。这样处理之后，母公司利润其实就等于合并利润了。相当于子公司的业绩是通过投资收益一个科目单行合并在了母公司的报表中。

第二，可以将利润表中的单行合并，即将投资收益拆成子公司利润表中的各项收入、成本和费用。这样利润表就合并进来了。

第三，可以将资产负债表中的长投抵销掉（长投是子公司单行合并在资产负债表中的结果），将子公司各项资产、负债并入合并报表，就会出来少数股东权益。

但是由于截至 12 月 31 日，乐视电子商务已经不纳入合并范围了，利润表却依然将其纳入合并范围，这样就编不平了呀。于是，如图 8-12 所示。

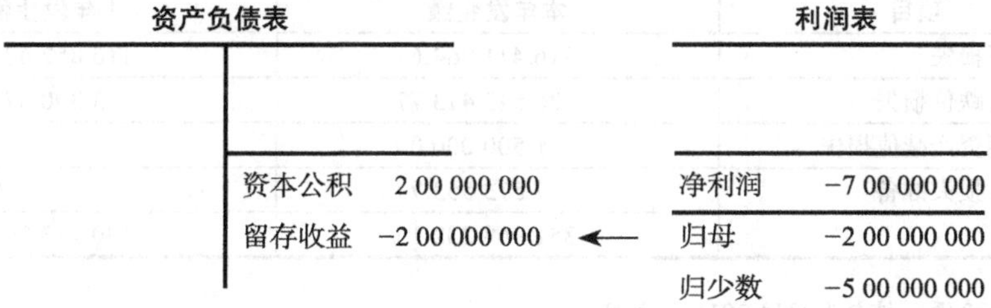

图 8-12　乐视网在利润表与资产负债表合并范围不一致时的做法

这样就平了。原来乐视网的想法是在合并利润表中直接增加投资收益 2 亿多元，与子公司合并亏损抵销，结转过来报表平衡。与独立的第三方交易是可以这样做的，但问题是与股东之间的交易是不能确认损益的。

因此，在乐视网的年报附注中，我们能找到关于资本公积当期增加的解释（见表 8-15）。

另外，在联营公司亏损严重的情况下（12 月 31 日电子商务已经变成了联营企业），乐视网对该笔长期股权投资也全额计提了减值准备（见表 8-16）。

本节的内容请大家结合第 4 章 4.6 节的内容一起学习。在第 4 章 4.6 节中栗子老师详细分析了乐视网报表的总体表现，再结合本节内容大家可以看到合并范围的选择对合并利润的影响是非常大的。这也是盈余管理（操纵）的一种手段。

表 8-15　乐视网 2016 年年报资本公积附注

项目	年初余额	本年增加	本年减少	年末余额
股本溢价	287 349 733.56	5 240 161 256.93	0.00	5 527 510 990.49

（续）

项目	年初余额	本年增加	本年减少	年末余额
其他资本公积	261 799 255.74	455 344 653.14	47 419 261.18	669 724 647.70
合计	549 148 989.30	5 695 505 910.07	47 419 261.18	6 197 235 638.19

注：本年股本溢价增加 5 240 161 256.93 元。其中非公开发行股票募集资金产生股本溢价 4 614 828 719.79 元；股份支付到期行权产生股本溢价 118 908 536.86 元；收到少数股东重庆战略性新兴产业乐视云专项股权投资基金合伙企业（有限合伙）及上海君盈资产管理合伙企业（有限合伙）投资产生股本溢价 506 424 000.28 元。

本年其他资本公积增加 455 344 653.14 元。其中处于等待期内的股份支付产生的成本费用增加资本公积 142 245 050.92 元；控股股东及关联自然人向本公司无偿借款，按照权益性交易核算利息增加资本公积 91 326 151.94 元；转让乐视电子商务（北京）有限公司（以下简称电子商务）股权增加资本公积 221 773 450.28 元。

本年其他资本公积减少 47 419 261.18 元，系本年股份支付到期行权时原等待期的费用由从其他资本公积转入股本溢价的金额。

资料来源：摘自乐视网 2016 年年报。

表 8-16 乐视网 2016 年年报资产减值损失附注

项目	本年发生额	上年发生额
坏账损失	316 411 264.64	116 852 425.91
存货跌价损失	26 543 413.77	3 300 877.24
长期资产减值损失	1 500 000.00	0.00
贷款损失准备	7 513 553.74	0.00
合计	351 968 232.15	120 153 303.15

资料来源：摘自乐视网 2016 年年报。

8.3 集团内资金管控特征及其报表体现：以新希望六和为例

本节我不再写新希望六和的业绩表现等财务指标分析了，我将主要聚焦在集团内资金往来的报表特征，及对其管理效果的评价上。

在前两节中我以贵州茅台和乐视网为例，对比分析了合并报表和母公司报表。其中的一个分析角度就是，如果长投越合并越小，那么用差额大概估算出母公司对子公司的投资额度，再综合考虑其他项目上（例如其他应收款等）是否还有额外的资金支持行为，然后对比合并总资产和母公司总资产，得到母公司对外投资的扩张效应。但是如果合并报表上的长投不是越合并越小，那么这种仅基于报表层面的比较分析就无法进行。例如新希望六和的长投就是越合并越大的。

8.3.1 越合并越大的长投

如表 8-17 所示，我们看到新希望六和的长投是越合并越大的，这也完全正常。

长投越合并越大，说明子公司对外的联营和合营投资超过了母公司对子公司的投资。若仍想要分析母公司投资的扩张效应，我们就需要仔细翻看附注来检索母公司具体对子公司的出资额度等信息（这些信息有些上市公司披露的子公司列表中给出了，有些上市公司则语焉不详）。

表 8-17　新希望六和的长期股权投资　　（单位：万元）

年份	2016	2015	2014	2013	2012	2011	2010	2009	2008	2007
合并	1 583 097	1 438 863	1 231 486	1 053 895	885 709	718 802	568 253	486 128	362 771	342 475
母公司	854 677	803 560	755 492	749 199	717 338	688 286	222 431	221 444	192 452	192 720

如果是越合并越大，那么我们通常会感觉子公司的业务比较复杂，子公司进行了比较多的对外投资。8.1 节中贵州茅台的子公司业务就非常简单，就是销售公司，其合并报表的长投是越合并越小的。

8.3.2　整体来看筹资水平和利率

栗子老师整理了新希望六和的财务费用以及相关借款的报表数据（见表 8-18）。

我们看到新希望六和大致测算的利息率（财务费用 / 借款合计）在合并报表层面上从 2013 年至 2016 年在逐年降低（8% 降至 4%），这表明总体来看集团资金的利用效率在提高。实际利息率降低得非常明显，如果从 2011 年算起，就是从 11% 降至 4%。

在比较了借款合计数中母公司占合并数的比例之后，我们发现 2015 年之前母公司的借款数占比是在逐年减少的，这意味着从集团角度讲，以子公司为主体的借款行为在增加。

但是 2016 年对新希望六和来说是很奇怪的一年，母公司为主体的借款行为增加，但是母公司的财务费用却是负数。栗子老师翻了半天新希望六和的年报，公司对此没有在报表附注内容中进一步披露。我只能猜测这有可能是汇兑收益计入了财务费用，使得这一项目反而成为收益。

因为从其年报合并报表的财务费用附注来看，新希望六和是将汇兑损益放在财务费用项下的，并没有单独列报（见表 8-19）。

我们再结合其在“与金融工具相关的风险”中披露的外汇风险的内容来看（见图 8-13）。

栗子老师认为 2016 年母公司报表上财务费用为负应该是其外汇管理上获得的收益使然（另外，货币资金带来的利息收入也有一定作用）。

总之，通过这里的分析，我们可以看到新希望六和从集团角度来说，资金的管理非常成功，实现了合并报表上财务费用的连年降低，以及实际利率的连年下降。

表 8-18　新希望六和的筹资效率　（单位：万元）

项目		2016 年	2015 年	2014 年	2013 年	2012 年	2011 年	2010 年	2009 年	2008 年	2007 年
财务费用	合并	22 162	31 184	41 745	50 002	36 594	39 732	30 054	18 742	21 918	11 146
	母公司	−15 170	6 342	24 783	25 149	10 201	13 578	9 591	9 683	7 413	7 412
	母公司 / 合并（%）	−68	20	59	50	28	34	32	52	34	66
短期借款	合并	208 110	495 317	514 056	609 213	438 244	226 244	96 651	110 907	253 209	158 913
	母公司	54 985	110 195	135 000	249 500	156 000	66 000	60 000	68 000	191 993	110 074
	母公司 / 合并（%）	26	22	26	41	36	29	62	61	76	69
长期借款	合并	84 645	77 923	103 720	32 524	9 200	58 071	129 200	120 000	13 027	21 327
	母公司	25 000	—	40 000	30 000	8 000	26 260	97 700	100 000	10 000	—
	母公司 / 合并（%）	30	0	39	92	87	45	76	83	77	0
应付债券	合并	199 732	—	—	—	80 000	80 000	80 000	80 000	—	—
	母公司	199 732	—	—	—	80 000	80 000	80 000	80 000	—	—
	母公司 / 合并（%）	100	—	—	—	100	100	100	100	—	—
借款合计	合并	492 487	573 240	617 775	641 737	527 444	364 316	305 851	310 907	266 236	180 240
	母公司	279 716	110 195	175 000	279 500	244 000	172 260	237 700	248 000	201 993	110 074
	母公司 / 合并（%）	57	19	28	44	46	47	78	80	76	61
利息率	合并（%）	4	5	7	8	7	11	10	6	8	6
	母公司（%）	−5	6	14	9	4	8	4	4	4	7

表 8-19　新希望六和 2016 年年报财务费用附注　（单位：元）

项目	本期发生额	上期发生额
利息支出	235 500 959.65	294 413 024.70
减：利息收入	87 583 820.14	63 089 891.22
汇兑损失	220 458 938.75	100 850 619.09
减：汇兑收益	192 115 375.11	44 514 815.15
其他	45 354 359.36	28 185 268.06
合计	221 615 062.51	311 844 205.48

资料来源：摘自新希望六和 2016 年年报。

公司在亚洲、非洲和欧洲数个国家有投资与经营，收入币种均为当地货币，这些币种与人民币汇率的波动将影响公司海外收入与利润数值：公司通过新加坡平台进行美元融资，用于海外经营公司的投资与运营，美元与海外当地货币的汇率波动将带来汇总收益或损失；此外，海外经营公司原材料采购的币种主要为美元，美元与当地币种的汇率波动将导致采购成本的变化。公司在新加坡平台成立了专门的汇率管理团队，对各相关币种间的汇率波动进行统一管理，跟踪汇率变化对于经营业绩的影响，并通过自然对冲与购买金融衍生品的方式管理汇兑风险。

图 8-13　新希望六和 2016 年年报外汇风险披露截图

资料来源：摘自新希望六和 2016 年年报。

我们可以看到新希望六和在前几年就出现以子公司作为借款主体借钱的倾向。

8.3.3　资金的内部往来和集中管理

那么，子公司借来钱就是各自使用的吗？资金在集团间是怎样流转的？

通过观察货币资金、其他应收款和其他应付款，我们往往可以看出集团内资金的流转特征（见表 8-20）。

表 8-20　新希望六和的货币资金　（单位：万元）

年份	2016	2015	2014	2013	2012	2011	2010	2009	2008	2007
合并	313 410	372 697	329 570	313 056	298 218	214 370	69 779	64 059	55 282	61 414
母公司	143 899	165 972	89 272	54 693	51 774	32 239	14 133	20 673	21 930	36 839
母公司 / 合并（%）	46	45	27	17	17	15	20	32	40	60

2011 年以来合并报表上的实际利息率在不断下降，同时我们发现与之伴随着的是资金在向母公司集中。母公司货币资金占合并报表货币资金的比重越来越大。

具体体现在资金往来上如表 8-21 所示。

我们观察其他应收款和其他应付款，会发现它们越合并越小！其他应收款在合并报表与母公司报表中的数额差异非常之大，由 2013 年的 30 亿元，上升至 2016 年的近 87 亿元。这些资金可以看作母公司提供给子公司使用的。

其他应付款也一直都是越合并越小，说明子公司给母公司提供了资金。这个数额在 2015 年跃上一个新台阶，达到将近 36 亿元。

表 8-21　新希望六和内部资金往来大致估算

（单位：万元）

项目		2016 年	2015 年	2014 年	2013 年	2012 年	2011 年	2010 年	2009 年	2008 年	2007 年
其他应收款	合并	48 147	51 829	52 278	46 593	36 900	36 203	4 182	4 093	4 867	7 964
	母公司	917 147	721 474	420 523	350 250	189 102	147 581	148 824	159 293	152 146	129 229
	合并 – 母公司	−869 000	−669 645	−368 245	−303 657	−152 202	−111 378	−144 642	−155 200	−147 279	−121 265
其他应付款	合并	159 792	130 773	136 523	122 616	131 171	113 813	85 362	25 364	28 118	33 340
	母公司	489 606	487 567	107 216	51 702	85 895	20 373	12 497	26 824	26 842	36 301
	合并 – 母公司	−329 814	−356 794	29 307	70 914	45 276	93 440	72 865	−1 460	1 276	−2 961

现金流量表中的信息也能佐证一二（见表 8-22）。

表 8-22 新希望六和现金流量相关信息 （单位：万元）

项目		2016 年	2015 年	2014 年	2013 年	2012 年	2011 年	2010 年	2009 年	2008 年	2007 年
收到其他与投资活动有关的现金	合并	—	—	—	—	527	388	211	—	—	—
	母公司	221 653	532 435	124 673	16 644	89 351	26 451	3 162	9 054	—	—
支付其他与投资活动有关的现金	合并	7 013	—	69	—	—	—	—	—	—	403
	母公司	419 196	452 384	169 659	211 253	62 177	19 389	—	5 967	25 351	79 979

我们看到在新希望六和的现金流量表中，投资活动现金流量的其他项都是越合并越小的，这就是集团内部资金往来的体现。母公司支付给子公司的其他与投资活动有关的现金金额非常大，对应了母公司对子公司的其他应收款；母公司收到子公司的其他与投资活动有关的现金也金额巨大，对应了母公司对子公司的其他应付款。

这些都说明新希望六和集团的内部资金往来非常频繁。子公司将钱集中到母公司，由母公司统一调度使用。从前几年的实践来看，应该是由有借款优势（资本成本低）的子公司借款，将钱汇聚到母公司，由母公司调度给那些需要钱但资本成本高的企业，从而实现了整体层面上财务费用的降低。

不过新希望六和在 2016 年出现的新变化表明，母公司又开始出面借款了。这应该也是集团权衡之后认为可行的、资本成本较低的举动。从前几年的实践来看，其管理团队对资金使用效率的管理是卓有成效的。

对于民营企业来说，正式的财务公司的审批和成立是很难的，对下属企业资金管理往往在报表上会体现出一些特征（例如在本节中栗子老师分析的这些项目）。我们对这些项目加以分析，就可以看出其资金流转特点和管理效率。

后　记

2016年10月13日，我开通了公众号“会人会语之栗子老师”，我的公众号的标签是“不仅限于会计的会计人生”，我有时会在发布的文章结尾处贴一段话：“栗子老师在大学里教会计和财务分析等课程，作为一个非典型会计人（教会计而不是做会计），我在‘会人会语之栗子老师’上分享我‘不仅限于会计的会计人生’。平日里我会将备课时的一些所思所想放上来，也会将我认为认真的、精彩的学生作业放上来，有时还会分享我的读书笔记，但也有时会跑偏说说亲子、美食、旅游以及其他有的没的。欢迎您与我共同探讨。”

我开通公众号的初衷是想要留下自己对一些问题思考的足迹，并督促自己不断学习。在这段时间里，我将上课时的教学点结合一些财经热点进行了案例分析，也将之前用过的一些经典案例进行了更新写作。在案例的整理和写作过程中，两个学期飞快地过去了。

我将这些教学案例整理出书，要感谢太多的人。

我要感谢将我领入财务分析大门的张新民教授。张教授是财务分析领域的大拿，“张氏财务分析框架”高屋建瓴地对财务分析框架进行了理论创新。我参加工作之后，聆听了张教授给本科生、研究生和EMBA等不同层次学生的授课，获益匪浅。本书中使用的分析框架就是“张氏财务分析框架”，资产按照性质分类，负债按照来源分类，合并报表与母公司报表进行对比分析等，这些分析思想和观点都来自张教授的理论创新。2016年我还十分有幸地参与到张教授的《战略视角下的财务报表分析》一书的翻译工作中，与张教授一起将中文翻译成英文。翻译的过程也是学习的过程，对我的提高促进作用非常巨大。

我要感谢系领导王秀丽教授、吴革教授对我的信任和厚爱，将财务分析这一门兼具实用性和灵活性的课程交给我讲授。两位教授都鼓励我进行教学案例的创作，吴教授还专门叮嘱，让我整理出书。感谢前辈对后学的关心和爱护。

我要感谢我的导师耿建新教授，六年的硕博生涯让我从导师身上学到了很多。老师笔耕不辍、科研精进，对待学生春风和煦又严格要求。老师的人格魅力一直激励着学生。

我要感谢祝继高教授和卢闯教授，他们总是在第一时间内转发我的案例，并鼓励我集结成书。两位教授都帮我介绍了出版界的朋友和资源，卢教授还专门当面叮嘱让我抓紧时间。没有他们的鼓励和支持，我绝不可能完成此书。

我要感谢我课上的学生，是他们的好学善问"逼迫"我不断进步。很多案例都是学生就财经热点与我讨论，而引发了我进一步研究的兴趣。

我要感谢我的家人，当我在电脑前奋力整理数据、写作文章的时候，我的家人给予了我最实际、最给力的支持。

我要感谢机械工业出版社的编辑，她在我开通公众号后没多久，就最早与我联系了出书事宜。她的肯定使我充满信心，让我一路奋笔疾书。

我想写的东西其实还有很多。关于财务指标可以说道的地方也有很多，在这本书中我并没有展开，还有很多报表项目中的代表性案例没有来得及一一更新整理……继续努力吧。书中内容有任何疏漏，还望读者给予批评指正，谢谢！

续芹

2017年7月于北京家中

财务知识轻松学

书号	定价	书名	作者	特点
71576	79	IPO 财务透视：注册制下的方法、重点和案例	叶金福	大华会计师事务所合伙人作品，基于辅导 IPO 公司的实务经验，针对 IPO 中最常问询的财务主题，给出明确可操作的财务解决思路
58925	49	从报表看舞弊：财务报表分析与风险识别	叶金福	从财务舞弊和盈余管理的角度，融合工作实务中的体会、总结和思考，提供全新的报表分析思维和方法，黄世忠、夏草、梁春、苗润生、徐珊推荐阅读
62368	79	一本书看透股权架构	李利威	126 张股权结构图，9 种可套用架构模型；挖出 38 个节税的点，避开 95 个法律的坑；蚂蚁金服、小米、华谊兄弟等 30 个真实案例
70557	89	一本书看透股权节税	李利威	零基础 50 个案例搞定股权税收
62606	79	财务诡计（原书第 4 版）	（美）施利特 等	畅销 25 年，告诉你如何通过财务报告发现会计造假和欺诈
58202	35	上市公司财务报表解读：从入门到精通（第 3 版）	景小勇	以万科公司财报为例，详细介绍分析财报必须了解的各项基本财务知识
67215	89	财务报表分析与股票估值（第 2 版）	郭永清	源自上海国家会计学院内部讲义，估值方法经过资本市场验证
58302	49	财务报表解读：教你快速学会分析一家公司	续芹	26 家国内外上市公司财报分析案例，17 家相关竞争对手、同行业分析，遍及教育、房地产等 20 个行业；通俗易懂，有趣有用
67559	79	500 强企业财务分析实务（第 2 版）	李燕翔	作者将其在外企工作期间积攒下的财务分析方法倾囊而授，被业界称为最实用的管理会计书
67063	89	财务报表阅读与信贷分析实务（第 2 版）	崔宏	重点介绍商业银行授信风险管理工作中如何使用和分析财务信息
71348	79	财务报表分析：看透财务数字的逻辑与真相	谢士杰	立足报表间的关系和影响，系统描述财务分析思路以及虚假财报识别的技巧
58308	69	一本书看透信贷：信贷业务全流程深度剖析	何华平	作者长期从事信贷管理与风险模型开发，大量一手从业经验，结合法规、理论和实操融会贯通讲解
55845	68	内部审计工作法	谭丽丽 等	8 家知名企业内部审计部长联手分享，从思维到方法，一手经验，全面展现
62193	49	财务分析：挖掘数字背后的商业价值	吴坚	著名外企财务总监的工作日志和思考笔记；财务分析视角侧重于为管理决策提供支持；提供财务管理和分析决策工具
66825	69	利润的 12 个定律	史永翔	15 个行业冠军企业，亲身分享利润创造过程；带你重新理解客户、产品和销售方式
60011	79	一本书看透 IPO	沈春晖	全面解析 A 股上市的操作和流程；大量方法、步骤和案例
65858	79	投行十讲	沈春晖	20 年的投行老兵，带你透彻了解“投行是什么”和“怎么干投行”；权威讲解注册制、新证券法对投行的影响
68421	59	商学院学不到的 66 个财务真相	田茂永	萃取 100 多位财务总监经验
68080	79	中小企业融资：案例与实务指引	吴瑕	畅销 10 年，帮助了众多企业；有效融资的思路、方略和技巧；从实务层面，帮助中小企业解决融资难、融资贵问题
68640	79	规则：用规则的确定性应对结果的不确定性	龙波	华为 21 位前高管一手经验首次集中分享；从文化到组织，从流程到战略；让不确定变得可确定
69051	79	华为财经密码	杨爱国 等	揭示华为财经管理的核心思想和商业逻辑
68916	99	企业内部控制从懂到用	冯萌 等	完备的理论框架及丰富的现实案例，展示企业实操经验教训，提出切实解决方案
70094	129	李若山谈独立董事：对外懂事，对内独立	李若山	作者获评 2010 年度上市公司优秀独立董事；9 个案例深度复盘独董工作要领；既有怎样发挥独董价值的系统思考，还有独董如何自我保护的实践经验
70738	79	财务智慧：如何理解数字的真正含义（原书第 2 版）	（美）伯曼 等	畅销 15 年，经典名著；4 个维度，带你学会用财务术语交流，对财务数据提问，将财务信息用于工作